Zu diesem Buch

Jede Familie spielt «ihr» Machtspiel. Regeln und Taktiken wechseln zwar, die Grundzüge der Herrschaftsmanöver ähneln sich jedoch in vielen Familien. Da versucht einer, offen und autoritär seine Interessen durchzusetzen, jemand verbirgt seine Machtwünsche hinter Unterwerfung und scheinbarer Aggressionslosigkeit, eine dritte herrscht durch Fürsorge und Opferbereitschaft. Offene oder versteckte Macht prägen zusammen mit ihrem Gegenpart, der Ohnmacht, das Leben in der Familie. Und trotzdem sind sie nicht der unvermeidliche Preis, den man eben für Familie und Partnerschaft zahlen muß.

An Geschichten und Beispielen aus ihrer therapeutischen Arbeit durchleuchten die Autoren Verhaltensweisen und Einstellungen, in die sich der Wunsch nach Macht kleidet. Weder verteufeln sie diesen Wunsch, noch hängen sie der Hoffnung nach, er lasse sich aus der Welt schaffen – sie machen vielmehr verständlich (und nachvollziehbar), wie man Machtkonstellationen in der Familie aufspürt und ihre Ursachen erkennt, um bewußt und verantwortungsvoll mit Macht umzugehen.

Hartmut Albath, geboren 1936, Theologe und Pastoralpsychologe, und Jörg Eikmann, geboren 1946, Diplom-Psychologe, sind bei der Evangelischen Ehe- und Lebensberatung in Braunschweig tätig. Sie sind Verfasser des Bandes «Zusammen leben. Mit Konflikten in Partnerschaft, Familie und Gruppe umgehen lernen», Reinbek, 2. Aufl. 1983, rororo sachbuch 7468.

Hartmut Albath
Jörg Eikmann

Laß dich nicht unterkriegen

Macht und Ohnmacht
in der Familie

rororo
Rowohlt

Originalausgabe
Redaktion Claudia Preuschoft
Umschlagentwurf Manfred Waller
(Umschlagzeichnung: Klaus Pitter)

Veröffentlicht im Rowohlt Taschenbuch Verlag GmbH,
Reinbek bei Hamburg, November 1984

Satz Bembo (Linotron 202)
Gesamtherstellung Clausen & Bosse, Leck
Printed in Germany
980-ISBN 3 499 17873 7

Inhalt

Einleitung

«Du willst über Macht und Ohnmacht in der Familie schreiben? Dabei mußt du unbedingt erwähnen, wie Kinder mißhandelt und unterdrückt werden», meint mein Freund Gerd und schlägt bekräftigend und entrüstet mit der Faust auf den Tisch. Die Gläser wakkeln.

«Familie und Macht? Ein interessantes Thema», findet meine Kollegin Heidi, «du schreibst hoffentlich etwas Aufrüttelndes über die immer noch anhaltende Unterdrückung und Ausbeutung der Frau und die Herrschaft des Mannes. Ich weiß allerdings nicht, ob du das als Mann überhaupt richtig sehen kannst», fügt sie skeptisch hinzu.

Erst blicke ich beschämt zu Boden, dann steigt Ärger in mir auf. Soll ich ein schlechtes Gewissen haben, weil ich nun mal ein Mann bin? Was kann ich für mein Geschlecht?

«Der emanzipatorische Wunsch, die Hosen anzuhaben, zeugt auch nicht gerade von demutsvoller Ohnmacht», werfe ich ihr an den Kopf.

Sie nickt huldvoll: «Wobei wir mitten im Thema wären. Kaum spricht man euch Männer auf eure Macht an, werdet ihr aggressiv. Ihr habt doch gleich Angst, ihr könntet ein paar von euren sorgsam gehüteten Privilegien verlieren.»

Was soll ich dazu sagen?

Das Wort «Macht» scheint ein Reizwort zu sein und löst schnell heftige Gefühle aus. Macht scheint viel mit Wut und Ohnmacht zu tun zu haben. Und mit Verleugnung: «Machtprobleme in der Familie? Da gibt's höchstens mit den Kindern Auseinandersetzungen. Aber sonst führen wir eine partnerschaftliche Ehe. Wir haben beide das Sagen und sprechen uns ab», erklären viele Ehepaare.

Die Statistik erhellt die Schattenseite der Macht: Etwa ein Drittel der Männer und gut ein Drittel der Frauen fühlen sich demnach vom Partner oder der Partnerin dominiert. Aber kaum einer gibt seine Macht wirklich zu. Es scheint nur Opfer der Macht, Ohnmächtige, zu geben.

Das Thema Macht begegnet uns täglich in unserer Beratungsarbeit. Daher war es für uns reizvoll, die Fragen der Macht einmal genauer zu verfolgen. Die Beschäftigung mit der Literatur zu diesem Thema führte aber bald in Resignation. Philosophen, Soziologen, Juristen, Theologen, Psychologen, Politiker und viele andere Berufsgruppen haben sich ausführlich mit dem Problem der Macht auseinandergesetzt. Die Literatur zu diesem Thema ist unübersehbar. Allein in einer sozialpsychologischen Veröffentlichung werden knapp 400 Literaturangaben aufgeführt (vgl. H. D. Schneider, Sozialpsychologie der Machtbeziehungen, Stuttgart 1977).

Schwierig, wenn nicht gar unmöglich, erscheint eine eindeutige Definition des Wortes Macht. Sie reicht von einer positiven Beurteilung bis zur Verurteilung. Gewalt wird von manchen ebenso dazugerechnet wie die Fähigkeit sich durchzusetzen, Beeinflussung ebenso wie Überzeugungskraft. Je unterschiedlicher der Begriff verstanden wird, um so schwieriger wird eine Verständigung über das Thema Macht. Vielleicht sind es Allmachtsphantasien, mit Hilfe dieses Buches die Gegensätze überbrücken zu wollen.

Wir überlegten lange Zeit, ob es unter solchen Umständen sinnvoll sein kann, diesen Berg von Literatur um ein weiteres Buch zu erhöhen. Dann aber spürten wir die Faszination, die in einer fast unlösbaren Aufgabe liegt. Wir wurden zwischen Macht- und Ohnmachtsgefühlen hin und her gerissen. Die Versuchung der Macht konnten wir an uns selbst deutlich erleben. Ist derjenige nicht der Mächtigste, der zu diesem Thema etwas zu sagen weiß?

Der Leser wird sich ähnlichen Fragen stellen müssen. Der Titel: «Laß dich nicht unterkriegen» kann leicht als Aufforderung verstanden werden, stärker als die anderen zu werden. Dieses Buch wäre dann eine Anleitung zur Macht. Hier ist eine Warnung notwendig. Wer sich mit dem Thema Macht beschäftigen will, wird mit seiner eigenen Macht konfrontiert werden und mit seiner Ohnmacht. Das ist nicht nur angenehm, letztlich aber doch befreiend.

Das Problem der Macht erstreckt sich auch auf Leser und Autoren. Die Auflösung dieses Machtverhältnisses ist nicht ganz einfach. Der sinnvolle und notwendige Streit um richtige oder falsche Argumente muß nicht unbedingt in einem Machtkampf enden. Sinnvoll wäre es, bessere Formen der Auseinandersetzung zu finden.

Eine andere Form könnte ein Gespräch zwischen Leser und Autor sein. Vielleicht ist der Abstand zwischen beiden durch das gedruckte Buch so groß, daß es zu keinem persönlichen Gespräch kommt. In seiner Phantasie hat aber jeder Leser die Möglichkeit, dieses Gespräch an Stelle eines Machtkampfes stattfinden zu lassen. Wie aber auch Gespräche mißbraucht werden können, zeigt folgende Geschichte:

«Ich muß mit dir reden», sagt Monika zu Klaus, «deine Bemerkung über meine Unzuverlässigkeit hat mich sehr verletzt. Wenn ich mich einen Augenblick verspäte, dann hast du noch lange kein Recht, mir Unzuverlässigkeit vorzuwerfen. Normalerweise bin ich in unserer Familie diejenige, die pünktlich ist – ich weiß gar nicht, was du hast. In der letzten Zeit kritisierst du mich pausenlos. Ich kann machen, was ich will, immer hast du irgend etwas auszusetzen – nun sag doch endlich einmal etwas und nicke nicht nur mit dem Kopf.»

Klaus antwortet darauf: «Ich will dir erst einmal zuhören und versuchen, dich zu verstehen.»

«Mit deiner einfühlsamen Art bringst du mich noch zum Wahnsinn», ereifert sich Monika. «Zuerst hörst du verständnisvoll zu und anschließend kommt irgendein Klopfer.»

«Was geht jetzt in dir vor», will Klaus wissen.

«Ich bin wütend und verletzt», sagt Monika.

«Fühl einmal richtig hin», schlägt Klaus Monika vor, «geh ganz in dein Gefühl rein! Verspann dich nicht! Laß zu, was in dir ist!»

Weinend sagt Monika: «Jetzt hast du mich wieder soweit.»

Klaus legt den Arm um Monika und sagt zu ihr: «Kämpf doch nicht immerzu, ich will dir doch nur helfen.»

Therapeutische Behandlungsmethoden bleiben nicht davor bewahrt, zu Psychotechniken umfunktioniert zu werden. Was Klaus mit Monika macht, ist der Versuch einer Therapie, ohne daß Monika ihn darum gebeten hätte. Klaus mißbraucht therapeutische Mittel, um Monika zu unterwerfen. Dabei sieht es auf den ersten Blick so aus, als würde Monika kämpfen, während Klaus versucht, verständnisvoll zuzuhören. In Wirklichkeit hat er sich einen therapeutischen Habitus zugelegt, mit dem er nickend und oberflächlich verständnisvoll auf Monika eingeht, dabei aber einer Auseinandersetzung ausweicht. Klaus hat therapeutische Methoden offensichtlich auswendiggelernt. Worum es in einer Therapie in Wirklichkeit geht, hat er allerdings überhaupt nicht begriffen.

Wenn ich hier eine Unterscheidung von Verstehen und Begreifen mache, dann meine ich mit Verstehen einen rationalen Vorgang. Begreifen ist nicht nur eine Funktion des Gehirns, sondern auch der Hände, die zugreifen können. Unser rationales Weltbild verleitet immer wieder zum Mißbrauch des Verstehens und zur Verkümmerung des Begreifens. Wenn Klaus Therapie wirklich begriffen hätte, dann wüßte er, daß Ehepartner sich nicht gegenseitig therapieren können. Es wäre ihm dann nicht möglich gewesen, seine therapeutischen Erkenntnisse in einem Machtkampf zu mißbrauchen.

Der Psychologe Wolfgang Schmidbauer weist auf einen ähnlichen Zusammenhang hin, wenn er von der Spaltung von subjektivem und objektivem Wissen spricht (W. Schmidbauer, Helfen als Beruf, Reinbek 1983, S. 194). Diese Spaltung hängt für Schmidbauer mit der Entwicklung von Herrschaft über den Menschen zusammen. Wir müssen also die Spaltung aufzuheben versuchen, wenn die Folgen des Machtkampfes weniger schmerzhaft sein sollen. Wir schildern in diesem Buch verschiedene Fälle, in denen familiäre Machtausübung sichtbar wird. Erzählen ist dabei nicht nur Stilmittel. Mit dem Erzählen von alltäglichen Erlebnissen soll versucht werden, die Spaltung von Verstehen und Begreifen aufzuheben. Anders als bei einer rein theoretischen Darstellungsweise sprechen Erzählungen in viel stärkerer Weise unser Gefühl an. Das Gefühl aber steht in einem engen Zusammenhang mit der Phantasie. Die Probleme tabuisierter familiärer und festgefahrener gesellschaftlicher Macht werden wir ohne Gefühl und Phantasie nicht verändern können.

Der Schweizer Schriftsteller Peter Bichsel beschreibt in seinen Geschichten sehr anschaulich, wie Menschen auf Erzählen hin und durch Erzählen leben.

«Ein Lebenslänglicher beginnt mit seinem Eßbesteck aus Blech von seiner Zelle aus einen Tunnel zu graben: jede Nacht die Platte wegheben, jeden Morgen die Platte zurück, in Papiertüten die Erde beim täglichen Spaziergang rausschmuggeln und so weiter. Das Unternehmen ist auf zehn Jahre geplant, kann nach neun Jahren entdeckt oder nach zwölf Jahren erfolgreich sein ...

Der Gefangene, der seinen Tunnel gräbt, der gräbt ihn, um rauszukommen. Aber ich glaube nicht, daß er es zehn Jahre lang, Papiertüte für Papiertüte, tun würde, nur um sein Ziel zu erreichen. Er gräbt sich nicht nur in die Freiheit, er gräbt auch an seiner eigenen Geschichte, er stellt eine Geschichte her. Ein Revolutionär, der ein Ziel vor Augen hat, das er erreichen will, mit und nach der Revolution, lebt nicht nur für sein Ziel, er lebt auch in dieser Revolution, und er lebt in ihr, indem er sie sich erzählt. Unser Leben wird dann sinnvoll, wenn wir es uns erzählen können» (Peter Bichsel, Der Leser. Das Erzählen, Darmstadt 1982, S. 75ff).

Auf unser Thema übertragen heißt das, wir können uns um ein Verstehen bemühen, wenn wir anfangen, uns unser Leben gegenseitig zu erzählen. Ein wesentliches Ziel psychologischer Beratung und Therapie liegt darin, Menschen zum Erzählen ihrer Geschichte zu ermutigen.

In unserem Beispiel behauptet Klaus, Monika zuhören zu wollen. Er mißbraucht aber sein Zuhören, um zu zeigen, wer den Überblick hat, wer der Mächtigere ist. Monika spürt das, wenn sie sagt: «Jetzt hast du mich wieder soweit.»

Ein wirkliches Zuhören stellt soviel Nähe her, daß Macht nicht mehr der ausschlaggebende Faktor zwischen diesen beiden Menschen ist.

Nichts anderes wollen die Märchen aus Tausendundeiner Nacht erzählen.

Es ist die Geschichte eines Sultans, der die grausame Angewohnheit hat, am Morgen nach der Hochzeit seine Frau umbringen zu lassen. Jeden Tag heiratet er eine neue Frau, jeden Morgen folgt der grausamen Mord. Schließlich wird Scheherazade, die Tochter des Großwesirs, in den Sultanpalast gebracht. Am Morgen nach dieser Hochzeit ist Scheherasade mit dem Märchen noch nicht fertig, das sie dem Sultan angefangen hat zu erzählen. Das Märchen ist so schön und spannend, daß der Sultan seine Fortsetzung hören möchte und Scheherazade noch einen Tag schenkt. Bevor am nächsten Tag das Märchen zu Ende erzählt ist, hat Scheherazade bereits mit einem neuen Märchen begonnen. Wieder möchte der Sultan den Schluß der Geschichte hören. So geht es weiter für tausendundeine Nacht, was nach arabischem Verständnis eine unendliche Zeit bedeutet.

Durch das Erzählen von Geschichten rettet Scheherazade ihr Leben. Sie kann durch und in diesen Geschichten leben.

Aber noch etwas wird in dem Märchen von Tausendundeiner Nacht erzählt. Scheherazade bricht durch ihr Erzählen die Macht des Sultans. Sie bricht diese Macht nicht in einem Machtkampf. Die neue Dimension, durch die die Macht verändert wird, ist vielmehr das Erzählen von Geschichten. Das Erzählen führt zum Zuhören, das Zuhören führt zum Begreifen. Wer wie der Sultan das Zuhören lernt, kann seine Macht nicht mehr in der gewohnten Weise ausüben.

Die alltägliche Macht

Macht ist keine Hexerei

Vor mir geht ein etwa zwölfjähriger Junge durch die Stadt. Er scheint auf dem Weg in die Schule zu sein. Ich beobachte ihn. Manchmal macht er große Sprünge, um von einer Steinplatte zur anderen zu kommen. Ein anderes Mal balanciert er auf einem Bordstein. Es sieht aus, als müsse er sich durch einen unwegsamen Dschungel kämpfen und gefährliche Abgründe überwinden. Vielleicht ist es ein Spiel, die Eintönigkeit der Großstadt zu vergessen.

Ich fühle mich jedoch an meine eigene Schulzeit erinnert. An manchen Tagen habe ich ein ähnliches Spiel gespielt. Meine Aufgabe bestand darin, bestimmte Stellen des Fußweges nicht zu betreten. Oft waren die Forderungen so schwer, daß sie kaum zu erfüllen waren. Wenn ich aber alle Aufträge erfolgreich gelöst hatte, dann glaubte ich mit einem guten Ergebnis in einer Klassenarbeit belohnt zu werden. Geholfen haben mir diese Zauberkunststücke nie. Trotzdem habe ich sie mit einer unendlichen Geduld immer wieder ausprobiert.

Wir sollten uns davor hüten, solche magischen Handlungen als Kindereien abzutun. Auch erwachsene Menschen zeigen ganz ähnliche Verhaltensweisen. Die Hochzeit als ein Höhepunkt des Lebens ist für magische Handlungen besonders geeignet. So hat sich bis zum heutigen Tage bei der Eheschließung ein Brauch erhalten, der über Macht und Ohnmacht der beiden Ehepartner entscheiden soll. Auch bei einer kirchlichen Trauung ist mitunter zu beobachten, wie ein Gerangel vor dem Altar beginnt, wenn der Pfarrer die Eheleute bittet, sich die Hände zu geben Manchmal

spielt sich ein regelrechter Ringkampf ab, wer von den beiden Ehepartnern bei diesem Händedruck seinen Daumen oben hat.

Die Redewendung: «Den Daumen drauf haben» hat hier ihren Ursprung. Vielleicht steckt hinter dieser Redewendung eine sorgfältige Beobachtung und psychologische Wahrheit. Schon bei der Eheschließung läßt sich feststellen, wer der zupackendere, mächtigere Partner ist. Es ist aber unsinnig, die Macht in der Ehe ein für allemal von der Stellung der Daumen bei der Trauung ableiten zu wollen.

Weder schlechte Zensuren noch Ehekonflikte lassen sich durch Magie abwenden. Als Schüler habe ich es nicht geschafft, mit Zauberkunststückchen meine Zensuren zu verbessern. Es gehörte viel Mühe dazu, meine Kraft nicht in die Zauberei, sondern in die Schularbeiten zu stecken.

Wenn wir unser Verhalten genauer beobachten, dann können wir in vielen Situationen Machtkämpfe erkennen. Sie werden offen oder versteckt geführt. In dem Schulbeispiel geht es um die Erfahrung von Ohnmacht. In manch einer Ehe deutet sich schon bei der Trauung ein Machtkampf zwischen beiden Partnern an. In beiden Beispielen wird der Kampf allerdings nicht ausgetragen, sondern magische Mittel werden angewendet, um die eigene Ohnmacht zu besiegen oder Macht zu gewinnen.

Manche Menschen können ihre Ohnmachtsgefühle gar nicht eindeutig beschreiben. Aus Angst vor Unglück und Gefahr gehen sie ein paar Schritte zurück, weil sie gestolpert sind. Andere machen einen Umweg, weil ihnen eine schwarze Katze begegnet. Es ist überhaupt nicht ungewöhnlich, dreimal auf Holz zu klopfen, um damit ein Unglück zu bannen. Der Wunsch von Hals- und Beinbruch soll einen Unfall verhindern. Auf solch ein Verhalten angesprochen, wird jeder vernünftige Mensch beteuern, daß alles nichts zu bedeuten habe, Spielereien sollen es sein. Trotzdem würde derselbe vernünftige Mensch in große Schwierigkeiten geraten, wenn er in einem Hotelzimmer mit der Nummer 13 übernachten sollte. Zum Glück gibt es bei uns in keinem Hotel die Zimmernummer 13. Es paßt in diesen Zusammenhang, daß die Deutsche Bundespost ernsthaft geplant hatte, für ihre Kunden einen eigenen Horoskopdienst einzurichten. Mit einigem Recht kann von einer Renaissance der «Schwarzen Kunst» gesprochen werden (vgl. U. v. Steen in: «Die Zeit», Nr. 6, 3. 2. 1984, S. 64).

In völlig ausweglosen Situationen ist Vertrauen auf die «Schwarze Kunst» noch verständlicher. Ein schwerkranker Mensch setzt seine letzte Hoffnung vielleicht auf einen Wunderheiler. Bei Ängsten vor globaler Bedrohung findet der Wunderglaube neuen Zulauf. Der Gebrauch magischer Handlungen liegt nahe, wenn Menschen mit ihrer eigenen Ohnmacht konfrontiert werden. Mitunter scheint es nur die Alternative Hoffnungslosigkeit oder Magie zu geben. Beide Alternativen bringen keine Lösung, weder in persönlichen Konflikten noch in Schicksalsfragen. Die schmerzliche Erfahrung von Ohnmacht können wir nicht mit Zauberkunststücken überwinden. Um Ohnmacht akzeptieren zu können, ist Selbstvertrauen notwendig. Dieses Selbsvertrauen finden Menschen, wenn sie ihre eigene Macht erfahren.

Solange wir Macht bei uns verteufeln, wird Magie sich anbieten, um unsere Ohnmacht zu beseitigen.

Machtwünsche

In vielen Märchen spielen Wünsche eine wichtige Rolle. Häufig sind es drei Wünsche, die eine gute Fee oder ein weiser Mann dem Menschen erfüllen. Nicht alle können mit diesen Wünschen richtig umgehen. Die Gebrüder Grimm erzählen in ihren Märchen von einem reichen Mann, dem es nichts geholfen hat, drei freie Wünsche zu haben. Sein erster Wunsch geht in Erfüllung, als er sich über sein Pferd ärgert und spricht: ‹So wollt ich, daß du den Hals zerbrichst›. Mit seinem zweiten Wunsch setzt er seine Frau auf den Sattel, den er dem toten Pferd abgenommen hat. Mit dem letzten Wunsch muß er seine Frau wieder von dem Sattel herunter holen.

Märchen wurden ursprünglich nicht für Kinder aufgeschrieben, sie spiegeln die Weisheit vieler Generationen wider. Lange bevor es die Wissenschaft der Psychologie gab, haben Völker ihre Erkenntnisse vom Menschen in den Märchen weitererzählt.

Die Märchen berichten also, daß Wünsche zu den Grunderfahrungen unseres Lebens gehören. Es gibt keinen Menschen ohne Wünsche. Die Redewendung: ‹Ich bin wunschlos glücklich› beschreibt eine Sehnsucht und nicht die Realität.

Bei alten Menschen ist mitunter zu beobachten, daß Wünsche in ihrem Leben nicht mehr so große Bedeutung haben. Eine gewisse Bedürfnislosigkeit und Abgeklärtheit ist die Folge.

Ihr Leben läßt sich mit einem ruhig und gleichmäßig dahinfließenden breiten Strom vergleichen, der seinen Ursprung im Gebirge mit Stromschnellen und Sturzbächen schon lange hinter sich gelassen hat. Im Laufe eines langen Lebens lassen die Wünsche allmählich nach, so wie die Spannkraft mit zunehmenden Alter geringer wird. Wünsche hören aber niemals ganz auf, solange ein Mensch lebt. Vielleicht lautet der letzte Wunsch eines alten Menschen, in Frieden sterben zu dürfen.

In therapeutischen Gesprächen wird in Anlehnung an die Märchen manchmal nach drei Wünschen gefragt. Mit dieser Frage läßt sich herausfinden, wieweit der betreffende Mensch in der Lage ist, seine Bedürfnisse zu erkennen, sie zu ordnen und sie als etwas Eigenes zu akzeptieren.

Der Umgang mit den Wünschen, die Durchsetzungskraft und die Verzichtbereitschaft lassen Rückschlüsse auf die Verantwortlichkeit eines Menschen zu.

In unseren Wünschen nehmen Bedürfnisse Gestalt an. Diese Bedürfnisse drängen nach Erfüllung. Eine bewußte Auseinandersetzung mit den eigenen Wünschen kann zu einer Lösung unseres Konflikts führen. Diese Auseinandersetzung ist mitunter ein schwerer Kampf um Durchsetzung oder Verzicht. Den Kampf nimmt uns weder eine gute Fee noch ein Zauberer ab. Als erwachsene Menschen müssen wir ihn vielmehr selber führen. In diesem Kampf deutet sich ein Machtkampf an. Das Eingeständnis eigener Wünsche ist ein erster Schritt auf dem Weg, den Machtkampf bewußter werden zu lassen. Wenn ich weiß, was ich will, kann ich versuchen, es durchzusetzen, oder ich kann verzichten. In vielen Wünschen wird der Wunsch nach Macht mehr oder weniger deutlich sichtbar. Der Wunsch nach Glück, Gesundheit, Ansehen oder Geld ist ein Wunsch, die Gefährdung unseres Lebens aufzuheben oder wenigstens einzuschränken. Wer solche Fähigkeiten hat, besitzt Macht.

Machtwünsche sind wie alle anderen Wünsche in der Gefahr, unersättlich zu werden. Davon erzählt das Märchen: Vom Fischer und seiner Frau. Ein Fischer fängt einen großen Fisch und läßt ihn auf dessen Bitten hin wieder frei. Der Butt erfüllt einen Wunsch nach dem anderen. Die Strafe erfolgt bei dem Wunsch, wie Gott zu sein. Der Fischer und seine Frau verlieren alles und sitzen am Ende wieder in ihrer Hütte.

Machtwünsche werden leicht zu Allmachtswünschen. Manch

einer versucht, dieser Gefahr zu entgehen, indem er gar keine Wünsche mehr zuläßt. Es spricht viel dafür, daß auf diese Weise ein Verzicht auf eigene Wünsche gar nicht möglich ist, sondern die verdrängten Wünsche immer wiederkehren, manchmal in ganz anderer Gestalt. Ebensowenig läßt sich Macht verdrängen. Ob ich sie selbst habe oder sie erdulden muß, ich kann mich ihr nicht entziehen.

Wie die Wünsche nicht aufhören, solange ein Mensch lebt, so hört auch die Macht nicht auf. Ich kann sie nicht ausklammern oder aufsparen. Der reiche Mann in dem Märchen hat versucht, seine Wünsche aufzuheben, um sie später optimal nutzen zu können. Der Ausgang des Märchens könnte uns warnen, mit unseren Machtwünschen ähnlich leichtfertig umzugehen.

Die Macht der Gewohnheit

Kinder haben oft einen großen Spaß an Abzählversen oder Reimen. Durch Wortspiele lernen sie Sinnzusammenhänge zu begreifen. Bedeutungen verändern sich durch neue Kombinationen von Wörtern oder Sätzen. Eine solche Spielerei ist auch die Frage, wie folgender Satz richtig lauten muß: ‹Die Macht der Gewohnheit› oder ‹Das macht die Gewohnheit›.

In beiden Sätzen wird eine festlegende Kraft der Gewohnheit beschrieben. Vieles in unserem Leben geschieht nur, weil wir es so und nicht anders gewöhnt sind. Die Beibehaltung von bestimmten Gewohnheiten hängt nicht nur von der Durchsetzungskraft des einzelnen Menschen ab. Manche Gewohnheiten scheinen beinahe geschlechtsspezifisch zu sein. Andere Gewohnheiten sind bestimmten Veränderungen und Moden unterworfen.

Ein Zusammenleben in Familien ohne Gewohnheiten der einzelnen Mitglieder ist kaum vorstellbar. Diese Gewohnheiten reichen von der Sprache über Gebärden bis hin zu festen Sitten. Aus ihnen entwickelt sich im Laufe der Zeit eine Tradition. Für uns alle sind

Gewohnheiten lebensnotwendig. Schon das kleine Kind orientiert sich an der Stimme seiner Mutter, dem Schritt seines Vaters, an den Geräuschen der Wohnung. Wenn bestimmte gewohnte Selbstverständlichkeiten ausfallen, reagiert es mit Unbehagen. Das Unbehagen kann so stark werden, daß Krankheiten entstehen.

Wir kennen liebenswerte, aber auch störende Eigenarten des Partners, der Kinder oder der Eltern. Diese Gewohnheiten sind ein unverwechselbarer Teil des anderen Menschen. Ohne sie wäre er nicht der, den wir kennen. Sie machen ihn uns vertraut, sie helfen, daß sich Vertrauen entwickeln kann.

Nun haben Gewohnheiten die Tendenz, sich auszubreiten. Ursprünglich aus einem sinnvollen Grund entstanden, können sie starr werden. Es muß um eine bestimmte Uhrzeit gegessen werden, nicht weil ich hungrig bin oder weil praktische Gründe dafür sprechen, sondern weil es immer so gewesen ist. Hier wird die Gewohnheit zu einer Macht, die mich beherrscht. Sie erstarrt zu einem Gesetz.

Eine bekannte Geschichte erzählt von einem Ehepaar, das sich täglich zum Frühstück das Brötchen teilt. Er bekommt die untere, sie die obere Hälfte. Solange sie verheiratet sind, haben beide diese Gewohnheit. Bei ihrer silbernen Hochzeit stellt sie fest, daß sie schon immer viel lieber die untere Hälfte des Brötchens gegessen hätte, während er glaubte, um ihretwillen auf die obere Hälfte verzichten zu müssen.

Nicht immer lassen sich Gewohnheiten 25 Jahre lang ertragen.

Es kann in Familien zu ziemlich heftigen Erschütterungen kommen, wenn Gewohnheiten durchbrochen werden. Je starrer die Sitten geworden sind, um so mehr Empörung löst die Verletzung aus. Junge Menschen versuchen manchmal, aus den erstarrten Sitten ihrer Familie auszubrechen. Sie feiern ihre Geburtstage nicht so, wie es zu Hause üblich ist, schmücken ihren Weihnachtsbaum ganz anders oder sie richten sich ihre Wohnung nach ihrem Geschmack ein. Sie haben das Recht und vermutlich auch die Pflicht, die Bräuche ihrer Familie zu überprüfen. Solch eine Auseinandersetzung wird sinnvoll, wenn sie im Wissen um die Macht geschieht. Es geht um die Macht der Eltern, um die Tradition, die übernommen wird und die Gehorsam verlangt. Es geht aber auch um die eigene Macht, die in Gewohnheiten erstarren kann. Erstarrte Macht kann nur noch kämpfen oder gebrochen werden.

Essen und Trinken

«Meine Damen und Herren, bitte probieren Sie. Ganz köstliches Sauerfleisch. Bei warmem Wetter eine wunderbare Erfrischung.» Die Stimme der Marktfrau übertönt das Getriebe des Wochenmarktes.

Ich will noch etwas Wurst einkaufen und gerate an die anpreisende Marktfrau. «Mein Herr, unser Sauerfleisch müssen sie unbedingt probieren. Sie können sich nicht vorstellen, wie wunderbar unser Sauerfleisch schmeckt.»

Ich versuche, den Wortschwall zu unterbrechen, und sage freundlich, aber bestimmt: «Danke, ich möchte kein Sauerfleisch probieren und ich möchte auch kein Sauerfleisch kaufen. Ich möchte vielmehr ein Stück Mettwurst.»

Schon bei dem Gedanken an Sauerfleisch wird mir ganz elend.

Ich habe gerade ausgiebig gefrühstückt und will mir nicht den Geschmack von frischen Brötchen, Marmelade und Kaffee durch Sauerfleisch verderben lassen.

Die Marktfrau scheint Fluchttendenzen zu wittern. Bevor sie die Wurst für mich auswiegt, hat sie schon ein Stück Sauerfleisch abgeschnitten und hält es mir auf einem Stück Papier unter die Nase. Sie legt es nicht etwa auf die Glasplatte des Verkaufsstandes, so als ahnte sie, ich würde es dort liegenlassen. Wenn ich nicht unhöflich und grob werden will, muß ich es ihr abnehmen. Sie kann mich sonst auch nicht weiter bedienen. «Manche Leute haben doch immer Angst, zu dick zu werden», sagt eine andere Kundin. Am liebsten würde ich dieser Kundin mein Sauerfleisch schenken. Aber unter den strengen Blicken der Marktfrau gebe ich solche Gedanken schnell wieder auf und fange wie unter einem Zwang an zu essen. Grinsend sagt die Marktfrau: «Na also! Schmeckt es nicht prima?» Schnell greife ich nach meiner Wurst, bezahle und fliehe. Beinahe hätte ich auch noch Sauerfleisch gekauft.

Wer hat nicht ähnliche Situationen schon oft genug erlebt? Uns wird Kuchen auf den Teller gepackt oder noch ein Stück Fleisch, obwohl wir längst satt sind. Uns wird das Glas gefüllt, obwohl wir gar nichts mehr trinken wollen.

Besonders schwerwiegend ist dieser Zwang bei dem Genuß von Alkohol. Ohne den Nachweis einer schweren Krankheit ist es bei Feiern kaum noch möglich, keinen Alkohol zu trinken. Selbst der Hinweis auf das Autofahren wird nicht respektiert. Alkoholabhängigkeit hat nicht selten hier eine ihrer Wurzeln.

Menschen, die uns Speisen oder Getränke aufdrängen, üben häufig erheblichen Zwang aus. Ihrer Macht können wir uns oft nur durch große Grobheiten oder Ausreden entziehen. Für uns gibt es nur Flucht oder Unterwerfung.

Sehen wir uns einmal die Menschen genauer an, die Zwang zum Essen oder Trinken ausüben. Sie haben fast ausschließlich selbst Probleme mit ihrer Ernährung. Wenn ich andere zum Essen oder Trinken animiere, dann kann ich es stellvertretend für mich tun lassen. Ich freue mich, wenn es anderen schmeckt.

Zwang entsteht aber auch durch das Gemeinschaftsgefühl. Alle essen und trinken, also kann es nicht so schlimm sein, wenn ich mich beteilige. Jeder Außenseiter wird als Störenfried oder schlechtes Gewissen erlebt. Er wird gezwungen, sich wie alle anderen zu verhalten oder das Feld zu räumen.

Aber auch die positive Seite gemeinsamen Essens wird in der Gemeinschaft mit anderen erlebbar. Seit Jahrtausenden gibt es Regeln der Gastfreundschaft. Wenn ein Fremder mit seinem Gastgeber zusammen gegessen und getrunken hat, dann steht der Gast unter besonderem Schutz.

Mit dem Essen und Trinken verbinden sich Erfahrungen, die Schutz oder Bedrohung bedeuten. Zwang löst Ängste oder Versuchung aus. Gutes Essen führt zu Wohlbehagen. Es werden bei uns Erfahrungen angesprochen, die weit in unsere Kindheit zurückreichen. Ein gesundes Baby hat sein Gleichgewicht im Essen und Trinken. Wenn es gut versorgt wird, fühlt es sich wohl. Fehlverhalten wird anerzogen, häufig schon in den ersten Lebenswochen. Störungen können allerdings auch durch Krankheiten hervorgeru-

fen werden. Schon ein Säugling erfährt im Zwang zum Essen Macht. In der Verweigerung kann er sich zur Wehr setzen und selbst Macht ausüben. Der Hunger läßt die Ohnmacht aber bald wieder spüren.

Die mit Verführungskunst oder Überredung ausgeübte Macht ist nur schwer in einem Kampf zu besiegen. Eine wirkliche Veränderung ist vorstellbar, wenn die eigenen Wünsche und Ängste bewußt werden.

Die Macht der Impotenz

Sexualität ist ein massives, auf Dauer jedoch wenig taugliches Mittel im Machtkampf der Geschlechter.

Es ist erstaunlich, wie häufig Frauen in der Eheberatung über die Impotenz ihres Mannes klagen, während viele Männer von sich aus dieses Thema gar nicht erwähnen. Das scheint nicht nur ein schamhaftes Verschweigen zu sein, denn eben diese Männer reden sonst sehr frei über ihre sexuellen Einstellungen.

Das, was sich da nicht abspielt, wird für beide Partner gleichermaßen belastend sein. Oder vielleicht doch nicht?

Was soll die Frau machen, wenn ihr Mann kein steifes Glied bekommt?

«Er läßt mich sozusagen am ausgestreckten Arm verhungern», klagt Johanna K. Die Filialleiterin versteht nicht, warum sie ausgerechnet in ihrer Ehe Pech hat, nachdem alles andere in ihrem Leben wunschgemäß erfolgreich verlaufen ist.

Ich frage sie: «Wann begannen ihre Probleme?»

«Vor vier Jahren im Urlaub auf Ibiza», erwidert sie.

«Gab es irgendeinen Anlaß?»

«Nicht daß ich wüßte. Wir hatten ein tolles Quartier, lagen jeden Tag brutzelnd in der Sonne am Strand und tanzten abends ausgelassen in der Bar. Über allem lag der Schleier heiterer, unbeschwerter Urlaubstage, bis es plötzlich bei ihm nicht mehr klappte.»

Was war geschehen?

Johanna hatte in dieser entspannten Atmosphäre freudestrahlend von ihrer Beförderung zur Filialleiterin berichtet: «Er hat zwar gesagt, er freue sich, aber gemerkt habe ich es nicht», erinnert sie sich später. Was sie als Chance und Bestätigung begreift, scheint für ihn ein Schlag zu sein:

Sie verdient nun erheblich mehr als er. Er scheint das nicht ertragen zu können und wehrt sich, natürlich völlig unbewußt: Wenn du das meinem männlichen Stolz antust, werde ich deinem weiblichen Stolz etwas antun. Ich reagiere nicht mehr als Mann auf deine weiblichen Reize. Du bist mir nämlich zu mächtig geworden. Nun zeige ich dir einmal meine Macht, indem ich unser sexuelles Beisammensein vereitele.

So könnte er vielleicht sprechen, wenn er wüßte, was in ihm vorgeht.

Auch frühzeitiger Samenerguß kann eine Waffe im unbewußten Machtkampf werden. Kaum einer der Beteiligten käme auf die Idee, daß unbewußte Wünsche an diesem Symptom beteiligt sein können, deshalb wird erst einmal abgewartet, ob sich nicht alles von selbst zum Guten wendet. Erfahrungsgemäß ist das sehr selten der

Fall, und so wird dann irgendwann, meist nach etlichen Jahren, einem Arzt gebeichtet. Zuvor hat der Mann etliche angeblich aktverlängernde Crems, Salben und Sprays benutzt, ohne im Bett glücklicher zu sein. Auch die organische Untersuchung fördert in der Mehrzahl der Fälle nichts zutage.

«Es muß etwas Seelisches sein», meint der Arzt und fragt: «Gibt es Spannungen in ihrer Ehe?» Kopfschütteln ist meistens die Antwort. Denn wenn es wirklich in der Ehe kracht, sind solche Symptome oft nicht mehr notwendig. Aber gerade weil es nicht kracht, weil die Schwierigkeiten unter den Teppich gekehrt werden, wächst still und zuerst unmerklich das Symptom.

Die Partner bekriegen sich nicht, sondern sie lassen sozusagen durch das Symptom etwas ausdrücken. Das Symptom wird zum Sprecher der oftmals nicht erkannten oder nur erspürten Spannungen.

Ein anderes Beispiel: Klaus-Peter regt sich auf, weil seine Frau so selten mit ihm schläft und keine Reizwäsche tragen will: «Ich steh nun mal auf so etwas. Warum sollte das unter Eheleuten schlimm sein?»

Seine Frau Anja fühlt sich «in solchen Sachen» zu sehr als Sexualobjekt: «Ich bin gern mit Klaus zusammen, aber nicht täglich, so wie er das möchte. Ich kann ja auch nichts dafür, daß ich nicht so ein starkes sexuelles Verlangen habe, und wenn wir dann zusammen sind, möchte ich spüren, daß er in mich verliebt ist und nicht in die Reizwäsche.» Mit seinen Forderungen macht er ihr aber doch immer wieder ein schlechtes Gewissen, und er gibt ihr das quälende Gefühl, ihm sexuell nicht zu genügen. Er verunsichert sie.

Vielleicht will er das, denn Anja ist charmant, wirkt äußerst anziehend und viele Männer drehen sich nach ihr um. Damit Anja nicht übermütig wird und sich zuviel auf ihre Schönheit einbildet, dämpft er sie immer wieder mit seinen Ansprüchen, von denen er ganz genau weiß, daß sie seine Wünsche, die inzwischen zu vorwurfsvollen Forderungen geworden sind, mit denen er Druck auf sie ausübt, nun erst recht nicht erfüllen kann. Doch seine Vorwürfe sind ein subtiles Mittel, sie unsicher und damit «ungefährlich» zu machen, etwa nach dem Motto: Wenn du weniger sexuelles Selbstvertrauen hast, wirst du auf die vielen Blicke und augenzwinkernden versteckten Angebote anderer Männer nicht eingehen. Indem ich dich verunsichere, mache ich unsere Beziehung sicherer.

Frauen in mittleren Jahren wissen ein unangenehmes Lied davon zu singen, wie häufig Männer sie mit jungen, zweifellos körperlich noch reizvolleren Frauen oder Mädchen vergleichen. So sagte beispielsweise ein Bekannter zu seiner gerade 34 Jahre alt gewordenen Frau: «So, jetzt hast du also das Alter, in dem man dich gegen zwei siebzehnjährige Knusprige eintauschen könnte!» Das, was er ironisch sagte, kränkt das Selbstbewußtsein der Frau, für die dann das Alter von vierzig Jahren zu einer magischen Schwelle wird, hinter der Unattraktivität und Verlassenheit zu lauern scheinen.

Erstaunlicherweise scheint das Älterwerden für Männer kaum eine solche Rolle zu spielen, denn sie werden ja mit grauen Schläfen auch nicht «alt» und «unansehnlich», sondern «reif» und «interessant». Sie können den Charme des väterlichen Freundes oder des erfahrenen Liebhabers souverän ausspielen, während sich Frauen mit wachsendem Alter mit Minderwertigkeitsgefühlen herumzuschlagen haben. Ganz deutlich wird hier ein Partner herabgesetzt, während der andere aufgewertet wird. Minderwertigkeit macht unsicher, vielleicht sogar hilflos und anlehnungsbedürftig.

Aber auch sie hat Möglichkeiten, «zuzuschlagen». Bei fast jedem Mann kommt es zeitweise einmal zu Impotenzerscheinungen. Die Partnerin kann sich jetzt beschweren, ihm Vorwürfe machen oder ihn auslachen, um ihm zu signalisieren, daß er ein «Schlappschwanz» ist und ihren Erwartungen in keiner Weise genügt. Für einen Mann, der in der Regel an die bezwingende Macht seiner Potenz glaubt, ist das ein schwerer Schlag, der tatsächlich zu bleibender Impotenz führen kann.

Auch die natürliche Möglichkeit der Frauen, mehrere Orgasmen unmittelbar hintereinander erleben zu können, stellt für viele Männer eine Bedrohung dar, da sie sich diesen Ansprüchen nicht gewachsen fühlen. Allmählich schleicht sich ein Minderwertigkeitsgefühl ein: Bin ich eigentlich ein wirklich potenter Liebhaber? Würde ein anderer Mann meiner Frau nicht mehr bieten können? Er beginnt zu zweifeln. Sie kann die Zweifel geschickt weiter schüren.

Weil wir es als Kinder nicht lernten, über unsere sexuellen Wünsche oder Ängste offen zu sprechen, fällt es uns später in der Ehe schwer, wirklich «intime Geständnisse» zu machen. Man redet zwar offen über Positionen, gebraucht die entsprechenden Fachwörter und Vulgärausdrücke, und doch redet man damit nur zu oft an dem vorbei, was wir wirklich sexuell erleben und hoffen. Genau diese Tabuisierung schafft als graue Zone Möglichkeiten, Sexualität mit Potenz und Impotenz als besonders subtiles, aber auch erfolgreiches Machtmittel einzusetzen.

Als Vater auf der Schulbank

In jeder Familie gibt es kritische Punkte, in denen Machtfragen eine wichtige Rolle spielen. Ein solcher Fall ist mit der Einschulung von Kindern erreicht. Bei den Eltern tauchen Erinnerungen an die eigene Schulzeit auf. Diese Erinnerungen sind mindestens in unserem Land oft nicht fröhlich. Wir sollten skeptisch sein, wenn jemand behauptet, an seine Schulzeit nur gute Erinnerungen zu haben.

Mit dem Eintritt in die Schule verlassen viele Kinder zum erstenmal die Geborgenheit des Elternhauses. Ein Vorschulkind kennt kaum Grenzen seiner Fähigkeiten. Seine Allmachtsphantasien sind ungebrochen. Als Schulkind erfährt es jetzt aber auch, was es alles nicht kann. Dieser Prozeß ist auch für das geschickteste und intelligenteste Kind schmerzhaft. Intelligente Kinder sind nur leichter in der Lage, durch Leistungen neue Macht zu gewinnen und die Erfahrungen ihrer Ohnmacht zu überdecken.

Diese Erfahrungen von Ohnmacht tauchen mit der Erinnerung an die eigene Schulzeit unweigerlich wieder auf, wenn Mütter oder Väter ihr Kind zur Einschulung begleiten. Die Erinnerungen an das eigene Leiden und Versagen verfolgen Eltern während der gesamten Schulzeit ihrer Kinder. Ich kenne niemanden, der in seiner Schulzeit nicht Ängste ausgestanden hat. Einer meiner Mitschüler brach in den unteren Klassen regelmäßig in Tränen aus, wenn er einmal nicht die beste Arbeit geschrieben hatte. Selbst wenn ein Kind keine Angst vor seinem Lehrer hat, so hat es oft genug Angst vor seinen Mitschülern. Ohnmachtsgefühle der eigenen Kindheit werden bei den Eltern durch den Schulalltag ihres Kindes neu belebt.

Der Anruf kommt für Lutz völlig überraschend. Er behandelt gerade in seiner Arztpraxis eine Patientin. Seine Mitarbeiterin hat das Telefongespräch durchgestellt und sagt, es gehe um seinen Sohn. Am Apparat ist der Klassenlehrer von Sebastian. Er möchte möglichst bald mit Lutz ein persönliches Gespräch führen. Da seine Stimme besorgt klingt, vereinbart Lutz noch für den gleichen Tag einen Termin.

Der Lehrer erwartet ihn in einem Klassenzimmer der Schule. Er berichtet Lutz, daß Sebastian in den letzten Monaten beinahe in allen Fächern erheblich schlechter geworden sei. Lutz hat diese Entwicklung selbst mit einiger Sorge beobachtet. Ist es aber deshalb notwendig, ihn aus seiner Praxis zu holen? Lutz muß mit Unruhe an seine wartenden Patienten denken.

Der Lehrer von Sebastian spricht plötzlich von einem Brief, den er nicht ganz verstanden habe. Etwas unwillig antwortet Lutz, er habe keinen Brief geschrieben. Das habe er befürchtet, antwortet der Lehrer. Er legt Lutz eine Entschuldigung vor, die auf dem Briefpapier seiner Praxis geschrieben ist. Lutz versteht die Zusammenhänge nicht. Die Entschuldigung betrifft das Fehlen von Sebastian in der vergangenen Woche und ist offensichtlich von Lutz unterschrieben. Erst langsam begreift er, worum es geht. Die Fälschung ist so raffiniert gemacht, daß er einen Augenblick an sich selbst zweifelt. Der Lehrer erklärt weiter, die Schule sei wegen Drogen- und Medikamentenmißbrauches beunruhigt. Deshalb könne man über die Fäl-

schung der Entschuldigung nicht einfach hinwegsehen. Schließlich handele es sich um Briefpapier aus einer ärztlichen Praxis. Der Lehrer redet weiter, aber Lutz kann seinen Worten nicht mehr folgen. Er sieht sich in einem schäbigen Klassenraum sitzen. Vorn an der Tafel erklärt ein Lehrer etwas, den Sinn kann Lutz nicht verstehen. Er kennt das Gefühl ziemlich genau, das in ihm aufsteigt. Es komt aus dem Magen und hinterläßt im Mund einen metallischen Geschmack. Der Kopf ist leer, denken scheint unmöglich zu sein. Eine Erstarrung breitet sich aus. Kälte und Hitze sind zur gleichen Zeit in seinem Körper.

Wie aus einem Alptraum wacht Lutz auf. Er weiß nicht, wieviel Zeit vergangen ist. Völlig verwirrt verabschiedet er sich hastig von dem Klassenlehrer seines Sohnes.

Auf der Heimfahrt überfällt Lutz Beunruhigung. Erst jetzt spürt er seine Angst. Der Lehrer hatte von Medikamentenmißbrauch geredet. Sollte Sebastian daran beteiligt sein? Wenn er eine Entschuldigung so meisterhaft fälschen konnte, dann würde ihm das mit einem Rezept genausogut gelingen.

Die Phantasien lassen sich nicht unterdrücken. Sie nehmen schlimme Formen an. Lutz sieht seinen Sohn bereits in der Drogenszene. Er kann sich gegen solche Gedanken nicht wehren, auch wenn er noch so sehr versucht, vernünftig zu sein. Nichtbetroffene mögen vielleicht gute Ratschläge geben. Sie können darauf hinweisen, daß bisher nichts erwiesen ist. Ihm hilft das nicht.

Die Grübelei nimmt kein Ende. Immer wieder ist Lutz mit seinen Gedanken bei Sebastian. Harte Strafen fallen ihm ein. Erst einmal werden alle Vergnügungen gestrichen, dazu gehört natürlich auch der Sport. Ein sechzehnjähriger Jugendlicher kann nicht jeden Tag unterwegs sein und für die Schule überhaupt nichts mehr tun.

Die Grübeleien von Lutz und die Strafen, die er sich für seinen Sohn ausdenkt, lassen sich nicht aus der aktuellen Situation allein erklären. Lutz ist so hilflos, weil er sich in seine eigene Schulzeit zurückversetzt fühlt. Ihm geht es in diesem Klassenraum wie einem Schüler, der bei einer schlimmen Tat ertappt worden ist. Er ist gelähmt, er kann weder etwas fragen noch sich rechtfertigen. Zum Schluß ergreift er die Flucht. Seinen Zorn kann er nicht an denen auslassen, die ihn verunsichert haben. Seinem Sohn Sebastian will er seine Macht demonstrieren.

Jeder von uns kennt Ohnmachtsgefühle, ähnlich wie Lutz sie erlebt hat. Die Begegnung mit Menschen, die wirklich oder in unserer Phantasie mächtig sind, lösen Kindheitserinnerungen in uns aus. Gegenüber Lehrern, Polizeibeamten, Richtern, Ärzten oder Vorgesetzten verhalten sich manchmal auch ganz besonnene Menschen auffällig. Wir alle reagieren nach Mustern, die wir aus unserer eigenen Kindheit kennen. Im Umgang mit der Macht sind solche Reaktionen problematisch. Es ist eine starre, kindliche Macht, die wir gebrauchen. Diese Macht entspricht nicht der Situation, ihr geht es darum, Recht zu behalten. Die Wiederholung kindlicher Verhaltensmuster eignet sich nicht zur Lösung unserer heutigen Probleme.

Die Macht der Einsamkeit

Auf einer kaum zu erkennenden Piste steuert ein Mann seinen Geländewagen durch die Wildnis. Sein Gesicht ist sonnengebräunt und kantig. Mit seinen kräftigen Händen umklammert er das Steuerrad. Ganz auf sich gestellt, meistert er gefährliche Situationen mit Ruhe und Gelassenheit. Ihn kann so leicht nichts aus der Fassung bringen.

An einem Fluß angekommen, fährt er sein Auto auf ein Balkenfloß. Dann beginnt er mit der Kraft seiner Muskeln, sich mit dem Floß und dem Auto an einem Seil über den Fluß zu ziehen.

Doch plötzlich droht Gefahr. Das Seil ist morsch geworden, es beginnt zu reißen. Aber auch diese Gefahr wird von dem Mann souverän gemeistert. Als das Seil tatsächlich reißt, springt er ins Wasser und zieht das Floß mit seinen Händen an das gegenüberliegende Ufer. Dort gönnt er sich endlich eine Pause und raucht in Ruhe eine Zigarette.

Dieser Werbefilm einer Zigarettenfirma ist geschickt gemacht. Er spricht Wünsche und Bedürfnisse vieler Menschen an, er ist ein Heldenlied in einer modernen Fassung.

Der einsame starke Mann trotzt allen Gefahren der Natur, er meistert die Technik mit seiner Intelligenz, mit seiner Kraft kommt er an jedes Ziel. Einsamkeit macht stark, könnte sein Motto sein.

An den Werbefilm der Zigarettenfirma mußte ich denken, als mir Jochen zum erstenmal begegnete. Jung, dynamisch, stark, attraktiv, erfolgreich, das sind Prädikate, die für ihn zutreffen.

Als Technischer Direktor eines mittelständischen Betriebes hat er viel im Ausland zu tun. Manchmal reist er innerhalb einer Woche durch verschiedene europäische und außereuropäische Länder. Seine Aufenthalte beschränken sich meistens auf Konferenzen und Besprechungen. Mitunter ist es für ihn aus Termingründen nicht einmal möglich, in einer fremden Stadt eine Rundfahrt zu machen. Persönliche Freundschaften können bei solch einem Leben nicht entstehen. Jochen begegnet vielen Menschen, aber er lernt sie nicht kennen.

Die Bekanntschaften reichen für ein belangloses Gespräch in einer Kneipe, vielleicht auch für ein unverbindliches sexuelles Abenteuer. Von seinen Gesprächspartnern wird Jochen wegen seiner Zuverlässigkeit und Korrektheit respektiert. Es ist nicht gut, ihn zum Gegner zu haben. Man sagt ihm nach, daß er bei geschäftlichen Verhandlungen eiskalt sein kann. Da er keine Freunde hat, braucht er auch auf freundschaftliche Gefühle keine Rücksicht zu nehmen. Vor einer wichtigen Vertragsverhandlung hat Jochen einmal eine ganze Nacht mit seinen Geschäftspartnern gefeiert. Dabei ist viel hochprozentiger Alkohol getrunken worden. Am nächsten Morgen saß Jochen ohne äußerlich sichtbare Ermüdungserscheinungen am Verhandlungstisch und vertrat mit Nachdruck die Interessen seiner Firma.

Selbst bei erfolgreichem Geschäftsabschluß ist von seinem Gesicht weder Freude noch Triumpf abzulesen. Solch eine undurchdringliche Miene gibt Anlaß zu Spekulationen und Gerüchten. Zu solchen Gerüchten über Frauengeschichten, Trinkfestigkeit oder Geschäften nimmt Jochen nie Stellung. Er bestätigt, dementiert oder kommentiert nichts. Mit einem schmalen Lächeln zieht er sich schweigend zurück.

Das strahlende Bild eines dynamischen Mannes sieht in seiner Familie ganz anders aus. Jochen und Bettina haben zwei Kinder. Bettina hat ihren Beruf als Lehrerin aufgegeben, als das zweite Kind geboren wurde. Da sie gleichzeitig auf ihre Beamtenrechte verzichtete, hat sie heute keine Chance mehr, in ihrem Beruf eine Anstellung zu finden. Diese Erfahrung führt zu Unzufriedenheit, die durch die zeitweilige extreme berufliche Belastung von Jochen noch verstärkt wird.

Die Probleme bestehen aber schon längere Zeit. Sie sind bisher von den Ehepartnern ganz gut bewältigt worden.

Zu einer ernsthaften Krise kommt es durch die inzwischen 12 und 14 Jahre alt gewordenen Söhne des Ehepaares. Der erfolgreiche Jochen scheitert hier völlig.

Früher haben Ansichtskarten und Geschenke aus fremden Ländern bei den Söhnen Eindruck machen können. Heute rufen sie nur noch ein müdes Lächeln hervor. Der Vater wird von ihnen kaum wahrgenommen. Ihnen kann er mit seinen beruflichen Erfolgen nicht imponieren.

Besonders kritisch wird die Situation, wenn die ganze Familie zusammen ist. Kürzlich hat Jochen in solch einem Augenblick jede Beherrschung verloren. Er, der sonst souverän die schwierigsten geschäftlichen Verhandlungen ohne Gemütsbewegung durchsteht, hat angefangen zu toben, weil der jüngere Sohn zu einer Aufforderung des Vaters nur gegrinst hat. Dieses Grinsen hat den sonst immer beherrschten Jochen völlig aus dem Gleichgewicht gebracht. Im familiären Bereich gibt es seither kaum noch zu verdeckende Spannungen.

Aber auch die berufliche Tätigkeit wird beeinflußt. Jochen hat plötzlich Angst, in geschäftlichen Verhandlungen zu scheitern. Dabei geht es ihm nicht darum, immer optimale Ergebnisse erreichen zu müssen. Die Angst besteht vielmehr darin, bei Geschäftsverhandlungen so zu reagieren wie gegenüber dem Sohn. Diese Angst wird von Tag zu Tag größer.

In seiner beruflichen Tätigkeit war Jochen bisher unangefochten erfolgreich. Seine Fähigkeiten hat er durch Förderung bestimmter Wesenszüge unterstützt und ausgebaut. Seine Unnahbarkeit und Undurchschaubarkeit haben ihm im Beruf viele Vorteile gebracht, die er allerdings persönlich teuer bezahlen muß. An Stelle von Freundschaften gibt es für ihn häufig nur flüchtige, oberflächliche Kontakte. Dadurch braucht er zwar keine Rücksicht zu nehmen, ist aber sehr einsam. Sein Leben ist von Hektik geprägt. Für wirklichen Genuß, für Muße bleibt wenig Zeit. Zu dem Eindruck von Kälte gesellt sich eine gewisse Oberflächlichkeit.

Hinter seine Fassade darf er niemanden blicken lassen. Statt dessen muß er Gerüchte über seine Unschlagbarkeit verbreiten.

In seinem Leben verkörpert Jochen ein Stück der freien Marktwirtschaft, die von Angebot und Nachfrage, von Konkurrenz und Kampf geprägt ist. Solch ein Leben bringt zweifellos wirtschaftliche Vorteile. Jochen ist in seinem Beruf ziemlich erfolgreich.

Im Familienleben herrschen allerdings andere Gesetze. Ein Zusammenleben allein oder hauptsächlich durch Konkurrenz und

Macht geprägt, ist hier nicht möglich. Machtstrategien werden leicht durchschaut.

Jochen verliert seine Fassung, als sein Sohn über ihn grinst. So etwas wäre bei beruflichen Verhandlungen undenkbar. Ironie, Spott oder Lachen gefährden Macht. Diktatoren wissen sehr genau, weshalb sie gerade hier die strengste Zensur ausüben. In persönlichen Beziehungen läßt sich nicht immer die Distanz aufrechterhalten, die bei Geschäftsverhandlungen Vorteile hat. In der Familie bringt zu große Distanz Einsamkeit, die in der Regel schmerzhaft erlebt wird.

Das Aufbrechen der Machtproblematik, ihr Scheitern in der Entgleisung könnte für Jochen und seine Familie eine heilsame Veränderung einleiten. Wenn Jochen durch den Konflikt mit seinem Sohn merkt, daß es für ihn noch andere Werte gibt als berufliche Karriere, Konkurrenz und Geschäft, dann wäre damit viel verändert.

Es sieht so aus, als müßte sich Jochen zwischen Familie und Beruf entscheiden. Wirtschaftlich erfolgreicher Machtkampf und persönliche Gefühlsregungen scheinen in einem unüberbrückbaren Gegensatz zu stehen.

In Wirklichkeit gibt es für Jochen diese Entscheidungsmöglichkeit nicht mehr. Seine Angst, beruflich zu scheitern, wird von Tag zu Tag größer. Eiskalte Geschäftsverhandlungen sind mit solch einer Angst nicht mehr zu führen. Es ist gut möglich, daß seine erfolgreiche Managerkarriere beendet ist.

Denkbar ist aber auch, daß Jochen durch die Erfahrung eigener Ohnmacht ein neues Verhältnis zu seiner Macht gewinnt.

Diese Macht läßt sich vermutlich nicht mehr skrupellos nur zum eigenen Vorteil einsetzen. Sie kann sich nicht freimachen von der Verantwortung gegenüber den anderen.

Es bleibt die Frage, ob solch ein Verhalten in unserer von Konkurrenz und Wirtschaftswachstum bestimmten Welt möglich ist. Die Schäden eines gnadenlosen Konkurrenzkampfes machen inzwischen eine ganze Reihe von Menschen nachdenklich. Daraus könnte sich eine Ermutigung zu einem bewußteren Umgang mit Macht im persönlichen und öffentlichen Leben ergeben.

Ein bewußter Umgang mit Macht verhindert nicht selbstbewußtes Handeln. In einer Familie ist es gut zu wissen, wo der andere steht, was er denkt. Zerstörerisch wirken hier Strategien, die den anderen lahmzulegen versuchen. Wer sich nur nach den Gesetzen der Konkurrenz verhält, wird bald merken müssen, daß er sich den Boden entzieht, auf dem er selbst steht.

Deshalb könnte es für die Familie von Jochen eine Chance sein, wenn die Machtstrategien des Mannes nicht mehr funktionieren, sondern durchschaut werden.

In dem Werbefilm der Zigarettenfirma wie in den Erlebnissen von Jochen stehen Alleinsein und Macht in einer engen Beziehung. Unsere Gegenwart bietet viele Möglichkeiten zum Alleinsein. Ich kann mich über weite Strecken allein fortbewegen. Am Telefon oder Fernschreiber habe ich Verbindung mit der ganzen Welt, ohne einem Menschen persönlich zu begegnen. Der Computer erledigt für mich Aufgaben, für die vor noch nicht langer Zeit viele Menschen und viele Kontakte nötig waren. Rundfunk und Fernsehen liefern mir Informationen und Unterhaltung ins Haus. Ich brauche keine Veranstaltung mehr aufzusuchen. Bei mir wird der Eindruck verstärkt, alles allein machen zu können und damit mächtig zu sein.

Das Beispiel von Jochen zeigt, daß die Macht des einzelnen in die Einsamkeit führt. Bei Jochen werden Zeichen von Kälte und Oberflächlichkeit beobachtet. Sie bringen ihn in eine Isolation, die in der Familie besonders schmerzhaft erlebt wird.

Die Macht, die ein einzelner Mensch in unserer Zeit erobern kann, hat verführerische Seiten. Durch sie können lebensnotwendige Bedürfnisse nach Abstand und Nähe ins Ungleichgewicht geraten. Wie der Wunsch nach Nähe, kann auch die Notwendigkeit von Abstand mißbraucht werden. Kinder sind davon in besonderer Weise betroffen. Sie sind auf Nähe angewiesen und müssen andererseits Fähigkeiten zum Alleinsein zunehmend entwickeln.

Auch wenn Kinder mit ihrer neugierigen und spontanen Art uns helfen können, Isolation zu überwinden, so sind sie doch einem Machtmißbrauch besonders wehrlos ausgeliefert.

Reden ist Silber ...

Martina weiß nicht, ob sie heulen oder wütend sein soll. Schon als Christian in die Tür kam, wußte sie, daß er Ärger gehabt hatte. Vielleicht gab es Probleme im Betrieb. Es ist aber auch möglich, daß er Schwierigkeiten mit dem Auto gehabt hat, denn nach dem Dienst war er noch in der Reparaturwerkstatt. Martina rätselt herum, ohne zu einem Ergebnis zu kommen. Am einfachsten wäre es, Christian zu fragen. Doch das geht nicht. Zwischen ihnen herrscht eisiges Schweigen. Das kann tagelang so weitergehen. Der Rekord ihres Schweigens liegt im Augenblick bei einer Woche. Es sieht so aus, als würde mit jedem Streit die Schweigezeit länger werden.

Einen Augenblick schwankt Martina, ob sie einen Versuch machen soll, auf Christian zuzugehen. Dann aber sieht sie sein abweisendes Gesicht und denkt: der kann mir mal den Buckel runterrutschen.

Christian fühlt sich unwohl in seiner Haut. Er hat Schuldgefühle und ist gleichzeitig wütend auf Martina. Sicherlich wäre es nicht nötig gewesen, gleich aus der Haut zu fahren, nur weil der Briefkastenschlüssel nicht an dem Schlüsselbrett hing. Etwas Rücksicht hätte Martina aber trotzdem nehmen können. Sie weiß, wie erschöpft er nach dem Dienst ist. Statt dessen hat sie ihn mit ironisch klingender Stimme aufgefordert, richtig nachzusehen. Wie ein zurechtgewiesener kleiner Junge fühlt sich Christian in solchen Augenblicken. Schmollend zieht er sich zurück. Wenn er sich nach einiger Zeit wieder beruhigt hat, macht ihn der vorwurfsvolle Blick von Martina erneut sprachlos.

Je länger das Schweigen zwischen den beiden dauert, um so tiefer werden die Gräben. Nach ein paar Tagen Schweigepause ist es kaum möglich, mit einer banalen Bemerkung das Gespräch wieder anzufangen. Manchmal können äußere Umstände helfen, das Reden in Gang zu bringen. Es hilft aber wenig, immer auf solche Umstände zu warten.

Also müssen ernsthafte Themen gesucht werden. Ernsthaft ist der Konflikt zwischen Martina und Christian. Mit einer Grundsatzdiskussion der gemeinsamen Probleme läßt sich ein tagelanges Schweigen nur schwer beenden. Der aufgestaute Ärger, aber auch die Angst sind so groß, daß ein Gespräch leicht wieder entgleist. Martina und Christian haben diese Erfahrung mehr als einmal gemacht.

Der Machtkampf, der in solch einem Schweigen ausgetragen wird, ist beinahe körperlich spürbar. Es breitet sich eine eisige Atmosphäre aus, die jedes positive Gefühl füreinander erfrieren läßt. Das Schweigen ist nur die Waffe, mit der dieser Kampf ausgetragen wird. Die Beseitigung dieser Waffe würde noch nicht garantieren, daß der Kampf tatsächlich beendet wird. Die Streithähne könnten sich neue Waffen suchen. Erfahrungen bestätigen uns, daß es vielen nicht schwerfällt, einen neuen Kampfplatz zu finden.

Das Erkennen des Machtkampfes könnte Martina und Christian helfen, sich über die Motive ihres Kampfes klarer zu werden. Geht es um die Frage, wer der Stärkere ist? Oder versucht jeder, seine Ohnmacht nicht zu groß werden zu lassen?

Bei Christian werden die Ohnmachtsgefühle am klarsten angedeutet. Er fühlt sich wie ein kleiner Junge zurechtgewiesen. Aber auch Martina hat Angst vor Christians abweisendem Gesicht. Beide sehen im Kampf die einzige Möglichkeit zum Überleben. Beide verstärken damit gegenseitig ihre Angst.

Ein Sprichwort lautet: Reden ist Silber, Schweigen ist Gold. Es scheint im Machtkampf auch goldene Waffen zu geben.

Machtvorteile

In seiner Eigenschaft als juristischer Mitarbeiter eines Industriebetriebes muß Werner mitunter gegenüber der Firmenleitung unangenehme Ergebnisse vertreten. Kürzlich hatte er die Aufgabe, das Scheitern eines umfangreichen Liefervertrages zu erläutern. In einer langen Sitzung hat es Werner geschafft, seinen Vorgesetzten dieses Ergebnis als einen Gewinn für die Firma darzustellen. Sein wichtigstes Argument lautete: Wer einen fast unterschriftsreifen Vertrag auf diese Weise zu Fall bringt, ist für uns kein seriöser Geschäftspartner. Andeutungen konnten so verstanden werden, als seien die Hürden, an denen der Vertrag letztlich gescheitert ist, absichtlich eingebaut worden, um die Zuverlässigkeit des Partners zu prüfen.

Es gehören viele Fähigkeiten dazu, nüchternen Geschäftsleuten einen Verlust als Gewinn zu verkaufen. Ohne umfangreiche Sachkenntnis ist solch ein Ergebnis nicht zu erreichen. Mit Intelligenz allein wäre es Werner vermutlich nicht gelungen, seine Vorgesetzten zu überzeugen. Er besitzt neben Verstand und Entschlossenheit noch viel Charme. So gelint es ihm, schwierige Sachverhalte anschaulich darzustellen und außerdem noch Sympathien zu gewinnen. Seine Argumentation ist durchdacht, geistreiche Formulierungen bringen die Lacher auf seine Seite.

Selbt kritische Leute haben es schwer, ihm einen Wunsch abzuschlagen. Voller Respekt sind viele vor Werners Intelligenz und seiner Willenskraft. Mit Bewunderung erleben sie seinen Charme. Keiner möchte Werner allerdings zum Gegner haben. Seine Macht scheint unüberwindbar zu sein.

Intelligenz ist ein wichtiger Teil der Macht. Ohne sie würde es keine Wissenschaft, Kultur oder wirtschaftliche Entwicklung geben. Der Intelligenteste erreicht aber wenig, wenn er nicht andere für seine Ideen gewinnen kann. Zur Intelligenz gehört Durchsetzungsfähigkeit, um wirksam werden zu können.

Werner besitzt neben seiner Intelligenz und Durchsetzungkraft noch Charme. Damit hat er die Möglichkeit, sich gewaltlos zu behaupten.

Charme ist in einer Auseinandersetzung ein schwer zu überwindender Vorteil.

Jeder von uns kennt kleine Kinder, die so niedlich sind, daß kaum ein Mensch ihnen einen Wunsch abschlagen kann. Eltern, Verwandte und Freunde lassen sich von dem Charme eines Kindes gefangennehmen. Manche Kinder entwickeln regelrecht Verführungskünste. Trotzdem ist die Macht der Eltern in der Regel stärker als der Charme des Kindes. Erst die Mischung aus Intelligenz,

Durchsetzungkraft und Charme wird zu einem kaum überwindbaren Machtvorteil. Es gibt andere angeborene oder ererbte Vorteile, wie Körpergröße, Aussehen oder auch Besitz, die Macht verleihen. Auf diese Zusammenhänge werden wir noch einmal zurückkommen.

Machtvorteile sind keine Garantie für einen verantwortungsvollen Gebrauch von Macht. Wer von Geburt an mit Erfahrungen der Macht verwöhnt worden ist, kommt in die Gefahr, nichts anderes als Macht und die Erhaltung der Macht zu kennen.

Der Reiche kann nicht ruhig schlafen, wenn er sein Herz an den Reichtum hängt und den Neid der Habenichtse fürchten muß. «Wer stärker sein will, als er eigentlich ist, belastet sich stets notwendigerweise mit der andauernden Angst, hinterrücks von der Schwäche überfallen zu werden, die er bei sich selbst nicht sehen will» (vgl. Horst-Eberhard Richter, Der Gotteskomplex, Reinbek 1979, S. 275). Es ist kein Zufall, daß manchmal besonders hübsche Menschen kalt und skrupellos wirken. Der Besitz von Privilegien fordert seinen Preis.

Machtprivilegierte können noch in eine andere Gefahr geraten. Reichtum kann seinen Besitzer träge machen. Wer sich nie um Anerkennung und Erfolg bemühen muß, verspielt oder mißbraucht seine Fähigkeiten. Es sind oft nicht die von der Natur oder ihren Eltern Bevorzugten, die später ein glückliches Leben führen. Wer Machtvorteile besitzt, steht wie jeder andere vor der Aufgabe, seine Macht bewußt gebrauchen zu lernen und seine Ohnmacht nicht zu verleugnen.

Die Gerüchteküche

An vielen Beispielen können wir verfolgen, zu welch einem Machtkampf die Verkennung der Realität führt. Die Gegner versuchen, ihre eigenen Ängste in dem Kampf zu reduzieren.

Wichtige Mittel jedes Kampfes sind Gerüchte und Propaganda.

In Kriegszeiten spielt Propaganda bei allen Beteiligten eine wesentliche Rolle.

Aber auch die Auseinandersetzung einzelner Menschen ist häufig von Gerüchten begleitet. Schwierige Zeiten sind ein idealer Nährboden für Gerüchte.

Anna und Christoph haben vor etwa drei Jahren geheiratet. Ihre Tochter ist jetzt ein Jahr alt. Seit kurzer Zeit lebt die Familie in einem kleinen Dorf. Christoph arbeitet hier als evangelischer Pfarrer.

Die Gemeinde begrüßt das junge Pfarrerehepaar bei seinem Einzug zurückhaltend, aber freundlich. Es wird kritisch beobachtet, daß eine Schar abenteuerlich aussehender junger Leute den Umzug des Ehepaares begleitet.

Die Zurückhaltung der Dorfbewohner bezieht sich wahrscheinlich auf die äußere Erscheinung des neuen Pfarrers. Besonders ältere Menschen sind wegen der langen Haare von Christoph irritiert. Andere bemängeln seine Kleidung, die häufig aus knielangen selbstgestrickten Pullovern und mehrfach geflickten Jeans besteht. In Großstädten mag es üblich sein, daß auch Männer Ohrringe tragen. In diesem Dorf hat man so etwas bisher selten gesehen.

Anna fällt auf, weil sie ihre Tochter nie in einer Kinderkarre spazieren fährt, sondern in einem Tuch mit sich herumträgt.

Die ersten Besucher im Pfarrhaus berichten noch amüsiert von der ungewöhnlichen Einrichtung. Einige ältere Menschen beklagen sich aber bereits darüber, daß sie von den Matratzen, die ihnen als Sitzplatz angeboten wurden, kaum wieder aufstehen konnten. Trotz vieler Bedenken verhalten sich die meisten älteren Dorfbewohner abwartend. Eigentlich hatte man sich den Pfarrer etwas anders vorgestellt. Dennoch sind viele bereit, über Äußerlichkeiten hinwegzusehen.

Die Jugendlichen des Dorfes fühlen sich von der unkonventionellen Art des neuen Pfarrerehepaares angesprochen. In kurzer Zeit bekommt die Jugendarbeit einen kräftigen Auftrieb. Es finden sich viele junge Leute, die sich für Ökologie, Umweltschutz, Dritte Welt oder Friedensarbeit interessieren.

Die abwartende Haltung der älteren Generation schlägt plötzlich in massive Ablehnung um. Grund für diese Veränderung ist der achtzigste Geburtstag eines früheren Kirchenvorstehers. Christoph gratuliert zu diesem Geburtstag im Namen der Gemeinde. Er erscheint zu dem Empfang bekleidet mit einem bunten Sporthemd und Jeans. Die Geburtstagsgäste, unter ihnen viel örtliche Prominenz, sind entsetzt. Einigen fällt besonders auf, daß Christoph an seiner Hose einen Karabinerhaken mit vielen Schlüsseln und einem Flaschenöffner trägt. Es wird die bissige Bemerkung gemacht, ob der «Herr Pastor» glaube, seine Bierflasche selber öffnen zu müssen.

Seit diesem Ereignis haben Anna und Christoph in dem Dorf sehr zu leiden. Besonders wehrlos sind sie gegenüber Gerüchten. So wird erzählt, daß die Jugendabende zu Orgien ausarten. Es soll sogar zu Drogenmißbrauch gekommen sein. Eltern verbieten ihren Kindern, an der Jugendarbeit der Gemeinde teilzunehmen.

Schließlich wird noch behauptet, daß Christoph es mit seiner ehelichen Treue nicht so ernst nehme. Selbst bei minderjährigen Mädchen habe er sein Glück versucht. Anlaß sind vermutlich die Jugendveranstaltungen, bei denen es recht locker zugeht und Zärtlichkeit nicht ausgeklammert wird.

Alle diese Gerüchte werden hinter vorgehaltener Hand weitererzählt. Mehr oder weniger gutmeinende Freundinnen flüstern Anna etwas von diesen Geschichten zu. Es kommt zwischen Anna und Christoph zu Auseinandersetzungen, die anderen nicht verborgen bleiben. Der Streit zwischen Anna und Christoph ist für sie der Beweis dafür, daß mit der Ehe etwas nicht stimmt. Irgendwelche Erklärungen oder Beteuerungen können die Gerüchte nicht zum Verstummen bringen. Sie machen die Sache nur noch schlimmer. Es kann doch etwas nicht stimmen, wenn so viel geredet wird!

Innerhalb kurzer Zeit ist in dem Dorf eine so gespannte Atmosphäre entstanden, daß der Kirchenvorstand Christoph bittet, sich um eine andere Pfarrstelle zu bemühen. Eine mit viel Idealismus begonnene Arbeit ist nach wenigen Monaten gescheitert.

Wir machen uns unser Urteil zu leicht, wenn wir meinen, hier habe ein Pfarrer seine Gemeinde provoziert oder er sei von konservativen Dorfbewohnern zum Aufgeben gezwungen worden. Christoph ist nicht das unschuldige Opfer von Reaktionären. Christoph ist vielmehr in einem Machtkampf unterlegen, der lange vor Entstehen der Gerüchte angefangen hat. Wer als Pfarrer in einer Dorfgemeinde arbeiten will, muß sich über Lebensart und Vorstellungswelt dieser Menschen im klaren sein oder sich darüber informieren. Das heißt nicht, daß damit alle Normen oder gar politischen Meinungen übernommen werden müßten. Christoph hat versucht, seinen Lebensstil, der in einer Universitätsstadt nicht weiter auffällt, auf ein Dorf zu übertragen. Er hätte sich darüber klar sein müssen, daß er mit seinem Verhalten seine neue Umgebung schokkiert oder bekämpft. Der Besuch des Pfarrers bei einem achtzigsten Geburtstag in Sporthemd und Jeans ist kein notwendiges politisches Bekenntnis, sondern eine Kampfansage oder eine Lieblosigkeit. Bis zu diesem Zeitpunkt haben sich die älteren Dorfbewohner abwartend verhalten. Jetzt erst entstehen als Mittel des Machtkampfes Gerüchte.

Solch ein Gerede ist eine der massivsten Kampfformen. Sie macht den Angegriffenen nahezu wehrlos.

Anna und Christoph werden durch die Auseinandersetzungen sehr verletzt.

Der Stil des Kampfes zwischen Christoph und der Gemeinde ähnelt einem familiären Machtkampf. Christoph verhält sich gegenüber der Gemeinde wie ein Jugendlicher gegenüber seinen Eltern. Aber auch die Dorfbewohner finden zu keiner angemessenen Reaktion. Das zeigt die Entstehung der Gerüchte. Gerüchte zielen nicht auf eine faire Auseinandersetzung. Sie weisen den Widersacher nicht in seine Schranken, sondern haben das Ziel, den Gegner zu vernichten. Wo Gerüchte entstehen, wird ein Machtkampf ausgetragen. Je widerspruchsvoller oder verdeckter der Kampf geführt wird, um so mehr grassieren Gerüchte. Sie werden nach dem Motto in die Welt gesetzt: Irgend etwas wird schon hängenbleiben. Gerüchte sind ein Gradmesser des Machtkampfes. Der Machtkampf mit Hilfe von Gerüchten ist ein ungleicher Kampf. Der Gegner kann getroffen werden, ohne daß sich der Angreifer zu erkennen geben muß. Wer Gerüchte verhindern will, wird die Art des Kampfes verändern müssen.

Eine möglichst offene Auseinandersetzung ist der einzig mögliche Schutz gegen Gerüchte. Darin ähneln sich Gerüchte und Pro-

paganda. In einer offenen Schlacht muß jede Seite ihre Truppen zeigen. Es ist unsinnig, eine hier erlittene Niederlage noch in einen Sieg verwandeln zu wollen, obwohl auch so etwas mit Hilfe von Propaganda versucht wird.

In bestimmten Fällen sind die Machtstrukturen zwar eindeutig geklärt, trotzdem verstummen die Gerüchte nicht. Dieser Fall ist zu beobachten, wenn Macht totalitär benutzt wird. Als Beispiele seien Diktaturen, Haftanstalten oder auch autoritäre Familien genannt. Wo eine allmächtige Führung ohnmächtigen Untergebenen gegenübersteht, dort können Gerüchte nicht zum Verstummen gebracht werden. Völlig unausgeglichene oder verdeckt geführte Machtkämpfe fördern die zerstörerische Gewalt von Gerüchten.

Menschlich statt mächtig

Bislang war die Politik einer der wenigen Bereiche, wo relativ offen über Macht geredet und sich zu ihr bekannt werden konnte. Auch wer diese Macht nicht akzeptierte, konnte sie wenigstens erkennen. Er konnte sie durchschauen. Einem Politiker nahm man nicht übel, wenn er Macht forderte; Ohnmacht wurde ihm zum Vorwurf gemacht.

In jüngster Zeit scheint sich diese Einstellung zu verändern. Ein Indiz dafür ist ein Wahlplakat einer politischen Partei mit dem Slogan: «Menschlich statt mächtig.» Hier wird nicht nur der Unsinn weiterbetrieben, mit Schlagworten Politik machen zu wollen. In diesem Werbesatz wird unterstellt, daß Macht etwas Unanständiges, etwas Unmenschliches ist. Jene Partei empfiehlt sich als Kämpfer gegen dieses Unheil. Wir können in diesem Zusammenhang nicht auf den Appell an Hoffnung und Ängste eingehen. Beschäftigen soll uns vielmehr die Frage, wodurch das Phänomen der Macht in ein immer schlechteres Licht gerät und immer stärker verdrängt werden muß.

Denn soviel ist doch sicher: Wenn jene Partei mit der Wahlpropaganda: «Menschlich statt mächtig» gewählt wird, dann wird sie ihre Mandate bereitwillig übernehmen. Sie wird diese Mandate auch verteidigen und vielleicht von dem Wählerauftrag reden. Kaum ein Abgeordneter wird sein Mandat ohne Zwang zurückgeben und damit auf Einfluß, Ansehen, Geld verzichten. Sicherlich spielen viele Argumente eine Rolle, wenn ein Politiker von seinem Posten nicht zurücktritt. Immer handelt es sich dabei aber auch um eine Frage der Macht. Es ist allzu menschlich, auf diese Macht nicht verzichten zu wollen.

Bei der Suche nach Gründen für die immer stärker werdende psychische Verdrängung der Macht bin ich auf einen Artikel von Dorothee Sölle über die Menschenrechte in Lateinamerika gestoßen. In diesem Artikel wird aus einem Brief des brasilianischen Polizeikommissars von São Paulo zitiert. Der Brief ist die Antwort auf eine Initiative zur Abschaffung der Folter. Es heißt dort: «Wie nur ist es zu erklären, daß es Ihnen nie möglich gewesen ist, an die Macht zu kommen, oder warum haben Sie, wenn es das eine oder andere Mal dennoch gelang, sie wieder an andere Herren abgetreten?» (Dorothee Sölle, Im Hause des Menschenfressers, Reinbek 1981, S. 123). Hier wird der Zynismus eines Menschen sichtbar, dem zur Erhaltung seiner eigenen Macht auch die Folter recht ist. Wir können uns nicht damit herausreden, daß Brasilien ein fernes Land ist. Was in Lateinamerika oder anderen Teilen der Welt passiert, wirkt sich bei uns aus: wirtschaftlich, politisch, psychologisch. Wenn in Brasilien oder einem anderen Ort Macht brutal mißbraucht wird, dann kann sich bei uns niemand unbefangen auf seine eigene Macht berufen. Die Folge ist eine Verdrängung der Macht mit kaum zu übersehenden Konsequenzen. Die Psychoanalyse spricht von der Wiederkehr des Verdrängten. Gemeint ist damit ein Vorgang, der sich vielleicht mit Verstößen der Umweltverschmutzung vergleichen läßt. Wenn größere Mengen Öl im Erdreich versickern, so droht eine Umweltkatastrophe. Das versickerte Öl kann an einer weit entfernt liegenden Stelle das Grundwasser vergiften und damit Vegetation und Leben vernichten. Aus einem nützlichen Rohstoff ist dann ein gefährliches Gift geworden.

Ähnlich geht es uns mit der Macht. Sie wird mißbraucht, diffamiert und verleugnet. Damit haben wir keine Möglichkeit mehr, menschlich mit ihr umzugehen. Läßt sich die Ausübung von Macht nicht mehr verdrängen, so wird die Macht als etwas zutiefst Böses dargestellt. In einer großen überregionalen Wochenzeitung heißt es in einem Artikel über die Rolle der Intellektuellen in der Bundesrepublik: «Die Aufhebung des alten Gegensatzes von Geist und Macht erwies sich als Illusion» («Die Zeit», Nr. 39, 18. 9. 1981, S. 45).

Verdrängter oder diffamierter Macht wird die Möglichkeit zur Veränderung entzogen. Verdrängte Macht kehrt an anderer Stelle zurück. Womöglich wird sie dann gar nicht mehr als Macht oder Unterdrückung wahrgenommen. Mitunter ist dann nur noch ihr Mißbrauch sichtbar, wie in vielen Formen des Terrorismus. Nach den Wurzeln solch eines Mißbrauchs fragt niemand mehr. Wie sollen solche Wurzeln auch erkannt werden, wenn jeder «anständige Mensch» von sich behauptet, mit Macht nichts zu tun zu haben. Es reicht nicht aus, für die Veränderung der Macht die anderen verantwortlich zu machen. Wenn ich mich in meinem ganz persönlichen Bereich den Fragen der Macht stelle, dann werde ich sensibel für Verdrängung oder Mißbrauch von Macht. Es läßt sich gut über den Terrorismus in der Dritten Welt diskutieren. In seine eigenen vier Wände läßt man aber niemanden hineinblicken.

Wir müssen begreifen, daß menschlich und mächtig keine Gegensätze sind.

Es mag ungewöhnlich sein, ganz alltägliche Erlebnisse menschlichen Zusammenlebens zu untersuchen und immer wieder die Frage nach der Macht zu stellen.

Eine gewisse Einseitigkeit läßt sich dabei nicht vermeiden. Die Verengung des Blickwinkels macht aber überraschende Zusammenhänge sichtbar, die sonst verborgen bleiben. Es zeigen sich verschiedene Formen alltäglicher Macht. Die Beispiele geben einen Eindruck von der Bedeutung der Macht. Sie sind unvollständig, jeder kann sie für sich beliebig ergänzen. Solche Ergänzungen schaffen einen persönlichen Zugang zu der Machtproblematik.

Erste Ergebnisse lassen sich zusammenfassen:

- Macht und Ohnmacht sind Grundelemente unseres Lebens.
- Macht und Ohnmacht gehören zusammen wie Licht und Schatten.
- Bewußtwerden von Macht und Ohnmacht schränken ihren Mißbrauch ein.
- Verantwortungsvoller Umgang mit Macht und Ohnmacht muß immer wieder eingeübt werden.

Das Wesen der Macht

Macht und Ohnmacht

Zum Wesen der Macht gehört die Allgegenwärtigkeit von Machtauseinandersetzungen. Wie die Beispiele gezeigt haben, gehört die Macht zu unserem Leben wie der Sauerstoff zum Atmen.

Zum Wesen der Macht gehört die Ohnmacht. Um nicht ohnmächtig ausgeliefert zu sein, muß man mächtig sein und die Zügel in der Hand behalten.

Zum Wesen der Macht gehört die Kompensation, das Vertuschen: Die Abhängigkeit und Kleinheit macht angst, weshalb sie durch energisches unabhängiges Handeln, eben die Macht, ausgebügelt werden soll. Der Teufel wird mit dem Beelzebub ausgetrieben.

Daraus ergibt sich eine weitere Verbindung zwischen Macht und Ohnmacht: Angst und Wut sind die parallelen Eigenschaften. Der Angst vor Abhängigkeit wohnt ein Potential an Wut inne, das die Macht anstrebt und sich in der Macht ausleben möchte. Diese Wut zeigt sich bei Mächtigen immer wieder in ihrer Fähigkeit, zu unterdrücken und massiv zu beeinflussen, um sich entsprechend den eigenen Absichten konsequent durchzusetzen. Der Ohnmächtige will letztlich genau das, was der Mächtige schon hat: die Macht.

Angestrebt wird bei allen Anschuldigungen und Vorwürfen des Ohnmächtigen lediglich eine Neuverteilung der Möglichkeiten. Das Machtkarussell soll sich weiter drehen! Zwar behaupten alle Unterdrückten steif und fest, sie wollten die Unterdrücker beseitigen, um es besser und vor allen Dingen humaner zu machen, doch im politischen und auch privaten Bereich ist diese Rechnung zu selten aufgegangen. Skepsis erscheint diesen Beteuerungen gegenüber angebracht. Das unterdrückte Gefühl von Wut tobt sich nämlich schnell und heftig aus.

Beispielsweise heißt es so schön, im Kapitalismus fräße der Mensch den Menschen und im Kommunismus sei es genau umgekehrt – und da ist sicherlich etwas dran. Kinder, die ihren Eltern autoritäres Verhalten vorwerfen, benehmen sich in der Pubertät und als junge Erwachsene ganz ähnlich wie die einstmals angeprangerten Unterdrücker: «Macht kaputt, was euch kaputt macht», heißt es in einem Sponti-Spruch. Die Kinder kehren den Spieß um, und ihr Verhalten spiegelt, was sie in ihrer Vergangenheit erlebten – doch wechseln auch die Personen, die Macht bleibt.

Zum Wesen der Macht gehört die ihr innewohnende Verführung. Ihr erliegen auch Menschen mit den besten Absichten zu leicht, so wie es der Kaiser Caligula in dem gleichnamigen Theaterstück von Albert Camus ausdrückt: «Ich habe endlich den Nutzen der Macht erkannt. Sie gewährt dem Unmöglichen gewisse Möglichkeiten. Von heute an und in alle Zukunft hat meine Freiheit keine Grenzen mehr.»

Etwas leichtsinnig sprechen wir von dem Wesen *der* Macht. Gibt es überhaupt *die* Macht, oder ist das nur eine Vereinfachung, die unserer Beruhigung dient? Wer die Macht hat, der hat sie gleichzeitig auch nicht. Denn Macht ist keine feststehende, überdauernde Eigenschaft eines Menschen, sondern sie kennzeichnet bestimmte Beeinflussungsmöglichkeiten zwischen bestimmten Menschen. Und nur zwischen diesen Menschen! Denn zur Macht, wie auch zur Ohnmacht, gehört das Zusammenspiel von Personen.

So hat ein Diktator Macht über seine Untertanen – bis ihm ein Attentäter entgegentritt oder sich eine Revolution zusammenbraut.

Eine Frau hat Macht über ihre Kinder – doch diese mächtige Mutter kann sich durchaus von ihrem Mann unterdrückt fühlen. Er hat sie fest im Griff – aber er wird wiederum von seinem Chef drangsaliert. Der Chef – ist er jemand, der in der Hierarchie so weit aufgestiegen ist, daß er wirklich mächtig ist? Vielleicht. Vielleicht hat ihn aber auch seine Frau verlassen und er ertränkt Kummer und

Ohnmacht im Alkohol und ist in der Firma entsprechend schlecht gelaunt.

Macht ist nur möglich auf der Basis bestimmter und meistens unbewußter Abmachungen zwischen den Beteiligten. Einer nimmt sich die Freiheit zu Anordnungen und andere folgen.

In meinem Bekanntenkreis erlebte ich neulich eine Auseinandersetzung mit, in der es (natürlich) auch um Macht ging:

Jutta, ein etwas stiller, bedächtiger und manchmal ängstlicher Mensch, fühlte sich mal wieder unzufrieden und unglücklich im Zusammenleben mit Jens, einem resoluten Self-made-Mann: «Er setzt sich fast immer durch. Das ist eine Gemeinheit. Es liegt ja nicht nur an meiner Nachgiebigkeit, sondern mehr daran, daß er so viel und so hartnäckig *will*. Schließlich habe ich oft genug nachgegeben und zugestimmt. Ich war das ja auch von Haus aus so gewohnt. Mein Vater hatte auch das Sagen. Aber Jens honoriert meine Haltung einfach nicht. Er kommt mir nicht entgegen. Er nutzt mich aus. Er will mich nicht mal verstehen. Ich stelle mich hysterisch an, meint er. Jetzt haben wir so ein blödes Zusammenspiel: Er fordert – ich gewähre und bin sauer. Natürlich habe ich kaum noch Lust, mit ihm zu schlafen, wenn ich solch negative Gefühle ihm gegenüber habe. Ich kann doch im Bett nicht so tun, als wäre alles in Ordnung. So erlebe ich seinen Druck, und er beschwert sich über seine Abhängigkeit von mir. Es ist zum Verrücktwerden!»

Zum Glück erkennt Jutta einen Zusammenhang zwischen ihrer Situation und ihrem Verhalten. Sie gibt nicht Jens allein die Schuld. Dadurch ist, wenigstens theoretisch, die Möglichkeit für anderes Verhalten gegeben.

Doch Jutta erlebt bezeichnenderweise nicht ihre eigene Macht, die sich in ihrer sexuellen Zurückhaltung äußert. Kein Spaß auf Sex – das mag verständlich sein, bedeutet aber für Jens eine Frustration. Er erlebt ihre Macht. Es ist unmöglich zu sagen, wer denn nun irgendwann einmal angefangen hat, Macht auf den anderen auszuüben. Die Suche nach dem Urheber führt am Problem vorbei, denn Macht ist eben immer gegenwärtig.

Wenn Jens mehr über die Auswirkungen des resoluten Machtge-

brauchs wüßte, wäre er über Juttas Verhalten nicht mehr erstaunt. Abhängige und Ohnmächtige warten nämlich insgeheim darauf, Mächtige zu Fall zu bringen.

Im Grunde genommen ist kaum etwas so gefährlich wie die Macht. Mächtige scheinen das zu ahnen, und sie sichern sich ab durch Kontrolle. Macht tendiert deshalb zwangsläufig zur Systemverfestigung. Ein Beispiel dafür ist die in Jahrtausenden errichtete Macht der Männer, an der die «Kronen der Schöpfung» kaum rütteln lassen. Der Mächtige braucht den Ohnmächtigen, um sich mächtig zu fühlen. Der Ohnmächtige meint, auf den Mächtigen angewiesen zu sein. Warum sonst würde er mitspielen? Und das vielleicht Verrückte dabei: Der Mächtige ahnt die brodelnde Wut des Ohnmächtigen, der nach seiner Macht schielt. So fördert Macht die Machtwünsche – des Mächtigen wie des Ohnmächtigen. Macht macht Macht! Der Mächtige versucht sich abzusichern. Dabei entwickelt er leicht paranoide Tendenzen. Sicherlich hängt das auch mit unserem ungeübten Umgang mit der Macht zusammen, daß wir so einseitig, ängstlich, wenig flexibel und grausam mit der Macht umgehen. Denn Macht erleben wir immer als etwas Einschränkendes.

Sie engt den Verhaltensspielraum manchmal so gewaltig ein, daß nur noch Gewalt zu helfen scheint, um sich durchzusetzen. Gerade paranoide Tendenzen sind ein idealer Nährboden für Gewalt. Verprügelte Ehegatten und geschlagene Kinder wissen ein bestürzendes Lied davon zu singen.

Gewalt ist eine Form, sich Macht zu verschaffen. Sie ist schmerzhaft zu spüren und deshalb so besonders wirkungsvoll. Wenn nichts mehr zu helfen scheint, dann verleiht die Ohrfeige immer noch Durchsetzungskraft. Gewalttätiges Verhalten erscheint besonders grausam und abstoßend, doch dürfen wir dabei nicht übersehen, daß sich der Gewalttätige meistens in einer Lage erlebt, in der ihm kein anderer Ausweg einfällt und ein Nachgeben schon eine für ihn fürchterliche Niederlage wäre.

Die wesentlich elegantere und gekonntere Art der Durchsetzung ist die Beeinflussung. Macht will beeinflussen. Das kann durch den Versuch geschehen, den anderen zu überzeugen oder zu überreden.

Beeinflussung klingt recht harmlos, aber sie kann sehr subtil und wirkungsvoll erfolgen, beispielsweise mit psychologischen Tricks. Der Beeinflußte fühlt sich jedoch in der Regel längst nicht so unter

Druck gesetzt wie bei der Gewalt. Und wenn die Beeinflussung geschickt genug erfolgt, fühlt er sich gar nicht unter Druck. Bei einer Beeinflussung scheint der freie Wille des zu Beeinflussenden ungebrochen zu sein. Das stimmt für eine offene und freimütige Form des Einflußnehmens – aber auch nur dafür!

Doch es gibt auch eine Form von Macht, die uns wenig verdächtig erscheint: die Macht der Kompetenz. Wir vertrauen sie Menschen an, die wir für besonders fähig halten. Wir trauen ihnen zu, Dinge besonders gut und geschickt zu lösen, und vertrauen darauf, daß unsere Interessen dabei wenigstens einigermaßen beachtet werden. In dieser Haltung schimmert immer noch etwas von unserem kindlichen Glauben an die Allmacht der Eltern durch. Diese Macht wird Ärzten, Psychotherapeuten und vielleicht auch einigen Politikern entgegengebracht. Sie wird gerade dann wirksam, wenn wir uns nicht so genau auskennen und dem anderen zutrauen, das «Ding» schon erfolgreich schaukeln zu können. Wir delegieren Macht an ihn.

Zwischen Beeinflussung, Kompetenz und Macht rangiert die Autorität. Eine Autoritätsperson verfügt über Macht durch eine Position innerhalb der sozialen Hierarchie. Sie basiert auf einer

Übereinkunft, die das Recht zur Machtausübung gibt, allerdings häufig auch zum Mißbrauch der Macht verführt.

Eltern oder Vorgesetzte sind solche Autoritäten. Freud vermutete, Autorität sei immer ein Nachhall des Einflusses der Eltern. Noch bei erwachsenen Personen ist häufig ein Kampf gegen echte oder gar nicht vorhandene Autoritäten zu beobachten. Kontrolleure in der Straßenbahn oder im Bus erlebe ich als unangenehme Autoritäten. Um sie zu ärgern und mir meine Macht zu zeigen, verlange ich von ihnen stets den Dienstausweis, den ich mir auch noch ganz besonders sorgfältig und langsam durchlese. Und manchmal fühle ich mich hinterher sauwohl, weil ich es «dem Kerl aber mal so richtig gegeben habe!» Ich weiß, wie albern mein Verhalten ist – aber ich erliege nur zu leicht der Versuchung.

Autorität hat etwas mit Überlegenheit zu tun. Sie bringt tief in meinem Wesen etwas ins Schwingen. Als mich neulich abends ein Polizeiwagen stoppte, hatte ich sofort ein schlechtes Gewissen. Deshalb war ich schuldbewußt kleinlaut, obwohl ich weder etwas getrunken hatte noch einen Defekt an meinem Auto vermutete. Aber das schlechte Gewissen war trotzdem da. Innerlich stand ich stramm. Dabei war alles ganz harmlos: Eine Birne der Nummernschildbeleuchtung war ausgefallen und die beiden Ordnungshüter wünschten mir eine gute Weiterfahrt. Ich sollte das Licht bei Gelegenheit reparieren lassen.

Wie ich auf Autoritäten reagiere, hängt eben nicht so sehr von der Realität, sondern mehr von meinen Vorerfahrungen ab: Waren meine früher erlebten Autoritäten stark und mächtig und habe ich mich klein und schwach gefühlt, so werde ich dazu neigen, Angst vor ihnen zu haben. Habe ich sie demgegenüber vergöttert, so werde ich sie später wohlwollend anerkennen und bewundern.

Macht entsteht durch ein Zusammenwirken all dieser Möglichkeiten von Einflußnahmen. Sie hat etwas von der Beeinflussung, der Gewalt, der Kompentenz und der Autorität. Sie wirkt negativ, schlimm, anrüchig und bedrohlich. Sie erinnert an Druck und Kleinsein, Ausgeliefertsein und ohnmächtige Wut. Macht wird mit Egoismus, mit rücksichtsloser Durchsetzung assoziiert. Aber, und das wird häufig übersehen, sie hat eine ganze Menge mit der Gestaltung des Lebens und mit Aktivität zu tun. Macht ordnet und strukturiert, zeigt Grenzen und schützt, gibt Selbstvertrauen und eröffnet Möglichkeiten. Und hat dennoch einen schalen Beigeschmack. Wie ist das zu verstehen?

Macht drückt sich zu leicht als Entweder-Oder aus: Entweder du tust, was ich will, oder es geht dir schlecht, weil ich dich nämlich bestrafen kann. Gerade in der Familie, wo einer auf den anderen angewiesen ist, gibt es verletzende und ängstigende Druckmittel.

Zu häufig gebrauchen wir unsere Macht, um uns rigoros durchzusetzen. Was der andere will, interessiert uns dabei wenig. Viel mehr kümmern wir uns darum, wie wir ihn von seinen Vorhaben weglotsen können.

Wenn wir Macht so ausüben, bestrafen wir. Das drückt den Unterlegenen und macht angst. Wir gehen wie Despoten vor.

Doch auch durch Belohnungen können wir uns durchsetzen. Das löst nicht die Probleme im Umgang mit der Macht, aber der Stil des Zusammenlebens wäre erquicklicher. Die eben beschriebene Erpressung «Entweder–Oder» könnte dann so aussehen: Wenn du meine Wünsche berücksichtigst oder auf meine Wünsche eingehst, dann gebe ich dir etwas dafür. Dann würde das vermieden, was Jutta vorhin so kritisierte: Jens honoriere ihre Haltung nicht. Da Macht eben eine allgegenwärtige Lebensäußerung ist, müssen wir mit ihr leben. Die Frage ist aber, wie wir das machen. Daß Macht so negativ erscheint, liegt auch an ihrem Bestrafungscharakter. Macht wird weniger bedrückend erlebt, wenn sie mit Belohnungen gekoppelt ist. Um nicht mißverstanden zu werden: Macht bleibt in beiden Fällen Macht. Sie sollte nicht verharmlost oder geschickter verschleiert werden. Aber wenn wir schon mit ihr leben müssen, dann sollten wir uns den Umgang mit ihr möglichst bewußt machen.

Vielleicht ist das ein Weg, um Macht auch als etwas Positives zu erfahren: Konstruktive Macht beteiligt den anderen an der Problemlösung und gibt ihm das Gefühl, wichtig und geschätzt zu sein. Das Gegenteil dazu ist die gebräuchliche, die harte Macht. Sie macht den anderen klein, bricht seinen Willen und läßt ihn seine Niederlage fühlen. Konstruktive Macht möchte beeinflussen – aber nicht besiegen. Sie läßt dem anderen Chancen. Wer flexibel mit ihr umgehen kann, macht auch Kompromisse möglich.

Wahrscheinlich wäre es leichter, nur über diese konstruktive Macht zu sprechen. So, wie das Wort Macht aber besetzt ist, und die Geschichte – auch die eigene Lebensgeschichte – hat bisher einen differenzierten Sprachgebrauch verhindert, kann sich kaum jemand zur Macht bekennen. Macht haben deshalb immer die anderen. Je enger und intimer eine Beziehung ist, desto stärker wird die Macht tabuisiert. Denn wenn wir über unsere Macht sprechen würden, dann müßten wir auch über unsere Angst reden, die wir mit Macht kompensieren wollen. Die Tragik liegt darin, daß wir unsere Angst nicht mehr wahrnehmen und uns dieser Kompensation nicht mehr bewußt sind. Die Angst ist uns geblieben von den frühen Kindheitserlebnissen, der kindlichen Hilflosigkeit, Machtlosigkeit und Unterlegenheit. Gegen sie versuchen wir uns aufzulehnen.

Das leuchtet so ein, daß es uns mißtrauisch machen sollte. Was plausibel ist, muß nicht unbedingt stimmen. Die These, daß wir mit Machtverhalten Angst kompensieren, läßt einige Fragen offen: Warum wollen verschiedene Menschen unterschiedlich viel Macht haben?

Warum erlangen manche Menschen mehr Macht als andere?

Ist das Streben nach Macht nicht eher ein unterschiedlich stark ausgeprägter Persönlichkeitszug oder gar ein Trieb (Machttrieb)?

Besteht denn für den Erwachsenen tatsächlich eine Unterlegenheit, die durch Macht ausgebügelt werden soll?

Tun wir in unserem Machtstreben des Guten nicht zuviel?

Wird Machtverhalten nicht auch im weiteren Leben des Erwachsenen immer wieder neu gelernt?

Macht als Gestaltungskraft

Der «Wille zur Macht» (Nietzsche) ist ein wichtiges Gestaltungsprinzip unseres Lebens, unabhängig von Erziehung und erlittener Ohnmacht. Besonders aktive und selbstbewußte Menschen tendieren dazu, ihre Umgebung selbst mitzugestalten. Schwierigkeiten sind für sie eine Herausforderung. Wie selbstverständlich werden sie versuchen, sich durchzusetzen. Die Welt ist für sie eine Chance, die sie beherzt ergreifen. Und eher passive Menschen werden sie dabei wenigstens am Anfang unterstützen, denn Macht ordnet und grenzt ab und schafft eine hilfreiche Strukturierung.

Aber wie sieht es dann mit dem «Kampf der Geschlechter», der mächtigen männlichen Vorherrschaft und der Unterdrückung von Frauen aus? Und wie mit der Angst der Männer vor diesen Frauen? Gehört das noch zum «Gestaltungsprinzip»?

Wenn wir von der Kompensationsthese ausgehen, könnte die stark ausgeprägte Macht der Männer eben sehr viel mit der noch stärker ausgeprägten Angst der Männer zu tun haben. Macht soll diese Angst lindern. Wenigstens hoffen wir das.

Einiges spricht dafür: Männer und Frauen sind in ihrer Entwicklung beide besonders von der Mutter, der Ernährerin und Erzieherin, abhängig. Doch später erinnern sie sich als Erwachsene verhältnismäßig wenig an diese erlebte Macht der Mutter. Statt dessen setzen sie sich mehr mit den durch den Vater erlittenen späteren Einschränkungen auseinander. An seine Autorität erinnern wir uns. Untersuchungen zur Macht der Geschlechter (beispielsweise von Helmut Fuhrmann, Macht und Ohnmacht zwischen Ehepartnern, Bonn 1979) weisen aus, daß gerade eine Frau mit mehreren Kindern zu Hause in ganz großem Maße das Sagen hat. Sie ist die Herrscherin in dieser kleinen Welt, die ihr aber immerhin zu Füßen liegt. Und daran sollten wir uns später nur noch bruchstückhaft erinnern?

Hier ist eine enorme Verdrängung am Werk. Jungen und Mädchen erleben ihre Abhängigkeit und ihre Hilflosigkeit von der Mutter. Sie kann das Kind vor Hunger schreien lassen, sie spricht Verbote und Gebote aus. Je nach eigener Lage wird die Mutter an der Abhängigkeit ihres Kindes interessiert sein, um eigene Abhängigkeits- und Unterlegenheitsgefühle zu kompensieren. Sie braucht das Kind – auch wenn das heranwachsende Kind sie immer weniger braucht. Je ohnmächtiger sie sich erlebt, desto intensiver wird sie nach der Macht über ihre Kinder streben, desto eingeengter müssen sich die Kinder fühlen. Die Kinder könnten revoltieren. Gewiß. Aber wie wird dann die Mutter reagieren? Die Kinder ahnen die möglichen Komplikationen. Schließlich sind sie nicht völlig autonom, dürfen also die Mutter nicht zu sehr herausfordern und verärgern. Sie scheuen den Protest. Feindselige Impulse gegen die Mutter werden aus Angst vor den phantasierten und meistens auch realen Folgen nicht ausgelebt.

Allmachtsphantasien

Nicht ausgelebte feindselige Impulse führen eigentlich immer zur Ausbildung einer Vorstellung von Allmacht beim anderen, hier also bei der Mutter. Diese zugeschriebene Omnipotenz fördert wiederum die Angst vor der Macht dieser starken Mutter, der anscheinend nur mit Unterwerfung zu begegnen ist. Besonders Frauen bleiben deshalb häufig in der Anhängigkeit von ihren Müttern gefangen, ohne sich dessen überhaupt bewußt zu sein. Sie entwerten sich selbst, um nicht mit der Mutter rivalisieren zu müssen. Marina Moeller-Gambaroff schreibt dazu: «Eine der möglichen Abwehrmaßnahmen gegen diese Ängste ist die Ausbildung einer feindseligen Haltung gegen den Mann. Die Feindseligkeit gegen die Mutter, die aus der eigenen Hilflosigkeit entsteht, wird zunächst auf sie projiziert: Dadurch erscheint sie bedrohlich. Dann wird dieser gesamte Gefühlskomplex auf den Mann verschoben. Die psychische Entlastung besteht darin, daß die Frau sich nicht mehr von der Mutter verfolgt fühlen muß. Im Gegenteil, sie hat einen bösen Außenfeind, den sie aufs heftigste bekämpfen kann, womit sogar zum Teil auch ihre aggressiven Impulse (gegen die Mutter) befriedigt werden können. Das Ausmaß des Männerhasses ist somit proportional der eigenen Hilflosigkeit und dem daraus entstehenden Haß auf die Mutter und der Angst vor dieser. Solange dieser Aspekt der Männerfeindlichkeit unbearbeitet bleibt, erhält sich latent eine tiefe Abhängigkeit von der Mutter, durch die eine Emanzipation in Richtung auf ein autonomes Selbst und, damit verbunden, eine gesellschaftliche Neudefinierung der weiblichen Rolle blockiert werden» (in: «Kursbuch», Nr. 47, S. 15).

Folgerichtig heißt es weiter: «Zumindest im Psychischen besteht ein Matriarchat vor dem Patriarchat.» Und diese zugeschriebene Omnipotenz erhält sich sozusagen selbst am Leben, denn bestimmte gesellschaftliche Einflüsse bilden psychosoziale Bedingungen, die zur Erhaltung dieser Strukturen beitragen:

Mütter, die ihre Unvollkommenheit und Unzufriedenheit unbewußt ausgleichen wollen, die selbst Macht spüren und sich ausgeliefert fühlen, klammern sich besonders hartnäckig an ihr Kind und hemmen dessen autonome Entwicklung.

Gerade solche Mütter, die in der Kindererziehung ihre große Aufgabe sehen und sich hauptsächlich durch die Erfolge ihrer Betreuung profilieren wollen, im ungünstigsten Fall selbst aber unsicher oder überfordert sind, zwingen sich zu einer «mütterlich» aufopferungsvollen Haltung, die alle Beteiligten vergewaltigt. Sie möchten ihr Kind unter allen Umständen «richtig» erziehen (und die Flut der Erziehungsratgeber, die an Reparaturhilfen erinnern, tut ein übriges zur weiteren Verunsicherung und setzen sie unter Leistungsdruck). Die Folge: Das Kind muß mit lobenswertem, vorzeigbarem Verhalten den Erfolg ihrer Erziehung demonstrieren. In dieser an sich herzlosen «Affenliebe» gestehen sie sich nicht ein, daß liebevolle Zuwendung keine stets gleichbleibende Einstellung und Reaktion ist, sondern natürlichen Schwankungen unterliegt.

Erst wenn eine Mutter für ihr Kind auch «böse» sei kann, ermöglicht sie ihm eine echte Auseinandersetzung mit ihr. Die durch die Abhängigkeit ausgelöste Feindseligkeit kann erst dann ohne zu viel Angst und schlechtes Gewissen ausgelebt werden, und die Phantasien von der Allmacht der Mutter, die eigenes Machtverhalten notwendig erscheinen lassen, können an der Wirklichkeit überprüft werden und einem anderen Verhalten Raum geben. Nur eine wirklich mächtige Mutter ermöglicht eine Auseinandersetzung, an der die eigenen Kräfte reifen und die Autonomie gefördert wird. «Eine durch ihre Lebensbedingungen beeinträchtigte oder sogar unterdrückte Mutter wird ihre omnipotente Rolle ... eher ausnutzen, um das Herrschaftsgefälle auf Kosten ihres Kindes zu erhalten», meint auch Marina Moeller-Gambaroff (in: «Kursbuch», Nr. 47, S. 16).

Gehen wir noch einmal zum Männerhaß als Kompensation der Hilflosigkeit zurück. Wie sieht denn die entsprechende Entwicklung des Jungen aus?

Das Selbstständigwerden des Jungen ist leichter als das des Mädchens. Ein Mädchen muß sich von der Mutter lösen und sich gleichzeitig mit ihr identifizieren, um sich als Frau zu erleben.

Der Junge ist allein schon durch sein Geschlecht ein von der Mutter losgelöstes «anderes» Wesen. Er grenzt sich automatisch ab. Deshalb ist seine Ablösung mit weniger Angst verbunden und kann viel energischer betrieben werden. Der Junge wendet sich in der Identitätssuche seinem Vater zu, der in den meisten Fällen als Mächtigster der Familie zu erkennen ist. Er identifiziert sich auf diesem Wege also meistens mit der Machtposition. Unter Umständen muß er im Verlauf des Ablösungsprozesses mit seiner Mutter kämpfen – und kämpft dann vielleicht, wenn der Kampf zu hart ist, ein Leben lang. Folgende Geschichte illustriert das:

In einem Kaffee sitzen drei ältere Damen und erzählen von ihren Söhnen. Die erste berichtet ihren Freundinnen mit verklärten Augen, daß ihr guter Sohn ihr jede Woche einen ausführlichen Brief schreibe. Die zweite betont, daß ihr Sohn sie jede Woche besuchen würde. Sie hätten dann viel Zeit, miteinander zu erzählen. Etwas geringschätzig blickt die dritte alte Dame um sich und sagt: «Das ist alles nichts gegen meinen Sohn. Der geht zweimal in der Woche zu einem Psychotherapeuten. Er bezahlt dort jedesmal 100 Mark und redet die ganze Zeit nur über mich.»

Der Kampf verlagert sich von der Mutter auf ihre Stellvertreterinnen. In erster Linie sind es die eigene Frau und die Schwiegermutter, später vielleicht auch die heranwachsende Tochter.

Doch im verborgenen lauert noch im erwachsenen Mann die «innere Mutter» mit ihrer Macht, wirkt bedrohlich und löst immer wieder Angst aus.

Die Entwicklung des Jungen erklärt, warum Männer eher als Frauen offene Auseinandersetzungen suchen und im Vergleich zu Frauen ein deutlicheres Machtverhalten zeigen. Angefeuert werden sie unter Umständen noch vom Männerhaß der Frauen, der ebenfalls von der phantasierten Allmacht der Mutter ausgelöst wurde und den Frauen zur Kompensation dienen kann. Ob sie nun tatsächlich mit Männerhaß konfrontiert werden oder ihn nur fürchten, viele Männer benutzen ihn als Alibi für die Abwehr des Weiblichen überhaupt. Die Frauen hingegen finden in der immer wieder zu erlebenden Vorherrschaft des Mannes Nahrung genug für ihren

Rochus auf das «starke Geschlecht». Macht macht Macht! Und wer die Macht hat, der ist gut dran. Mit Macht setzt man sich erfolgreich durch. Der Erfolg fördert das erfolgreiche Verhalten und erhöht die Wahrscheinlichkeit, sich bald wieder durchsetzen zu können. Erfolgreiche Machtausübung verfestigt die Macht!

Zusammenfassend halten wir fest:

Das Wesen der Macht ist ungeheuer vielfältig, weil dic Beziehungen zwischen den Beteiligten so unterschiedlich sind. Es gibt einen Wunsch zur Gestaltung der eigenen Person und der Umwelt, einen natürlichen Willen zur Macht. Macht ist unterschiedlich stark ausgeprägt. In welcher Form und Stärke sie sich durchsetzt, hängt zu einem großen Teil von unseren Kindheitserfahrungen und unseren späteren Erfolgen im Umgang mit der Macht ab.

Der Ausgleich für die in der Kindheit erlebte Ohnmacht und Abhängigkeit, die zu Allmachtsphantasien führen, ist das Hauptmotiv für unser Machtstreben, mit dem wir die bedrückenden Niederlagen ausgleichen wollen. Dieser Kompensationswunsch ist abhängig davon, als wie klein wir uns erlebt haben.

Als Erwachsene kompensieren wir nicht mehr unsere tatsächliche Unterlegenheit, sondern wir erliegen dem Griff der Vergangenheit. Sie packt uns und läßt uns in der Erinnerung heute noch wie abhängige Kinder handeln.

Wie lebendig die Vergangenheit ist, wird in der Auseinandersetzung Erwachsener mit ihren Eltern spürbar.

Im Grunde geht es dabei immer um eine Abgrenzung von der Mutter. Ein Merkmal der späteren Auseinandersetzung ist die Rivalität mit den Eltern:

Eine frühe Eheschließung soll, unter anderem, auch das Eigene betonen. Die Tochter verhält sich zu ihrem Kind liebevoller, als die Mutter mit ihr umgegangen ist, so meint sie jedenfalls. Eine meiner Klientinnen engagierte sich intensiv in der Kindererziehung: Ihre Mutter habe wenig Zeit für sie gehabt. Sie möchte sich nicht schminken: Die Mutter sei wie ein Tuschkasten umhergewandelt. Sie möchte wieder in ihren Beruf zurück: Mutter war «nur» Hausfrau. Sie möchte sich abgrenzen, anders sein. Dabei vergleicht sie sich fortwährend mit ihrer Mutter. Sie ist noch immer der Maßstab, die Orientierungsperson. Die Abgrenzung gelingt nur scheinbar. Sie führt noch nicht zu einem eigenen, sondern bisher nur zu einem entgegengesetzten Weg.

Aber wie könnte ein eigener Weg aussehen? Wir können uns nicht durch «Anderssein» definieren, sondern durch «Ichsein». Wir sind stets ein bißchen so wie unsere Eltern und unsere Großeltern. Wir erwerben im Verlauf unserer Entwicklung Stärken und Schwächen und wir eifern Vorbildern nach. Wir sind sozusagen eine Mischung. Diese Mischung der vielfältigsten Einflüsse macht unsere Persönlichkeit aus. Nur zu einem geringen Teil suchen wir uns Eigenschaften, Überzeugungen, Ängste, Gefühle und Verhaltensweisen bewußt aus. Einiges von dem, was uns die Eltern mit auf den Weg gegeben haben, ob nun gewollt oder ungewollt, ist sicherlich gut und für uns nützlich. Wir können gar nicht anders, wir müssen mit unseren verinnerlichten Eltern leben, sonst reiben wir uns noch als Erwachsene gegenseitig auf.

Angstabwehr

Der kleine Peter ärgert auf der Straße einen älteren Erwachsenen, bis dieser schließlich wütend ruft: «Wenn ich dein Vater wäre, würde ich dir für solche Flegeleien etwas hinter die Ohren geben.» Peter grinst und meint: «Wenn sie mein Vater wären, dann würden sie in der Küche stehen und Geschirr spülen.»

Der Sohn fragt: «Fürchtest du dich vor Löwen, Pappi?»
Der Vater schüttelt den Kopf: «Aber nein.»
«Und fürchtest du dich vor Tigern?»
Der Vater schüttelt wieder sein Haupt.
«Vor einem Nashorn?»
«Nein, auch nicht.»
«Also fürchtest du dich nur vor Mami!»

Die Mutter hat für jedes Familienmitglied einen neuen Waschlappen mit einem Tierkreiszeichen gekauft. Die kleine Tochter fragt abends ihren heimkommenden Vater: «Pappi, was bist du für ein Waschlappen?»

Es gibt etliche solcher Kinderwitze, in denen Kindermund Wahrheit oder Befürchtungen kundtut, wobei sich der Witz durch die unerwartete Pointe ergibt: Der Vater als «Waschlappen» und ängstlicher Helfer seiner Frau, während doch sonst eher vom «Familienoberhaupt» die Rede ist. In den Witzen hat sich die «Krone der Schöpfung» einwickeln lassen und erscheint als degradiertes und armseliges Geschöpf, bar aller Männlichkeit.

Auch die auf den Humorseiten immer wieder erscheinende Ehefrau mit dem Nudelholz symbolisiert Befürchtungen der Männer, von den Frauen abhängig zu sein und domestiziert zu werden.

Wenn ein Witz ein Ventil ist für unterdrückte Empfindungen, dann weisen solche Pointen auf männliche Überlegenheit hin, die wenigstens im Witz mal durchbrochen werden soll. Denn über Macht wird in der Familie sonst nicht gesprochen. Eher werden Probleme der Macht heute so behandelt wie Sexualität vor mehreren Generationen. Macht gehört in der Gegenwart mehr als Sexualität in den Intimbereich der Familie. Vielleicht ist deshalb das Machtproblem zwischen Eltern und Kindern besonders schwer ansprechbar.

Macht haben immer die anderen: die Nachbarn, die Schule, die Wirtschaft, die Behörden, der Staat. Je weiter die Macht entfernt ist, je weniger man an ihr teilhat, je kleiner die Versuchung, Macht zu gebrauchen, um so unbefangener läßt sich über sie reden. Einem Politiker wird das Vertrauen entzogen, wenn er nicht ab und zu ein Machtwort spricht und hart durchgreift. Von einem Wirtschaftsfunktionär wird erwartet, daß er gewinnbringend arbeitet und seinen Laden in Ordnung hält. Über Politik und Wirtschaft läßt sich am Biertisch vortrefflich diskutieren. Familiäre Gewalt wird dagegen bestenfalls in den Witzspalten unserer Zeitungen abgehandelt. Dabei kommt es noch zu einer Verkehrung ins Gegenteil, wenn in vielen Witzen der Eindruck erweckt wird, brutale Gewalt gehe von der Frau oder der Schwiegermutter aus.

Das fehlende Gespräch über die Macht, dieses emsige Ausweichen vor etwas ganz Alltäglichem, weist auf eine tief verwurzelte unbewußte Angst hin. Machtwünsche werden aus der Angst geboren, und ein Gespräch darüber könnte die Angst offenbar werden lassen und den Einfluß der Macht zerstören. Aber erst, wenn man darüber spricht, lernt man, mit dem, was uns beengt, umzugehen. Für den Mächtigen ist das eine Bedrohung, denn seine Wirkung könnte verpuffen.

Aber auch für den Abhängigen kann das gefährlich werden: Er müßte die Katze aus dem Sack lassen, denn hinter seinen Ohnmachtsgefühlen verbergen sich, wie schon gesagt, ganz deutliche Machtwünsche. Im Grunde will jeder das, was er dem anderen vorwirft. Die Vorwürfe signalisieren Wünsche. Das wird deutlich in der unbewußten Angst des Mannes vor der Frau.

Als ich neulich mit meinem Freund in der S-Bahn vom Flughafen in die Frankfurter Innenstadt fuhr, hielt unser Zug neben einem Hundesportplatz, auf dem vorwiegend junge Männer mit ihren Vierbeinern übten: Die Tiere kletterten auf Kommando über Holzwände und verbissen sich in dem voluminös gepolsterten Arm eines Gegners.

Mein Freund sieht und sagt die Dinge sehr direkt: «Seit Männer ihre Frauen nicht mehr so schikanieren und kommandieren können wie früher, brauchen sie gehorchende Hunde, um sich überlegen und als Herrscher fühlen zu können. Schau dir das an! Da erziehen sie ihre Viecher, bis die ihnen aufs Wort gehorchen und dann genießen sie das berauschende Gefühl, stark und überlegen zu sein, weil sich ein Hund nun mal stets dem Menschen anpaßt – wie früher die Frauen den Männern. Schließlich treiben die Emanzipation und der Machtwunsch der meisten Männer noch die Preise für Schäferhunde in die Höhe.»

Bissig – doch vielleicht nicht ganz falsch?

Warum reagieren Männer pauschal und meist abwertend auf «Emanzen»? Der norwegische Dramatiker August Strindberg meint es zu wissen: «Wozu denn dieser ganze Kampf auf Leben und Tod, wenn nicht um Macht?» läßt er die Laura in seinem Stück «Der Vater» sagen. Auch worum es bei diesem Machtkampf geht, wird verraten: «Immer warst du gegen alles, was mir Anerkennung hätte bringen können! Weil dadurch deine eigene Unterlegenheit bloßgestellt wäre!» Und in diesem Kampf, meint Strindberg, seien besonders die Frauen gefährlich: «Es ist, als begäbe man sich in einen Tigerkäfig. Und wenn ich ihnen nicht ein glühendes Eisen unter die Nase hielte, würden sie sich sofort auf mich stürzen und mich in Stücke reißen» (zitiert nach: H. R. Hays, Mythos Frau, Frankfurt 1978, S. 331).

Die Frau als reißender Wolf? Wie paßt das zu dem von Frauen so häufig geäußerten Wunsch nach Gefühlen und Gesprächen, nach Unternehmungen mit der Familie, mit dem Wunsch nach Hilfe im Haushalt und Teilnahme des Mannes an der Verantwortung für die Erziehung der Kinder?

Wie kommt es, daß es in den Augen der Männer «Flittchen»

und scheinbare Nymphomaninen gibt, sie selbst jedoch selbstverständlich sexuell erfahren zu sein haben? Was ist los, wenn ein Mann von seiner Frau als «meine Alte» spricht?

Erst vor dem Bundesarbeitsgericht hatten neunundzwanzig Mitarbeiterinnen eines Fotolabors Erfolg, um den gleichen Lohn wie ihre männlichen Kollegen zu erhalten. Sie verdienten bis zu zwei Mark die Stunde weniger als die Männer – und das für die gleiche Arbeit! Wie lächerlich männlicher Chauvinismus wirken kann, berichtete der «Stern» (Nr. 20 vom 10. 5. 1984, S. 226): «Die 26jährige Studentin Anke Schulz hatte mit neun Männern den Atlantik überquert. Dafür sollte die Crew im Segelclub ‹Wappen von Bremen› mit dem ‹Silbernen Globus› geehrt werden. Anke Schulz wurde jedoch der Zutritt in den Festsaal verwehrt. Vorsitzender Gerd Dammeyer: ‹Unsere Satzungen besagen seit 48 Jahren, keine Frau an Bord und schon gar nicht an unserem traditionellen Herrenabend!›»

Die Bundestagsabgeordnete Anke Martiny-Glotz meint, die «Gedankenlosigkeit» der Männerwelt machte es den Frauen so schwer.

Aber ist es wirklich nur Gedankenlosigkeit der Männerwelt?

Bereits im friedlichen Paradies verführte die listige Eva den Adam, den berühmten und berüchtigten Apfel zu essen. Sie erscheint als «gefährlich», er als der Dumme. Beide mußten für ihre Wünsche zahlen. Doch nicht immer ist die Frau nur die Aktive, wie auch Goethe meinte, als er schrieb «halb zog sie ihn, halb sank er hin» (in der Ballade «Der Fischer»), und Heinrich Heine wußte «himmlisch war's, wenn ich bezwang meine sündige Begier». Doch die Chancen stehen schlecht für das Bezwingen: «Ein Tor ist immer willig, wenn eine Törin will», ja, mehr noch, wie es im «Erlkönig» heißt, «mich reizt deine schöne Gestalt und bist du nicht willig, so brauch ich Gewalt!».

Bis in unsere Umgangssprache hinein gibt es enge Verbindungen zwischen Macht und Sexualität. Das gilt auch für viele Beschreibungen des Geschlechtsverkehrs, die Gedanken an eine Vergewaltigung nahelegen. Am deutlichsten wird die Verwandtschaft in den lateinischen Ausdrücken Potenz und Impotenz, übersetzt: Macht und Ohnmacht. Der Gebrauch der lateinischen Sprache legt die Vermutung nahe, daß sich lange Zeit nur eine bestimmte, gebildetere Volksschicht mit den Problemen der Sexualität und Macht beschäftigt hat. Potenz und Impotenz sind immer noch die zentralen Begriffe menschlicher Sexualität. Auf Macht und Ohnmacht scheint Sexualität häufig reduziert zu sein. Aus einer menschlichen Beziehung wird so ein Machtkampf der Geschlechter. Weite Bereiche sexueller Lebensäußerung geraten damit in die Gefahr, nicht mehr wahrgenommen zu werden.

Skeptiker äußern die Vermutung, diese Entwicklung sei auf den offeneren Umgang mit sexuellen Fragen zurückzuführen. Die Verbindung zwischen Sexualität und Macht ist aber älteren Datums. Gerade in der jüngeren Generation werden neue Formen des Umgangs zwischen den Geschlechtern wieder entdeckt. Es ist ein hoffnungsvolles Zeichen, wenn junge Menschen zärtlich miteinander sein könne. Sie werden begreifen, daß Zärtlichkeit ein wesentlicher Bestandteil menschlicher Sexualität ist. Wer zu dem anderen zärtlich sein kann, wird ihm auch sexuell keine Gewalt antun.

Doch das setzt Arbeit an der Angst voraus! Denn Jahrtausende haben Männer auf Frauen solche Eigenschaften projiziert, die sie bei sich selbst nicht akzeptieren wollen. Da ist die Frau «listig», «lüstern», «fleischlich», aber auch «gefühlvoll», «dumm» und «naiv».

Der Philosoph Schopenhauer trieb es vielleicht auf die Spitze: «Das niedrig gewachsene, schmalschultrige, breithüftige und kurzbeinige Geschlecht das schöne zu nennen konnte nur der vom Geschlechtstrieb umnebelte männliche Intellekt.»

Mir scheint, wo eine Befürchtung ist, da ist auch eine Abwehr. Denn eine Frau – das heißt auch Versuchung. Da wird möglicherweise der männliche Verstand, das logische Denken, auf das Männer so stolz sind, weggewischt, wenn sie eine wohlgeformte Brust unter einem engen Pullover ahnen oder ein Rocksaum den Schenkel hochrutscht. Die schöne verführerische Gestalt reizt eben. Und «er» weiß das nur zu genau: Unter Umständen ist er nicht einmal Herr seiner Sinne!

Wo etwas gefährlich und mächtig ist, muß es erst mal klein gemacht werden. Das geschieht am einfachsten mit Hilfe des überaus bewährten Verfahrens der Projektion. Nicht akzeptierte Eigenschaften, die ich bei mir selbst vermute, projiziere ich auf einen anderen Menschen, so wie ich ein Diapositiv auf die Leinwand zaubere. Der Vorteil ist enorm: Ich kann mich von Unangenehmem befreien, indem ich es bei anderen bekämpfe!

Dann bin nicht ich naiv, sondern du; dann bin nicht ich aggressiv, sondern du bedrohst mich. Der Adressat dieser Zuschreibungen wird in eine bestimmte Rolle gedrängt. Ich kann mich des anderen durch solch eine Projektion bemächtigen.

Ein Musterbeispiel dafür ist der Hexenwahn im Mittelalter. Im 1486 geschriebenen «Hexenhammer», auf kirchliches Betreiben verfaßt, heißt es: «Es frommt nicht zu heiraten. Was ist das Weib anderes als eine Feindin der Freundschaft, eine unentrinnbare Strafe, ein notwendiges Übel, eine natürliche Versuchung, ein wünschenswertes Unglück, eine häusliche Gefahr, ein ergötzlicher Schade, ein Mangel der Natur, mit schöner Farbe bemalt.»

Und die uralte, fast magisch zu nennende Furcht und männliche Lüsternheit blitzt auf: «Alles geschieht aus fleischlicher Begierde, die bei ihnen (den Weibern) unersättlich ist ... Denn mag auch der Teufel (also wohl ein Mann, der Verfasser) Eva zur Sünde verführt haben, so hat doch Eva Adam verleitet» (zitiert nach: Hoffman R. Hays, Mythos Frau, Frankfurt 1978, Seite 201).

Auffällig ist, wie bei allen projektiven Zuschreibungen, die Mischung aus Faszination und Abwehr. Fast ist zu spüren, wie das Projizierte den Projizierer bedroht, mit welch enormer Kraft er es von sich fernhalten muß. Besonders traurig ist ein weiterer Hintergrund bei diesem Zuschreibungsverfahren: Gerade auf solche Personen wird projiziert, von denen man wenig weiß. Das Unklare und Geheimnisvolle zieht solche Abwehr an wie das Licht die Motten.

Demnach scheinen Männer nicht gerade allzuviel von Frauen zu wissen. Eine Unterstellung, die die Männer sicherlich sofort energisch von sich weisen werden.

Aber vielleicht sollte ich lieber sagen, Männer haben es schwer, Frauen zu verstehen. Frauen repräsentieren stets auch das Mütterliche, was der Mann ja gerade überwinden möchte, wie seine Abgrenzung von der Mutter zeigt. Im Vorwort zu dem Buch «Ein anderes Leben wagen» (Bergischgladbach, 1984) weist der Herausgeber, Paul Barz, besonders auf die Abwehr und Projektion sexueller Wünsche und Ängste im Laufe der Geschichte hin. Je weniger man von einer Gruppe wußte, desto heftiger mußte sie als Abladeplatz uneingestandener eigener Wünsche herhalten. Freimaurer, Hippies, Orden, Wandervögel, Zigeuner und Wohngemeinschaften lockten zu Spekulationen.

Nicht zufällig ist deshalb die rassige und verführerische Carmen, vielleicht die bekannteste femme fatale, eine Zigeunerin. Die Besucherschlangen vor den Kinos, in denen der Carmen-Film lief, beweisen einmal mehr die Verführungsmacht des «Weibes» – und die süße Lust des Mannes daran.

Die amerikanische Philosophin Susan Griffin von der Universität Berkeley vermutet in ihrem Buch «Frau und Natur», Männer hätten sich ihre Welt entsprechend ihrer unbewußten Ängste so eingerichtet, daß sie zur Abwehr ihrer Ängste herrschen könnten: «Beginnen wir mit den beiden klassischen Frauenbildern, Jung würde sagen Archetypen, die in die männliche Psyche eingraviert zu sein scheinen: die Heilige und die Hure. So ist die Frau als Hure die femme fatale, die uns in die Fleischeslust lockt, wo Vergnügen und Tod uns erwarten. So gesehen ist auch die Natur verschlingend, irrational, außerhalb der Kontrolle. Die Gewohnheit, Wirbelstürme nach Frauen zu benennen, spiegelt diese Verbindungen wider. Die Frau ist ebenso wie die Natur eine Wildnis, die domestiziert und kontrolliert werden muß» (im Gespräch mit der Zeitschrift «Psychologie heute»).

Demgegenüber würde die Heilige, die zugleich Jungfrau und Mutter ist, nach Meinung der Philosophin, unbegrenzt fürsorglich und nährend gesehen. Aber auch sie muß vom Mann erobert und seinen Bedürfnissen unterworfen werden.

Susan Griffin wirft dem Vater der Psychoanalyse, Freud, vor: «Der Mythos von Ödipus und Freuds Psychologie sind patriarchalisch konstruierte Visionen. Die Entscheidung für ein solches Welt- und Menschenbild kann in seiner Tragik nicht übertrieben werden. Sie basiert nämlich auf einem sadomasochistischen Pessimismus, einer Ideologie, die davon ausgeht, daß die condition humaine uns Selbstbestrafung abverlangt und die Zerstörung unserer Instinkte. Diese traurig verstümmelte Vision der menschlichen Natur ist die Ursache für die Unterdrückung der Frau, für die pornografische Behandlung der Sexualität, für Vergewaltigung und Rassismus.»

Die Angst vor der Frau beschreibt Susan Griffin mit dem Wissen des Kindes über die große Macht, welche die Mutter über Leben und Tod hat. Ihrer Meinung nach bedroht dieses Wissen das Ich, weil das Ich die Verwundbarkeit gegenüber der Mutter und den Naturkräften vergessen will: «Unsere Angst vor Hilflosigkeit und vor der Notwendigkeit zu leiden, wird zum Haß gegen die Mutter, gegen die Frauen, gegen das Weibliche, gegen den Körper.»

Der vierunddreißigjährige Winfried sieht das so: «Meine Mutter hat mich ganz schön hart rangenommen. Wenn ich mal nicht so wollte wie sie, drohte sie mir: Wenn du das nicht tust, dann mag ich dich nicht. Das war wohl glatte Erpressung.

Später habe ich einmal kleinen Mädchen beim Pinkeln zugeschaut: Meine Mutter überraschte mich dabei, und es setzte Hiebe. In der Schule ging die Lehrerin für kurze Zeit mal raus und eine Mitschülerin sollte die Aufsicht übernehmen. Natürlich haben wir Quatsch gemacht: Wir banden unsere Taschentücher zu BHs und hielten sie vor unsere Brust. Ausgerechnet mich verpetzte das Mädchen als Anführer. Die Lehrerin gab mir Schläge mit dem Rohrstock auf die Handinnenfläche. Als ich ein Mädchen beim Spielen mit Sand bewarf, beschimpfte mich seine Mutter, und meine erste Freundin ließ mich plötzlich sitzen. Es dauerte lange, bis ich den Schock verwand. Von Frauen habe ich nicht gerade eine gute Meinung. Sie haben mir meistens sehr übel mitgespielt, mich bestraft oder bloßgestellt. Als Kind kann man ja auch nichts dagegen machen. So habe ich mich ewig von Frauen abhängig gefühlt.

Nach dem Tanzen wollte ich mal meinen Schwarm küssen. Doch sie drehte ihren Kopf zur Seite: ‹Nein, zum Tanzen bist du okay, aber nicht zum Küssen!› Und dann stand ich ganz schön doof da.»

Bisher ging es um die meistens nur phantasierten Befürchtungen und ihre Auswirkungen.

Doch das, was man sich vorstellt, findet natürlich auch eine Entsprechung im wirklichen Verhalten. Der Wunsch nach Überlegenheit drückt sich in vielfältiger Form im Alltag aus, wobei wieder das Zusammenspiel von Macht und Ohnmacht auffällt.

Kraft ihrer wirtschaftlichen Möglichkeiten und der Delegation der Kindererziehung fast ausschließlich an die Frau, haben Männer für sich den expansiven und aggressiven Bereich beansprucht. Den meisten Frauen bleibt als Wirkungsbereich nur ihr Heim. Wenn eine Frau sich ausschließlich der Fürsorge ihrer Familie widmet, wird sie bald abhängig vom Ernährer und Beschützer der Familie und muß die Furcht entwickeln, er, der mehr mit anderen Menschen zusammenkommt, könne sie eines Tages sitzenlassen. Beide wissen das nur zu gut.

Der Überlegenheitsanspruch des männlichen Geschlechts drückt sich in den Unterlegenheitsgesten der Frauen aus: Männer reden länger und häufiger als Frauen. Letztere gebrauchen mehr Formen der Verniedlichung, sie drücken sich abschwächender und emotionaler aus und geben im Gespräch viel Raum für Unterbrechungen. Eher als Männer akzeptieren sie Widerspruch.

Solche geschlechtsspezifischen Besonderheiten sind schon in Aufsätzen während der Schulzeit nachweisbar. Mädchen schreiben umfangreiche Erklärungen und verwenden mehr Adjektive, um ihre Gefühle mitzuteilen. Jungen dagegen schildern sachlich, nüchtern und präzise. Das setzt sich im Erwachsenenalter fort. Männer tun sich schwer mit Gefühlen und Zärtlichkeit – Frauen erleben das als Abwehr ihrer elementaren Bedürfnisse.

Eine sechsunddreißigjährige Frau, seit einem Jahr geschieden, faßt ihre Erfahrungen so zusammen:

«Die Liebe eines Mannes und einer Frau ist unterschiedlich. Die Liebe ist für einen Mann eine Beschäftigung in seinem Leben, für die

Frau ist sie das Leben selbst. Zur Zeit dreht sich bei mir alles um die Liebe. Wenn ich einen Mann mag, muß er sich auch ausschließlich um mich kümmern. Ich merke, wie ich durch die Liebe gesteuert werde. Dann bin ich happy, das merkt meine Umgebung, die Kinder profitieren auch davon. Aber für den Mann ist das nicht so. Er sieht in erster Linie immer seine Arbeit oder seine Pflicht. Ich erfülle auch meine Pflicht und die Arbeit, aber ich denke mehr an ihn und werde durch mein Gefühl für ihn gesteuert.

Ich glaube, die Intensität der Liebe wirkt auf viele Männer bedrohlich. Sie versuchen sich zu entziehen, verschanzen sich hinter Beruf und Pflichten.

Vielleicht muß ich als Frau das verstehen und respektieren, um den Mann nicht zu überfordern. Für mich ist die Liebe alles – deshalb fühle ich mich immer wieder zu einem Mann hingezogen und von ihm abhängig.

Natürlich möchte ich alleine klarkommen. Ich bin auch selbständig. Doch gefühlsmäßig bin ich abhängig, brauche ich ein männliches Echo, um mich nicht zu einsam zu fühlen. Und dann kommt jedesmal wieder die alte Angst hoch: Was ist, wenn es zwischen uns aus ist? Durch meine gescheiterte Ehe bin ich ein gebranntes Kind. Ich fürchte mich vor dem quälenden Alleinsein. Ich spüre Angst und frage mich: Wie wirst du damit fertig? Geht es dir bei einer Trennung wieder so dreckig wie damals? Ich möchte nicht mehr unglücklich sein, ich verfluche meine Tränen. Aber immer wieder spüre ich diese Angst, ich könnte nicht verstanden werden. Ich fürchte mich vor meinem Hunger nach Gefühlen und Gesprächen. Ich fürchte mich vor der Enttäuschung. Ich weiß, daß ein Mann das anders sieht. Aber ich kann mich damit nicht abfinden.»

Männer haben ein ganzes Arsenal entwickelt, um Frauen auf Distanz zu halten und um ihre Überlegenheit zu wahren. Taktiken und Verhaltensweisen sichern den «Besitzstand»:

Da werden beispielsweise statt sachlicher Argumente persönliche Angriffe formuliert: «Du bist beim Aufräumen genauso schlampig wie deine Mutter. Die hat damals schon mit ihrem ewigen Chaos in der Wohnung deinen Vater ins Wirtshaus getrieben.»

Oder: «Du hast doch keine Ahnung, wie man ein Auto steuert,

du hast doch neulich sogar die Waschmaschine kaputtgekriegt. Wie willst du denn da technisches Verständnis beanspruchen?» Unliebsame Unternehmungen weist er mit moralischen Ansprüchen vom Tisch. Sie möchte mal ein Wochenende nur mit ihm allein verbringen. Er schaut sie vorwurfsvoll mit gerunzelter Stirn an: «Du willst unsere Kinder einfach im Stich lassen? Das finde ich nicht richtig. Und dazu noch ausgerechnet am Wochenende, wo wir am meisten Zeit für sie haben.» Ob sie nun noch eine «Rabenmutter» sein möchte?

Männer beherrschen auch hervorragend die Kunst, aus Wünschen ihrer Frau bedrohliche Maximalforderungen herauszuhören.

Sie: «Ich möchte öfter mal mit dir ausgehen abends.»

Er: «Sag mal, warum willst du mir denn meinen sauer erarbeiteten Feierabend kaputtmachen? Kannst du mir nicht ein bißchen Erholung gönnen?»

Sie: «Na gut, dann gehe ich eben mit Uschi weg. Zu zweit ist es nicht so langweilig.»

Er: «Ach so, du willst wohl Männer aufreißen, weil ich dir zu langweilig bin?»

Sie: «Darum geht es doch gar nicht. Ich möchte eben bloß mal ein wenig unter andere Leute. Immer zu Hause, da kriegt man ja Zustände!»

Er: «Warum mußt du bloß immer Unruhe in unser Heim bringen!» Der letzte Satz wird dann dezent vorwurfsvoll betont.

Natürlich kann man einen Wunsch nicht verstehn, wenn er gleich beurteilt oder gar verurteilt wird. Eleganter und vielleicht noch wirkungsvoller ist es, eine These des Gegenübers anzuerkennen, um unerwartete Folgerungen aus ihr zu ziehen wie bei diesem Paar:

Sie meint: «Ich finde es gemein von dir, meinen Eltern nicht zu helfen, nach all dem, was sie für uns getan haben. Aber du warst ja schon immer ein Schmarotzer!»

Und er erwidert: «Das mag schon sein, ich will es gar nicht abstreiten. Aber du wolltest doch damals unbedingt diesen Schmarotzer heiraten, erinnerst du dich nicht mehr?»

Sie: «Natürlich erinnere ich mich noch. Aber inzwischen hast du dich leider ganz schön verändert.»

Er: «Das Zusammenleben mit dir hat mich auch geformt, genau wie ich dich mitgeprägt habe.»

Was soll sie darauf noch sagen?

Wirkungsvoll ist es weiter, Meinungen pauschal abzuschmettern, indem man sie abwertet und generalisiert: «Das ist doch kein Wunsch, sondern eine Unverschämtheit», oder: «Was du willst, ist doch bloß abgegucktes Emanzentum», oder schlichter: «Was du da gesagt hast, ist doch Blödsinn, totaler Quatsch. Auf so was kann man (Mann) doch wirklich nicht eingehen!»

Man kann auch einen nebensächlichen Punkt aus dem Gesagten herausgreifen und zum Thema machen, um den anderen zu verwirren und von seinen Gedanken abzubringen. Sie ist enttäuscht, weil er sich so wenig um sie kümmert, aber möglichst oft mit ihr schlafen möchte. Wütend rutscht ihr der Satz «ihr Männer wollt doch immer nur das eine» heraus.

Er kontert sofort: «Das ist ja interessant. Bei wie vielen Männern hast du denn diese Erfahrung schon gemacht? Mir hast du erzählt, ich wäre der erste Mann für dich gewesen. Du hast mich doch nicht etwa angelogen?»

Ein anderes Beispiel. Sie möchte gern Gäste am Wochenende einladen: «Es wäre gut, wenn wir mehr Kontakt zur Nachbarschaft hätten.»

Er: «Ich verstehe das auch nicht, aber findest du nicht auch, die Menschen leben heute ganz schön isoliert?»

Die unerwartete und nicht auf das Gesagte und Gemeinte eingehende und teilweise provozierende Antwort des Gesprächspartners macht hilflos oder ärgerlich. Entweder man resigniert oder man reagiert verärgert. Und das kann dann zu neuen Vorwürfen führen: «Dir darf man aber auch gar nichts sagen! Immer bist du gleich beleidigt oder sauer. Wie soll denn da ein vernünftiges Gespräch möglich sein?»

Noch subtiler vollziehen sich Beeinflussung und Unterwerfung in den nicht sprachlichen Ausdruckssignalen:

«Frauen aller Klassen setzen zu Hause und in der Öffentlichkeit eine elementare Körpersprache ein, um Nachgiebigkeit, Harmlosigkeit und Hilflosigkeit zu suggerieren ... eine Haltung, die andere und die Männer ‹über ihnen› beruhigen soll», stellt Colette Dowling in ihren Überlegungen zum «Cinderella-Komplex» (Frankfurt 1982, S. 63) fest.

Gerade dieses uns meist nicht bewußte Verhalten übermittelt viele Informationen. Durch unser nicht-sprachliches Verhalten senden wir etwa viermal so viel Informationen aus wie durch unsere Sprache. Frauen sind den Veränderungen der Stimme und der Körperhaltung gegenüber sensibler als Männer. Sie nehmen feine Nuancen wahr und reagieren darauf. Beispielsweise schauen Männer Frauen ungenierter an. Eine «wohlerzogene» Frau wird diesem Augenkontakt nach einiger Zweit ausweichen und den Blick senken. Und damit hat sie ein Unterwerfungssignal ausgesandt! Der Mann ist Sieger in diesem Wettstreit der Augen geblieben – wie meistens.

Von vorneherein haben die meisten Frauen ein körperliches Handicap in diesem stummen Machtkampf der Geschlechter: Sie sind kleiner als die Männer. Und wer kleiner ist, erlebt sich häufig auch als schwächer und unbedeutender. Großen Menschen scheinen wir auch Großes zuzutrauen. Beispielsweise gewinnt seit etlichen Jahren im amerikanischen Wahlkampf stets der größere, längere Kandidat.

Wer kleiner ist, muß zu dem Größeren aufblicken – der Große kann gelassen herabsehen – und das oft in des Wortes ursprünglicher Bedeutung.

Diese feinen «Rangunterschiede» werden meistens elegant umschrieben, so wie es beispielsweise auch der Biograph des kleinen französischen Kaisers Napoleon, Vincent Cronin, ausdrückt:

«Das erste, was er an einer Frau bemerkte, waren ihre Hände und Füße. Waren diese klein, konnte er sie anziehend finden – sonst nicht. Die zweite Eigenschaft, die er suchte, war Fraulichkeit. Eine Frau mußte hingebungsvoll und zärtlich sein und eine sanfte Stimme haben; sie mußte jemand sein, den er beschützen konnte. Und schließlich verlangte er Aufrichtigkeit und Gefühlstiefe.

Napoleon, der in der für Männer gemachten Welt Korsikas aufgewachsen war, hielt nichts von der Gleichberechtigung der Geschlechter.

Die Aufgabe der Frau bestand seiner Ansicht nach darin, ihren Mann zu lieben und ihre Kinder großzuziehen. ‹Frauen stecken hinter allen Intrigen, und man sollte sie fern der Politik zu Hause einschließen. Man sollte ihnen verbieten, in der Öffentlichkeit zu erscheinen, außer in einem schwarzen Kleid und verschleiert oder mit dem mezzaro wie in Genua und Venedig›» (Vincent Cronin, Napoleon, Frankfurt 1977, S. 92f.).

«Werde bloß nicht zu groß und mächtig», könnte man als Motiv für Napoleons Vorstellungen von Frauen vermuten. Kleine Hände und Füße, hingebungsvolle Zärtlichkeit, eine sanfte Stimme und so schwach, daß sie beschützt werden muß, treulich am Herde sitzend und sich nicht in die große Welt einmischend – ein Ideal, um männliche Überlegenheit zu sichern. Wie schön, wenn es noch durch das «süße» Stupsnäschen ergänzt wird, das uns an ein kleines schützenswertes Etwas erinnert, während eine männliche Stupsnase lediglich komisch ist. Eine große Nase ist für eine Frau ein Problem, an dem viele Schönheitschirurgen verdienen, für einen Mann ist sie angeblich Ausdruck seiner sexuellen Potenz.

Körperliche Eigenschaften können etwas Schönes sein – es kommt eben nur darauf an, wer sie hat! In ihrem Aufsatz über nicht-verbale Kommunikation meint Nancy Henley: «In der Interaktion zwischen Frauen und Männern können viele nichtverbale Akte entweder als Dominanzsignale, die von Männern ausgehen, gesehen werden oder als Unterwerfungssignale, mit denen Frauen darauf antworten» (in: Gewalt durch Sprache, Hg. Senta Trömmel-Pötz, Frankfurt 1984, S. 40f.).

Im einzelnen äußert sich diese männliche Überlegenheit ihrer Meinung nach darin, daß «Leute von höherem Status Kontrolle über mehr persönlichen und anderen Raum ausüben, daß ihnen größere Freiheit im Verhalten erlaubt ist, daß sie mehr dazu neigen, andere zu berühren, und daß sie weniger körperliche Spannung ausdrücken».

Frauen dagegen wenden eher ihren Blick ab, wenn sie intensiv angeblickt werden, lächeln häufiger und entschuldigender und lassen sich eher berühren. Nancy Henley meint weiter: «Ein weiterer Aspekt von nichtverbalem Dominanzverhalten ist, daß es eine subtile körperliche Bedrohung mit sich bringt: Zum Beispiel sind Anstarren, auf jemanden zeigen, sich vor jemandem aufbauen konkrete Kampfelemente; wegen ihrer Sozialisierung können Frauen schnell und unbewußt durch solches Dominanzgebaren eingeschüchtert werden und selbst solches Verhalten nicht einsetzen» (S. 43).

Viele dieser Dominanzgesten haben eine doppelte Bedeutung: Der Klaps auf den Po kann zärtlich und intim, gleichzeitig jedoch auch aggressiv und männlich anmaßend sein. Das Nahekommen kann bedrohlich oder zärtlich wirken. Beschwert sich eine Frau über solch eine Dominanzgeste, so kann der Mann bagatellisierend abwinken: Es war gar nicht so gemeint, wie sie es aufgefaßt hat! Und sie ist die Dumme.

Versuchen Frauen nun ihrerseits, solche Machtsignale zu gebrauchen, so werden diese gleich als sexuelle Annäherung interpretiert. Der Machtgehalt wird von Männern so gut wie nie wahrgenommen. Statt dessen wird angenommen, die Frau habe einladende Signale ausgesandt: «Solche Behauptungen sind weit davon entfernt, unschuldige Mißverständnisse zwischen den männlichen und weiblichen Subkulturen zu sein. Sie sind die letzte Rechtfertigung für den härtesten Angriff im sexuellen Krieg: die Vergewaltigung.»

Ihr Fazit: «Vieles, was im Verhalten von Frauen als Selbsteinschränkung interpretiert wird, ist in Wirklichkeit das Ergebnis einer Folge von Handlungen, in denen eine Frau Selbstbehauptung versuchte, aber auf der nichtverbalen Ebene unterdrückt wurde» (Nancy Henley, S. 47).

Bei den Männern tut sich was?

In den siebziger Jahren wurde der «Softie» geboren. Ein neuer Typ Mann: Zart und einfühlsam, verständnisvoll und hilfsbereit, partnerschaftlich und nicht auf seine Vormachtstellung pochend.

Anfang der achtziger Jahre wurde der «Softie» sang- und klanglos begraben. Plötzlich war er nicht mehr da. Dennoch schien bei den Männern etwas ins Wanken geraten zu sein. Umfragen zeigen einen Trend:

Nach einer Umfrage einer Werbefirma im Jahre 1982 glaubt bereits die Hälfte aller Männer nicht mehr, sich im Beruf verwirklichen zu können. Ihnen ist eine «Freizeitkarriere» lieber. Rund 39 Prozent bejahen das Leistungsprinzip, doch der «leistungsorientierte Fleißige» macht nur noch 19 Prozent aus. Elf Prozent zählen sich demgegenüber zu den «freizeitbewußten Erlebnisorientierten». Für 14 Prozent steht fest, daß berufliche Anstrengung witzlos ist.

Partnerschaftliches Verhalten und Sensibilität komme in Mode, verheißt die Studie weiter. Auch der Paartherapeut Jürg Willi verheißt diesen Trend: «Bei den Männern tut sich was, wenn sich der Wandel auch mehr im stillen vollzieht.» Er erwähnt Testuntersuchungen, nach denen «die seelische Wandlung der Westdeutschen seit 1968 sehr viel stärker die Männer ergriffen hat als die Frauen. Sowohl Männer wie Frauen beschreiben sich 1975 als liebevoller, kontaktoffener, phantasievoller, abhängiger. Die Männer zeigen einen statistisch gesicherten Zuwachs von Vertrauen zu anderen Menschen, in der Bereitschaft, aus sich herauszugehen und sich mit ihren emotionalen Bedürfnissen offen darzustellen. Wenn man die herkömmlichen Rollenklischees von männlich und weiblich zum Maßstab nimmt, könnte man sagen, daß der Gesamttrend deutlich in die Richtung von mehr Weiblichkeit weist. Im Durchschnitt sind die Frauen nicht kämpferischer und härter, dafür sind die Männer weicher und gefühlsbetonter geworden» (Jürg Willi, Therapie der Zweierbeziehung, Reinbek 1978, S. 29).

Eine direkte Auswirkung dieser Entwicklung ist in vielen gewaltfreien, fröhlichen und phantasievollen Demonstrationen gegen Gewalt und Krieg zu beobachten. Staatliche Instanzen vermuten, noch immer mißtrauisch, hinter singenden und tanzenden Friedensdemonstranten oft genug nur eine neue und raffinierte Strategie, die besondere Wachsamkeit erfordert. Mitunter wird dann erst eine gewaltsame Auseinandersetzung herbeigeredet, weil die neuen Dimensionen des Umgangs nicht begriffen werden.

Dennoch: Die ganz große Wende hat nicht stattgefunden. Härtere wirtschaftliche Bedingungen lassen alte Laster wieder aufleben. Auf Unsicherheit reagieren gerade Männer mit Stärke, Entschlossenheit, Unnachgiebigkeit und kühl abschätzendem Blick für die Macht.

Als Beispiel einige Passagen aus einem Bericht über den deutschen Filmproduzenten Bernd Eichinger, der mit der Verfilmung der «Unendlichen Geschichte» den Sprung nach Amerika schaffte (aus: «Stern», Nr. 20, 1984, S. 218, 220, 222):

«Um möglichst viel Energie in möglichst kurzer Zeit aufzunehmen, habe ich mir früher von meiner Sekretärin Astronauten-Nahrung anrühren lassen. Das ist ein Brei, den knallt man sich rein: Wumm! Dann hat man alles, was man braucht.» Bernd Eichingers höchster Wert ist Effektivität. Alles Drumherum empfindet er nur als «Belästigung» ...

Die jungen Deutschen, die Kinder der Besatzungs-Kultur aus Rock 'n' Roll und Hollywood, beginnen, die bewunderten amerikanischen Vorbilder mit ihren eigenen Mitteln zu schlagen. Alles, was Eichinger sagt, und vor allem, wie er es sagt, ist ein Lob von Werten, die man, als er 1949 geboren wurde, für «amerikanisch» hielt: ein Hohelied der Effizienz, eine unterkühlte Hymne aufs Business, auf den Erfolg als Maßstab aller Dinge.

«Unfähig» dürfte das schlimmste Schimpfwort sein, das Eichinger kennt. Was machbar ist, soll gemacht werden, und zwar gut. Er selbst lebt dieses rastlose Ideal. Hinter seiner äußeren Gelassenheit ist er stets auf dem Sprung, allzeit bereit, jede Chance zu nutzen.

Das Kino-Center gleicht einem riesigen Supermarkt, in dem neben Popcorn, Frankfurter Würstchen und Cola auch Filme verkauft werden. Eine paar tausend Leute werden an diesem Samstagabend hier durchgeschleust. In der Vorhalle steht zwischen den Videoautomaten ein Gerät zum Messen der Herzfrequenz. «Da gäb's bei mir nichts Besonderes zu messen», sagt Eichinger, «wenn's soweit ist, bin ich ganz ruhig.»

Wie es das Hollywood-Härte-Ideal verlangt. Alle Klischees scheinen auf ihn zu passen. Daß er das Risiko liebt, alles auf eine Karte setzt. Daß er rücksichtslos ist, vor allem gegen sich selbst. Daß er einsam, kühl und distanziert ist, aber doch herzlich, aufrecht und offen. Seinen Freunden gegenüber treu. Bernd Eichinger ist ein Film-Bild von einem Mann.

Hart und cool, dabei überlegen, belastbar und erfolgreich. Es war alles schon einmal da.

Die Frauen wissen ein Lied davon zu singen:

Kathrin, 27 Jahre alt: «Peter ist so stark in seinem Beruf engagiert, daß ich ihm mit nichts Häuslichem kommen darf. Er kommt meistens erst nach Hause, wenn die Kinder schon im Bett liegen. Er ist dann restlos erledigt. Er sagt, wegen der schlechten Lage auf dem Bausektor müsse er so viel tun, um als Architekt überhaupt am Ball zu bleiben. Irgendwie sehe ich das ja auch ein. Aber andererseits kann ich es nicht verstehen, wenn er ein Riesentheater macht, wenn ein Kind mal eine Klassenarbeit verhaut. Er regt sich auf, wenn ich etwas ohne Rücksprache mit ihm kaufe. Aber wann sollen wir denn darüber reden? Wie ein strafender Erzengel fällt er dann über mich her. Das verunsichert mich, weil es mich an meinen Vater erinnert, der so etwas Ähnliches mit meiner Mutter auch gemacht hat. Das ist ziemlich schlimm für mich.»

Antonia, 42 Jahre alt: «Mit meinem Mann kann ich praktisch nicht mehr reden. Wenn irgendwelche Probleme auftauchen, heißt es nur: Laß mich damit in Ruhe! Rede ich weiter, zieht er seinen Mantel schweigend an und geht in seinen Sportverein oder die Kneipe. Da kann ich nichts machen. Es deprimiert mich ungeheuer!»

Der Mann – zu Hause auf dem Rückzug. Er entzieht sich, ob seine Frau es will oder nicht. Sie muß es hinnehmen – er ist ja so kaputt.

Er frustiert sie und die Kinder. Und wenn es ein Gespräch gibt, tauchen Unterschiede auf, die eine Verständigung erschweren: Er möchte sachliche Argumente, sie Gefühle und Stimmungen. Das, was in der Arbeitswelt gefordert ist, schlägt sich auch zu Hause nieder.

Der Mann – ein sachlich denkendes Wesen, das ungern sein Innenleben preisgibt. Die Arbeitsteilung funktioniert: Seit im 17. Jahrhundert der Familiensinn aufgekommen ist und verstärkt seit der Gründerzeit im vorigen Jahrhundert, ist sie für das «Nest» und er für die große weite Welt zuständig.

Sein Verhalten spiegelt das wirtschaftliche System von Effektivität, Berechnung und Durchsetzung, Verdrängung und Eroberung. Im Wirtschaftsboom des 19. Jahrhunderts war durch die zunehmende Mechanisierung und Spezialisierung ein Arbeiter vom anderen, ein Boß vom anderen abhängig. Kontakte wurden versachlicht und indirekt. Das Zusammenspiel der wirtschaftlichen Kräfte und die Zusammenballung von Menschen auf engem Raum erforderten strenge Kontrolle der Gefühle. Da war kein Platz für «Gefühlsduselei». Und immer mehr wurden die Frauen für die ausgeblendeten Gefühle zuständiger. Sie pflegten im trauten Heim die

Wunden, die die Männer sich, als starke Helden und Eroberer, im Kampf Mann gegen Mann, um Märkte, Prozente und Akkord zugezogen haben.

Die Werbung charakterisiert das überdeutlich. Da ist die Frau weich, verführerisch, niedlich und dümmlich, anschmiegsam, fürsorglich und hilflos, zart, schön und natürlich gepflegt.

Er dagegen: Hart, cool, ein Einzelgänger, mutig und erfolgreich, chice Frauen umschwirren ihn wie Motten das Licht.

Und währenddessen wartet sie am heimischen Herd, stets und zu allem verfügbar, wie es die Werbung eines großen Sex-Versandhauses verspricht: «Sieben Dinge braucht der Mann ...! Eine Frau. Und ...» Nun, dreimal dürfen Sie raten! Und auch, warum «es» nur der Mann braucht.

Ein Orgelhersteller behauptet kühn und frech, sein Produkt habe, «was Männern Spaß macht»: «Rhythmus im Leib», und seine Orgel sei «eine angenehme Gefährtin», «wohlproportioniert» und selbstverständlich «repräsentativ».

In einer Annonce für eine bestimmte Tablette ist ein leidend aussehender Mann zu sehen. Im Text folgt eine Überraschung, die, genaugenommen, eigentlich gar keine mehr ist: «Viele Männer leiden unter Menstruationsbeschwerden. Weil Frauen darunter leiden. Und mit ihrer Nervosität, Gereiztheit, Angegriffenheit den Partner und die Familie in Mitleidenschaft ziehen.»

Das scheint wohl auch zur Macht der Frau zu gehören: Sie beeinflußt alle. Er macht seinen Kummer wohl ganz alleine mit sich aus? Kein Wort von seinen in der Familie abreagierten Frustrationen beim Abendbrot!

Die Aufspaltung in männliche und weibliche Erlebens- und Verarbeitungsformen fördert die wechselseitige Abhängigkeit der Geschlechter voneinander: Die Partnerin oder der Partner ist zur Ergänzung der eigenen Person notwendig. Abhängigkeit als Beziehungsklebstoff – aber sie erzeugt auch untergründige Wut wie alle Abhängigkeiten. Auf Dauer wird diese Aufspaltung beschwerlich, wenn nicht gar unmöglich sein. Sie führt zu Deformationen. Wenn er Gefühle ausblendet, wird er gefährlich und richtet sich langsam, aber sicher selbst zugrunde. Wollen Frauen an der männlichen Macht teilhaben, müssen sie entweder den starken Helden kleinkriegen, indem sie beispielsweise seine Schwächen betonen, oder sie selbst müssen Macht ausüben – dann aber noch härter als die Männer. Sie müssen die besseren Männer sein, um anerkannt zu werden. In der Kriegs- und Nachkriegszeit waren weibliche Ordnungskräfte besonders gefürchtet. Als Aufseherinnen, Polizistinnen oder Zollbeamtinnen zeigten sie kaum Mitgefühl, auch nicht gegenüber anderen Frauen und Kindern. In der Industriearbeit zeichnen sich manche Frauen durch einen besonders rauhen Umgangston aus. Nur so glauben sie sich gegenüber den «starken Männern» behaupten zu können.

Aber daß uns das so besonders auffällt, zeigt andererseits nur, daß wir «so etwas» von Frauen eben nicht erwarten. Sie haben anders als Männer zu sein. Fragt sich bloß wie.

Der Gießener Psychoanalytiker Horst-Eberhard Richter sieht im Anderssein der Frau eine große Chance für den Mann: Ihre Fähigkeit, Gefühle zuzulassen und zu erleben, könnte für den Mann hilfreich sein, sich mit seinem Innenleben zu beschäftigen. Vielleicht müßte er dann nicht mehr so hartherzig Raubbau an sich und der Umwelt betreiben.

Vielleicht bedarf es dazu aber erst eines neuen Mannes?

Die Familie als Spannungsfeld

Die Spaltung in männliche und weibliche Macht pflanzt sich in der Familie fort. Kinder nehmen die Eltern als Vorbilder. Jungen und Mädchen kopieren geschlechtsspezifische Machtrollen. So kommt der Machtkampf zu keinem Ende.

Auch zwischen den Partnern gibt es keinen endgültigen Sieger im Kampf um die Macht.

Dieses offene Ergebnis liegt in der Natur der Macht. Der Kampf um die Macht läßt sich immer nur auf Zeit entscheiden. Macht wird von denen jedesmal in Frage gestellt, die sie zu ertragen haben. Der Mächtige fühlt sich nicht nur von den Ohnmächtigen bedroht, er kann sich seiner Macht nie sicher sein. Also muß der Mächtige sich immerfort bemühen, seine Macht zu erhalten, sie abzusichern, sie auszubauen.

Ebenso wird der Ohnmächtige versuchen, die Macht des Siegers in Frage zu stellen. Wenn es ihm schon nicht gelingt, den Mächtigen zu stürzen, so wird er doch versuchen, eigene Macht zu sammeln. Das wiederum gefährdet den Mächtigen, der diese Versuche im Keim zu ersticken trachtet. Die Angst zwingt den Mächtigen, jede Form des Widerstandes zu bekämpfen. Der Machtkampf entbrennt.

Das mag deprimierend klingen, so wie es wohl Kurt Tucholsky sah, als er 1923 schrieb: «Als Gott am siebten Schöpfungstage alles ansah, was er gemacht hatte, war zwar alles gut, aber dafür war die Familie auch noch nicht da. Der verfrühte Optimismus rächte sich, und die Sehnsucht des Menschengeschlechtes nach dem Paradiese ist hauptsächlich als der glühende Wunsch aufzufassen, einmal, nur ein einziges Mal, friedlich ohne Familie dahinleben zu dürfen.» Familie schafft Spannungen und Probleme, Auseinandersetzungen und Ärger. Aber andererseits scheint sie auch soviel zu geben, daß trotz aller Schwierigkeiten der Drang zur Familie ungeborchen ist. Im Jahr 1983 heirateten 2,2 Prozent mehr Männer und Frauen als 1982.

Die Familie scheint uns in hohem Maße das Gefühl der Bestätigung zu geben. Hier sind wir wer, können mitreden oder sogar mitbestimmen, hier braucht man uns, und in der Familie gibt es Schutz und Geborgenheit. Doch die Familie macht auch Angst: Im Zusammenleben werden die Schwächen des einzelnen schnell bemerkbar. Die Intimität läßt wenig Möglichkeiten, die nicht so gern gesehenen Erlebens- und Verhaltensweisen zu verschleiern. Man kann sich nah sein, doch man kann sich auch verschlingen. Man kann Nähe wünschen und enttäuscht werden.

In der Familie möchten wir viele Hoffnungen realisieren und gleichzeitig können wir nirgendwo sonst so leicht verletzt werden. Das Schöne und das Bedrohliche liegen ganz eng beieinander.

Das Zusammenleben in der Familie berührt immer wieder Erlebnisse aus der Kindheit und Jugend. Die Ehe hat eine ähnliche Funktion wie die Elternfamilie in unserer Kindheit: Sie soll uns Geborgenheit geben, uns vor anderen schützen, Abwechslung und Anregung geben und individuelle Entfaltungsmöglichkeiten bieten. Wir möchten als Partner wieder einem Menschen so nah sein, wie wir es als Kind bei Vater oder Mutter waren. Diese Vereinigung des Kindes mit seinen Eltern basiert auf Liebe, Abhängigkeit und Verantwortung; die der Partner auf Liebe, Verantwortung und sexueller Anziehung.

Im Zusammenleben der Liebespartner treten ähnliche Probleme auf wie in der Vergangenheit des einzelnen. Die Vergangenheit holt uns also wieder ein. Und noch immer geht es um Verschmelzung und Verselbstständigung.

Verschmelzung und Verselbständigung

«Ich brauche dich», flüstert ein Partner dem anderen verliebt ins Ohr, und der oder die Angesprochene erwidert zärtlich und hochbeglückt: «Ich dich auch. Ich kann ohne dich nicht mehr leben.»

Die Geschichten des Abendlandes erzählen zu einem großen Teil auch die Geschichte der Liebe. Allerdings der großen und unerfüllten, der sehnsuchtsvollen und entsagenden Liebe. Die unglückliche Liebe ist der Stoff, aus dem die großen Dichtungen geschaffen sind. Die glückliche Liebe erhoffen wir uns bei der Partnerwahl. Und ein gutes Drittel der Ehen in der Bundesrepublik wird geschieden. Die glückliche Liebe scheint alles andere als einfach zu sein.

«Du engst mich ein», heißt es ein paar Jahre nach der glühenden Liebeserklärung «und du kümmerst dich zu wenig um mich, ich fühle mich so allein.» Am schwierigsten im Zusammenleben scheint eine für beide Partner befriedigende Nähe oder Distanz zu finden zu sein.

In der Werbungszeit wünscht man sich die Geborgenheit der

Nähe, und wenn man sich nicht sehen kann, so schreibt oder telefoniert man wenigstens. Der Wunsch nach Verschmelzung mit einem anderen Menschen, noch kräftig gefördert durch die sexuelle Lust, treibt uns stürmisch zueinander.

Doch etwas später will man sich zwar immer noch gehören, andererseits aber auch ein eigenständiger Mensch sein, selbstbewußt und selbständig. Und genau hier beginnt das Problem: Ich möchte verschmelzen und ich selbst sein.

Erotischer Reiz und gemeinsame Aufgaben verschleiern am Anfang einer Beziehung die Spannung der unvereinbaren Erwartungen. Aber irgendwann, vielleicht im verflixten siebten Jahr, meint man, durch die Ehe eingeengt zu sein. Das dauernde Zusammensein führt zu wundgescheuerten Stellen und Abstand soll die Heilung bringen.

Dieser in allen Formen des Zusammenlebens zu beobachtende Prozeß erinnert an die Pubertät.

In diesem Entwicklungsstadium haben wir mehr oder weniger dramatisch versucht, die Fesseln des Elternhauses abzustreifen, um uns zu verwirklichen. Die Eltern, in unserer Kindheit unser ein und alles, werden in der Pubertät unwichtiger und scheinen uns einzuengen.

Der Kraftprobe mit den Eltern ähnelt die Kraftprobe mit dem Partner, die in einem Machtkampf ausgetragen wird. Es gibt eigentlich gar keine Anlässe für die sich allmählich einschleichenden Auseinandersetzungen. Untersuchungen mit glücklichen und unglücklichen Ehepaaren haben ergeben, daß die Probleme bei beiden Gruppen gleich sind. Es geht um Erziehungsfragen, Reiseziele, Haushaltsführung, Unternehmungen und um das leidige Geld. Unterschiedlich ist aber der Umgang mit den Schwierigkeiten: Die «Unglücklichen» kämpfen, wollen den anderen in die Knie zwingen und selbst gewinnen. Sie kämpfen um Überlegenheit, die scheinbar nur durch die Unterlegenheit des Partners erreicht werden kann. Die «Glücklichen» denken viel stärker an den gemeinsamen Vorteil. Sie möchten weder Sieger noch Verlierer sein, sondern lassen sich im Kompromiß gegenseitig gelten.

Anders im Machtkampf. Hier wird subtil beeinflußt, Stimmung gemacht, bewußt oder unbewußt Angst und schlechtes Gewissen provoziert.

Ein Beispiel: Die Frau spürt, wie sich ihr Mann von ihr entfernt. Sie fürchtet, eines Tages ganz verlassen zu werden. Sie reagiert mit einer depressiven Verstimmung. Er erlebt die Beschwerden und Stimmungen seiner Frau als stille Anklage und fühlt sich schuldig. Diese Entwicklung hat er nicht gewollt! Er hat Mitleid mit ihr und umsorgt seine kranke Frau, die ihn ja jetzt nötiger denn je braucht.

Sie erholt sich allmählich, die depressiven Phasen werden kürzer und beide fühlen sich erleichtert. Aber trotz zusätzlicher ärztlicher Bemühungen gibt es immer wieder Tage, an denen sie sich nicht wohl fühlt und bedrückt ist – und er sich ihr besonders zuwendet. Ihre Krankheit schweißt beide zusammen: Solange sie nicht ganz gesund ist, wird er sie umsorgen. «Gefährlich» könnte es für sie jedoch dann werden, wenn sie keine Beschwerden mehr hätte. Möglicherweise würde er sich erneut entfernen und seine eigenen Wege gehen und sie damit verunsichern. Sie scheint das zu ahnen – und es geht ihr gerade so schlecht, daß er sich um sie kümmert. Und da er ein schlechtes Gewissen hat, wird ihm die Sorge für seine Frau nicht zuviel, sondern mit großer Geduld und Hingabe trägt er seinen Anteil an dem Eheproblem.

Natürlich hat sie sich diese depressive Verstimmung nicht bewußt «zugelegt». Die Neigung zu solchen Trauerreaktionen entspricht ihrer Persönlichkeitsstruktur. Und ebensowenig bewußt hat er vorgehabt, darauf mit Zuwendung und Fürsorge zu reagieren. Die Erkrankung seiner Frau und seine Schuldgefühle haben ihn zu seinem Verhalten getrieben.

Beide üben gegenseitig Macht aus: Sie hält ihn in der Ehe, er steuert mit seiner Anteilnahme ihre Gesundheit. So haben sie sich gegenseitig in der Hand. Krankheit und schlechtes Gewissen verschaffen beiden Partnern ein enges Zusammengehörigkeitsgefühl, das sie tief in ihrem Herzen wohl auch wünschen.

Meistens folgt nach einiger Zeit auf die Verschmelzung eine Phase der allmählichen Distanzierung. Dieser Prozeß ist nur natürlich. Viele Menschen sind aber dennoch enttäuscht und verletzt, wenn sich der geliebte Partner verselbständigt, nicht mehr alle Gedanken mitteilt oder kritisiert, was er oder sie früher gutgefunden hat.

«Wir haben uns auseinandergelebt», heißt es dann resignierend. Aber ist mehr Eigenständigkeit schon Auseinderleben?

Der Kampf beginnt, wenn beide unterschiedliche Wünsche nach Nähe haben. Ein Ungleichgewicht des Schreckens stellt sich ein: Einer möchte mehr Verschmelzung, als der andere aushalten kann, und einer möchte so viel Unabhängigkeit, daß der andere Angst bekommt und leidet.

In unserem Kulturkreis ist meistens der Mann der «Nestflüchter». Schon als Junge soll er mutig, selbständig und durchsetzungsfähig sein. Diese Erwartung wirkt so prägend, daß sie selbstverständlich auch im Zusammenleben ausgedrückt wird.

Der französische Schriftsteller und Diplomat Henry de Montherlant sieht diese Unterschiede als naturgegeben. Über die Beziehung von Mann und Frau schreibt er:

«Die Natur hat sie als Gegensätze geschaffen, und so können sie sich nicht aufeinander abstimmen oder nur auf den Trümmern von irgend etwas, und wir wohnen dem eigenartigen Schauspiel bei, daß es Wesen zueinander drängt, die dem Anschein nach nicht füreinander geschaffen sind.

Die Frau ist für einen Mann geschaffen, der Mann für das Leben, und zumal für alle Frauen. Die Frau ist geschaffen, sich einzufinden und sich zu binden; der Mann ist geschaffen, etwas zu unternehmen und sich loszulösen» (in: Die jungen Mädchen, München 1965, S. 124). Ich glaube nicht, daß dieser Konflikt von der Natur vorgezeichnet ist. Die Verschmelzung macht Angst: Man könnte aufgefressen werden und man könnte verlassen werden. Und diese Angst wird meistens verleugnet und gerade im Machtverhalten bekämpft. Das ist der Hintergrund für folgenden Ehewitz:

Zwei Freunde treffen sich nach einigen Jahren. Der eine ist inzwischen verheiratet und jammert über sein Schicksal in der Ehe. Der andere fragt ihn erstaunt: «Hast du denn niemals an Scheidung gedacht?» «An Scheidung? Nein, nie, höchstens an Mord!» Der Mann, der etwas unternehmen und sein Abenteuer in der großen weiten Welt suchen muß, ist das Produkt einer männlichen Ideolo-

gie, in der der Wunsch nach Verschmelzung nicht zugelassen wird und die aus Angst davor verhindert, daß Partner zu einem Abstand voneinander finden, der für beide erträglich ist.

Der Wunsch nach Verschmelzung wird unterdrückt und meistens in einem Machtkampf versteckt. Oft ist der erkennbare Anlaß solcher Auseinandersetzungen lächerlich, es geht um Kleinigkeiten.

Sonja berichtet: «Mein Mann hat mich nach außen immer in Schutz genommen und verteidigt. Ich konnte mich stets auf ihn verlassen. Aber er hat sonst höchst selten mal die Initiative ergriffen, beispielsweise was wir sonntags machen könnten oder wohin wir im Urlaub fahren wollten. Auch um die Kinder hat er sich nicht besonders gekümmert. Es war ihm nach des Tages Arbeit zuviel – hat er gesagt. Und am Wochenende meinte er, sich erholen zu müssen. Er wollte mich möglichst immer bei sich haben. Er war wie eine Klette.

Für mich war das nach einiger Zeit enttäuschend. Sicher, am Anfang war das natürlich auch ganz schön schmeichelnd, das gebe ich gerne zu. Aber dann dachte ich, mein Gott, jetzt muß doch auch mal was von ihm kommen. Es kam nichts. Er war einengend und eifersüchtig – richtig grundlos eifersüchtig. Das hat mich ganz schön aufgeregt. Und irgendwann hab ich mir gesagt: ‹Jetzt soll er einen Grund für seine Eifersucht haben.›

Als er wieder mal keine Lust hatte, etwas mit mir zu unternehmen, bin ich mit meiner Freundin zum Tanzen gegangen. Ich hatte von einem Lokal gehört, wo vorwiegend Singles hingehen. Und es hat geklappt. Ich bin einfach ohne viel Gefühl fremdgegangen.

Mein Mann ist mir schnell auf die Schliche gekommen. Der andere Mann hat mich ein paarmal zu Hause angerufen, und wenn mein Mann am Telefon war, dann hat der andere schnell aufgelegt. Ich hab's auch gar nicht richtig verheimlichen wollen. Wozu auch?

Ich dachte, nun geht es los, jetzt macht er dich fertig, er rastet aus oder tut irgendwas. Er war verzweifelt. Er weinte, konnte es nicht verstehen. Und er verzieh mir! Das war für mich am schlimmsten. Ich hatte ihn sicher auch herausfordern wollen, er aber ließ sich nicht herausfordern. Er hob mich nach wie vor in den Himmel und wollte mit mir sofort verreisen, damit wir uns wieder nahe sein konnten. Er hat nicht verstanden, daß ich so viel Nähe nicht haben will. Er liebte mich und tat alles für mich. Ich erlebte es aber nicht nur als Liebe, sondern ich spürte dahinter auch etwas von seiner Angst, mich sonst möglicherweise zu verlieren. Er war wie eine nachgebende Gummiwand. Das verunsicherte mich. Er zog einfach keine Grenzen und war kaum zu spüren. Manches Mal habe ich ihn sicherlich nur provoziert, um eine Reaktion von ihm auszulösen. Er sollte endlich mal Flagge zeigen!

Er konnte sich nicht vorstellen, daß ich ihn verlassen würde, wo er doch so viel für mich getan hatte. Als ich schließlich doch von ihm ging, war er fertig. Er brach förmlich zusammen, weil seine Welt zusammengebrochen war. Für mich war es auch nicht leicht. Aber irgendwie wollte und mußte ich gehen. Ich hielt unsere Beziehung nicht mehr aus. Ich liebte ihn nicht so, wie er mich geliebt hat. Das gab mir mein Stück Freiheit der Entscheidung.»

Das, was Sonja hier beschreibt, ist eine der indirektesten und subtilsten Äußerungsformen der Macht, die gar nicht als solche gemeint ist: Die affektive Macht. Der Partner, der gefühlsmäßig nicht so stark engagiert ist, verfügt über Macht, weil er seine gewünschte Zuwendung entziehen und damit den intensiver Liebenden treffen kann.

Wir wollen nicht verlassen werden – wir wollen lieben und geliebt werden. Und wir bringen Opfer dafür: Wir passen uns an. Das ist ein ganz normaler und notwendiger Vorgang, der jedoch für den Unabhängigeren die Verführung beinhaltet, den Anpassungsbereiten auszunutzen.

Wir passen uns aus Angst vor Sympathieverlust an, wenn es von uns verlangt wird. Wir sind dadurch manipulierbar und erpreßbar.

Die Angst vor Liebesverlust

Wahrscheinlich kennen Sie die Situation: Ein guter Bekannter oder eine gute Bekannte hat sich nicht ganz so verhalten, wie sie es erwartet haben. Sie haben sich geärgert, beispielsweise weil eine Verabredung im allerletzten Moment abgesagt wurde, oder sie fühlen sich ungerecht kritisiert.

Was tun Sie?

Soll man schweigen – oder die kritische Situation ansprechen? Wir neigen dazu, uns vor solchen Aussprachen zu drücken. Besonders bei Ehepaaren läßt sich dieser Hang zum «Vergessen» oder, wie es manchmal so schön heißt, zum «Verzeihen» beobachten.

Gernot beispielsweise ist begeisterter Fußballspieler. Am Sonntag ist er vormittags auf dem Rasen und anschließend im Klubhaus des Vereins. Wenn das Spiel gewonnen wurde, muß der Sieg gefeiert werden. Hat man zu viele Tore einstecken müssen, so wird der Kummer mit kühlen Bieren weggespült. Getrunken werden muß. Gernot verspricht seiner Frau immer wieder, gegen 14 Uhr zu Hause zu sein, damit er zusammen mit seiner Familie noch etwas unternehmen kann. Er nimmt sein Versprechen ernst, die Klubkameradschaft aber noch ernster. Gernot kommt gegen drei nach Hause. Meistens etwas angesäuselt. Viel Hunger hat er dann nicht mehr. Das Essen ist verbrutzelt, die gute Laune seiner Frau auch. Gernot ist dann kaputt.

Silke, seine Frau ärgert sich natürlich maßlos über den in schöner Regelmäßigkeit verpatzten Sonntag.

«Aber was soll ich machen?» seufzt sie, schicksalsergeben, «ich wußte ja von vornherein, daß Gernot seinen Fußball liebt. Er hat nie ein Hehl aus seiner Leidenschaft gemacht. Natürlich habe ich gehofft, es würde in der Ehe etwas anders werden. Aber ich habe mich eben getäuscht. Ich bin ja selbst schuld, daß ich mich so ärgere.»

Was mich wundert ist, daß Silke immer noch treu und brav das Essen kocht und pünktlich auf den Tisch bringt und keine andere Lösung findet. Und bei «treu und brav» fällt mir ein, daß sie wohl gar nicht mit Gernot über den verpatzten Sonntag spricht. Sie ärgert sich, wie sie sagt, macht ihrem Ärger Gernot gegenüber aber keine Luft. «Was soll ich machen?» fragt sie sich. Und das, meine ich, ist nicht eine Frage des Schicksals, sondern des Mutes, Belastendes anzusprechen und, wenn es sein muß, auch auszufechten.

Silke kommt sich in einem Gespräch auf die Schliche: «Ich kann ihm doch den Fußball nicht verbieten! Das ist doch sonntags sein ein und alles! Also, wenn ich da sauer reagiere, das verzeiht er mir doch nie!»

Das verzeiht er mir doch nie! Der Satz zeigt Silkes Angst vor einer Bestrafung durch Gernot. Und sie hat eine ziemlich deutliche Vorstellung davon, wie diese Strafe aussehen wird: «Es gibt Krach, er geht weg oder hat schlechte Laune. Auf jeden Fall wäre der Sonntag so oder so hin. Was wäre also gewonnen?»

Was aber ist gewonnen, wenn Silke enttäuscht ist und ihre Frustration immer wieder herunterschluckt? Die Situation wird sich so nicht bessern. In einer Art stillschweigender Komplicenschaft trägt Silke dazu bei, daß der für sie unangenehme Zustand andauert. Sie spricht nicht über das, was sie bedrückt, versucht vielmehr zu verzeihen und ungeschehen zu machen.

Silke wählt einen auf den ersten Blick bequemen Weg. Sie flüchtet vor einer unangenehmen Auseinandersetzung. Aber mit der Zeit wird sich ihre Enttäuschung irgendein Ventil suchen.

Silke fürchtet Gernots Reaktion, seine Bestrafung, seinen Rückzug, kurz, sie befürchtet Liebesverlust.

Sie sagt sich: Wenn ich nicht das tue, was du möchtest oder von mir erwartest, dann wirst du dich zurückziehen und mich allein lassen. Und diese Möglichkeit bedrückt mich und macht mir angst.

Solche Ängste sind bei vielen Erwachsenen zu beobachten. Sie lähmen notwendige Aussprachen und fördern das unangenehme Gefühl, nichts verändern zu können und ausgeliefert zu sein.

Die Wurzel solcher Angst liegt in der Erfahrung, als Kind der Ambivalenz elterlicher Fürsorge ausgeliefert gewesen zu sein, die darin liegt, daß die Macht der Eltern einerseits lebensnotwendig war, andererseits aber die Möglichkeit zu harten Strafen bei unerwünschtem Verhalten einschloß. Das Kind bemüht sich, ein «liebes» Kind zu sein. Da Kinder jedoch nicht nur lieb sind, sondern von vielen Antrieben und Gefühlen heimgesucht werden, muß es mit den Eltern zwangsläufig Konflikte geben. Das Austragen dieser Auseinandersetzungen wird erschwert, wenn die Eltern zu viel von ihrer Macht einsetzen und Dressurakte verlangen.

Das Kind versucht den Konflikt so zu umgehen wie auch der Erwachsene später: Wenn du micht liebst, dann kannst du mir weder weh tun noch mich verlassen. Und damit du mich lieb hast, werde ich tun, was du erwartest. Gleichzeitig schütze ich mich dabei noch vor einem Aufflammen meiner unterdrückten Wutgefühle. Ich bringe lieber Opfer, als daß ich unsere Beziehung aufs Spiel setze. Die nicht ausgedrückten Gefühle schmoren im Untergrund weiter, bereit, sich bei der nächstbesten Gelegenheit bemerkbar zu machen.

Gerade in der Familie gibt es viele Möglichkeiten, diese Angst vor Liebesverlust zu erleben und sich mit ihrer Hilfe sogar durchzusetzen.

Wenn wir an unsere Kindheit denken, fällt uns dazu meistens

der Vater ein: Aus Angst vor seiner Strafe, die in seiner Abwendung von uns oder körperlicher Züchtigung bestand, fügten wir uns.

Gibt es diese gefürchtete Autorität heute im Zeitalter der «vaterlosen Gesellschaft» überhaupt noch?

Die Familie – Tummelplatz der Autoritäten?

Gesellschaftliche Bedingtheiten spiegeln sich in der Familie wider. Ein Vater, der am Arbeitsplatz starre Anweisungen befolgen muß, weil er sonst mit Schwierigkeiten zu rechnen hat oder gar seine Tätigkeit verliert, wird wenigstens zu Hause das Sagen haben wollen und so mit den Seinen umspringen, wie er es in der Firma erlebt hat.

Die Austauschbarkeit der meisten Arbeitnehmer fördert besonders in wirtschaftlich unsicheren Zeiten die Angst um den Arbeitsplatz. Diese Verunsicherung wiederum ist ein idealer Nährboden für Kompensationsbestrebungen, die in Machtverhalten münden. Auch der Druck zur Anpassung wächst. Er schlägt sich besonders stark in der Erziehung nieder.

«Wir sind nicht als Könige geboren», erklärte mir einmal ein junger Vater, «wenn man es zu etwas bringen will, darf man nicht gegen den Strom schwimmen. Das Leben besteht nun mal aus Kompromissen. Kinder müssen das früh lernen, sonst haben sie später die Schwierigkeiten. Sie müssen deshalb auch mal hart angefaßt werden. Im weiteren Leben wird ihnen auch nicht alles geschenkt.»

Der Vater ist Technischer Zeichner in einem Automobilwerk. Ich halte das für wichtig. Er identifiziert sich mit seiner Situation am Arbeitsplatz und überträgt die dort herrschenden Gesetze in die Familie. Als ich ihn fragte, warum ein Kind denn schon früh hart angefaßt werden müßte, wenn das spätere Leben sowieso schon hart sei, wich er aus: Psychologen würden das zu überspannt und vor allen Dingen unsachlich und zu milde sehen. Ich glaube, er mußte ausweichen, denn sonst hätte er sich damit auseinandersetzen müssen, wie es ihm geht im Acht-Stunden-Arbeitstakt mit den erlebten Einschränkungen und Befürchtungen. Vielleicht wäre er auf eine tiefe Unzufriedenheit gestoßen – doch was hätte er davon gehabt? Die von der Gesellschaft emsig propagierten Segnungen des wirtschaftlichen Aufschwungs wie Auto, Haus und Urlaubsreise hatten sich seiner längst bemächtigt. Sein Spielraum war gering, wenn er das von der Gesellschaft Verordnete nicht aufs Spiel setzen wollte. Er mußte sich arrangieren, weil er es so wollte. Und das gleiche verlangte er von seinen zwei kleinen Kindern.

Arrangieren – das ist ein anderes Wort für Verzicht. Die Familie verlangt ihn von ihren Mitgliedern, um ein Miteinander möglich zu machen. Wenn ein Kind ärgerlich ist, weil der Vater nicht mit ihm spielt, könnte es den Vater mit Fäusten bearbeiten oder losschreien. Aber wenn es so erzogen wurde, daß es den Verzicht gelernt hat, wird es seinen Ärger in harmloserer Form ausdrücken oder ihn herunterschlucken. Nur in Ausnahmefällen explodiert es – und hört dann meistens, daß «man» sich so nicht verhalten darf. Das Kind lernt, daß «man» nicht lügt, stiehlt oder die Zunge herausstreckt. Es entwickelt ein Gewissen, das steuernde Funktion hat. Irgendwann müssen die Eltern beispielsweise die Anti-Lügen-Rede nicht mehr aufsagen. Das Kind hat sie in seinem Gewissen verankert. Freud nannte diese uns unbewußte und kontrollierende Instanz Über-Ich. Seine Strenge repräsentiert die Macht der Eltern, in denen sich die Macht der Gesellschaft wiederfindet.

Erich Fromm faßt es so zusammen: «Die äußere, in der Gesellschaft wirksame Gewalt tritt dem in der Familie aufwachsenden Kind in der Person der Eltern und in der patriarchalischen Kleinfamilie speziell in der des Vaters gegenüber. Durch Identifizierung mit dem Vater und Verinnerlichung seiner Ge- und Verbote wird das Über-Ich als eine Instanz mit den Attributen der Moral und Macht bekleidet ... Das Über-Ich wird immer wieder von neuem auf die in der Gesellschaft herrschenden Autoritätsträger projiziert, mit anderen Worten, das Individuum bekleidet die faktischen Autoritäten mit den Eigenschaften seines eigenen Über-Ichs ... Indem das Über-Ich schon in den früheren Lebensjahren des Kindes als eine durch die Angst vor dem Vater und dem gleichzeitigen Wunsch, von ihm geliebt zu werden, bedingte Instanz entsteht, erweist sich die Familie als eine wichtige Hilfe für die Herstellung der späteren Fähigkeiten des Erwachsenen, an Autoritäten zu glauben und sich ihnen unterzuordnen» (in: Max Horkheimer [Hg.] Studien über Autorität und Familie, 1936, zitiert nach: Ingeborg Weber-Kellermann, Die deutsche Familie, Frankfurt 1979, S. 187, 188).

Der Vater ist dabei das verkleinerte Spiegelbild der gesellschaftlichen Autorität. Das Kind übernimmt die Autoritätsgläubigkeit und das autoritäre Verhalten. Es glaubt an diese Macht und übt sie selbst später aus. Das Kind lernt die Doppelfunktion von Geschlagenem und Schläger, von Gefängnisinsassem und Wärter.

Doch diese Betrachtungen erscheinen heute nicht mehr stimmig. Sie erklären vieles, weil sie manches unbeachtet lassen:

Erstens: Ist der Vater heute tatsächlich noch eine Respektsperson?

Zweitens: Welche Rolle spielt die Mutter, die ja zum größten Teil die Erziehungsarbeit leistet?

Drittens: Welche Entwicklung nehmen die Mädchen?

Unbestreitbar hat der Vater einen wichtigen Einfluß in der Familie. Er hat ihn durch zweierlei erreicht: Seine Entwicklung in der Kindheit und die wirtschaftliche Macht des Verdieners führten zu einer überlegenen Position. Seine eingebrachten Ressourcen, nämlich Geld, Status, gesellschaftliche Stellung und Ausbildung, lassen ihn zum Familienführer werden, der sich in Entscheidungen durchsetzt. Untersuchungen zeigen denn auch eine enge Beziehung zwischen männlicher Dominanz und der Höhe dieser Ressourcen (Journal of Marriage and the Family 1969).

Etwas vereinfacht kann man festhalten: Je größer der männliche Verantwortungsbereich in der beruflichen Welt ist, desto größer ist auch seine Macht in der Familie. Daraus zog der Soziologe René König den Schluß: Der Patriarchalismus überlebt vor allem in den oberen Schichten. Hier könnte demnach ein besonders strenges Über-Ich gebildet werden.

Friedhelm Neidhardt sieht es ähnlich: «Abhängigkeit ist die wesentliche Grundlage für patriarchalische Autorität» (in: Die Familie in Deutschland, Opladen 1971, S. 45). Wenn wir diesen Gedanken zu Ende denken, verkleinert sich die väterlich-männliche Au-

torität beträchtlich, denn in vielen Fällen trägt der Mann längst nicht mehr allein die wirtschaftliche Versorgung. Wenn eine Frau berufstätig ist, gewinnt sie mehr Einfluß und mehr Unabhängigkeit. Werden die Berufschancen für Frauen kleiner, wie das in wirtschaftlichen Rezessionszeiten üblich ist, in denen auch die alten Heim-und-Herd-Ideologien wiederaufgewärmt werden, dann vermindert sich auch ihre Macht in der Familie. Es darf aber nicht übersehen werden, daß der Einfluß durch die Berufstätigkeit der Frau bei hoher sozialer Position des Mannes gering ausfällt, weil dort der Mann eben doch der überragende Versorger ist.

Der Komplex «väterlicher Autorität» ist also nicht mit diesem einfachen Modell abzutun.

Aber vielleicht gibt es doch so etwas wie Elternautorität. Wenn wir uns noch einmal an die Hilflosigkeit und Abhängigkeit des Kindes von den Eltern, und speziell von der Mutter, erinnern, scheint mir das unterdrückte Wutpotential bei Jungen *und* Mädchen wichtiger zu sein als die pauschal postulierte Vater-Autorität. Im Verlauf der Erziehung müssen Vater und Mutter vom Kind Triebverzicht im weitesten Sinne fordern: Kinder sollen nicht laut sein, nicht so toben, sich vertragen, keine Doktorspiele machen, folgen und vernünftig sein. Vor allen Dingen sollen sie nicht aggressiv sein.

Wir könnten, wenn wir uns diese Erziehungsmaximen richtig vorstellen, die einengenden Eltern anklagen. Das spräche genau für unsere damit frei werdende Wut auf die Erziehenden, die aus unseren erlebten Einschränkungen resultiert. Eltern sind in diesem Sinne die Bösen, sicherlich. Aber, und das macht unsere Entwicklung und unsere Einstellung zu ihnen so ungeheuer kompliziert, sie sind auch die Menschen, die wir geliebt haben und vielleicht noch lieben. Wir pendeln zwischen Liebe und Haß und es ist nicht leicht, mit diesen widerstreitenden Gefühlen umzugehen.

Manchmal benutzen wir Stellvertreter, um dieses Problem zu lösen. Robert und Bettina haben solch einen Weg gefunden:

In meinem Bekanntenkreis beschwert sich Robert immer wieder darüber, daß seine Frau zuviel Freiheit möchte und zuwenig Rücksicht auf seine Eltern nehme, denen sie soviel verdanken.

Seine Eltern haben ihn schon früh als einen von zwei Geschäftsführern in ihrem großen Möbelhaus eingesetzt. Gleichzeitig haben sie ihn damit zur Dankbarkeit verpflichtet. Da darf er nicht undankbar sein, denn dann wären seine Eltern enttäuscht.

Doch was «undankbar» ist, steht auf einem anderen Blatt. Robert sieht in seiner Frau Bettina die Angreiferin, die eine familiäre Idylle und ein enges Eltern-Sohn-Verhältnis zerstören will. Aber über die familiäre Idylle kann er nichts Konkretes sagen. Sie ist ein farbloser, abstrakter Begriff für ihn. Auseinandersetzungen mit seinen Eltern kennt Robert nicht. Seine Mutter schimpfte höchstens mal mit ihm. Trotz der knappen Zeit als Geschäftsfrau habe sich gerade seine Mutter immer rührend um ihn gekümmert. Aber von anerkennender Begeisterung ist wenig in seiner Stimme spürbar.

Bettina ist in seinen Augen die drohende Gefahr: «Sie will mich einkreisen, festsetzen, sich an mich klammern und von den Eltern isolieren.»

Sie sieht das natürlich anders: «Ich will spüren, daß du zu mir gehörst. Jeden Tag mußt du bei deinen Eltern vorbeischauen, um über die Familie zu berichten, tatsächlich aber hast du Angst, sie könnten sauer sein, wenn du dich mal nicht um sie kümmerst. Ich möchte mit dir zusammen etwas unternehmen, den Mann in dir und nicht nur den Sohn deiner Eltern sehen. So ist mir das alles zu fad und so habe ich auch keine Lust, eine temperamentvolle Geliebte für dich zu sein.»

Bettina fühlt sich durch ihre Schwiegermutter kaum beachtet und ärgert sich darüber. Sie belegt ihre Abneigung durch zahlreiche Beispiele, doch Robert weigert sich standhaft, auch nur im entferntesten Kritik an seiner Mutter zuzulassen. Er idealisiert sie und wagt, wie schon als Kind, keinen Widerspruch, um sich Mutters Sympathien nicht zu verscherzen. Doch hat er eine Frau geheiratet, die sich schon vor der Ehe mit ihrer Schwiegermutter anlegte. Vielleicht wünscht sich Robert doch eine Auseinandersetzung mit seiner Mutter, die er allerdings nicht selbst durchstehen möchte, weil er die Konsequenz, Sympathieverlust, glaubt nicht vertragen zu können. Die wahrscheinlich unbewußten Vorbehalte gegen seine Mutter läßt er stellvertretend von seiner Frau austragen. Bei ihr, statt bei sich, nimmt er (seine) Wutgefühle war. Indem er weiter zu seiner Mutter hält, provoziert er seine Frau, die immer wieder die Auseinandersetzung mit ihrer Schwiegermutter sucht.

Es geht nicht darum, ob die Mutter gut oder schlecht ist. Keine Mutter ist vollkommen. Meist sehen wir als Erwachsene unsere Eltern realistischer und damit kritischer, weil wir Abstand von ihnen haben, uns selbständig fühlen und keine Angst haben müssen. Doch Roberts Mutter hat ihm schon ganz früh eingeimpft: Nur wenn du so bist, wie ich dich haben möchte, dann mag ich dich und verlasse dich nicht. Erst vermutete ich, Robert würde irgendwann an eine Trennung von Bettina denken. Aber bisher habe ich mich getäuscht. Im Gegenteil: Er fürchtet, daß sie Schluß machen könnte. Schon der Gedanke daran macht ihn depressiv. Er verhält sich ja nicht nach ihren Vorstellungen. Deshalb befürchtet er ihre Bestrafung, die Trennung von ihr.

Die Angst, von Bettina verlassen zu werden, drückt auch (sozusagen stellvertretend) seine Befürchtung aus, von Mutter verlassen zu werden. Mutter hat immer noch Macht über ihn.

Wir dürfen nicht vergessen, daß Eltern Gefangene der Verhältnisse sind. Je eingeschränkter sie durch die Verhaltensregeln der Gesellschaft (was man tut und vor allen Dingen was man nicht tut) sind, desto verbietender und unterdrückender gehen sie mit sich und ihren Kindern um. Das bezieht sich heute nicht mehr so sehr auf sexuelle Inhalte, sondern viel stärker auf aggressive Regungen.

Besonders Männer sind im Beruf vielfältigen Zwängen und Normen ausgesetzt, die sie auf ihre Familie übertragen. Der Psychoanalytiker Alexander Mitscherlich weist dabei besonders auf einen Widerspruch hin: «Aggressionsverbot und erlebte Aggressivität verbinden sich für das Erlebnis des Kindes zu einer widerspruchsvollen Einheit, die es oft lebenslang nicht zu durchschauen lernen wird» (in: Die Unfähigkeit zu trauern, München 1968, S. 120). Die schlimme Folge: Kinder dürfen ihre Wut nicht zeigen, geschweige denn ausleben.

Räumliche Enge in Wohnungen und Ballungsgebieten läßt das Aggressionspotential für Kinder und Eltern noch weiter anwachsen.

Die Wut ist durch die geforderte Unterdrückung natürlich nicht verschwunden. Um Mißverständnissen vorzubeugen: Das Problem ist nicht, daß Wut überhaupt entsteht. Das läßt sich wohl kaum vermeiden. Schlimm ist, daß diese Wut nicht gelebt werden kann, weil das nicht sein *soll.* So wird der erforderliche Umgang mit dem Gefühl Wut gerade nicht gelernt, und das Unterdrückte lauert gefährlich wie eine Schlange im Gras.

Dazu ein Beispiel, wie sich dieses Gefühl beim Erwachsenen ausdrücken und die Atmosphäre vergiften kann.

In einer Gruppe berichtet die zierliche Frauke, 38 Jahre alt und Mutter von zwei fast erwachsenen Söhnen, von der Unterdrückung durch ihren Mann Michael.

Immer und ewig kritisiere er sie. Was sie auch mache – sie mache es für ihn garantiert falsch. Er fände stets ein Haar in der Suppe, um sie madig zu machen: «Ich koche ein neues Gericht – er mäkelt, es wäre zu scharf. Ich würze das nächste Mal weniger – nun ist es ihm zu lasch. Ich habe keine Lust, mir dauernd neue Autos anzusehen. Ich habe ihm das auch deutlich gesagt. Neulich lotste er mich trotzdem wieder in so einen Autosalon rein. Er nimmt eben überhaupt keine Rücksicht auf mich.»

Frauke hat sich in Fahrt geredet. Laut, klar und deutlich mit kräftiger Stimme, aber gleichzeitig farblos ohne Höhen und Tiefen und in starrer Sitzhaltung, fährt sie fort: «Sogar bei den Vorbereitungen für seine Geburtstagsparty hat er mich im Stich gelassen. Wenn ich mal Auto fahre, hagelt es böse Vorwürfe und kleinliche Korrekturen. Manchmal brüllt er mich auch wie ein Wahnsinniger an: Fahr nicht so dicht auf, brems nicht so scharf, überhol endlich, wie kannst du jetzt bloß überholen? Willst du mich umbringen? Wenn wir uns mal in der Stadt verabreden, kommt er garantiert zu spät. Er will mich eben schikanieren. Wenn wir zusammen schlafen, dreht er sich hinterher sofort auf die Seite und schläft ein. Er könne nichts dazu, meint er. Er hat für alles eine Entschuldigung. Und ich bin stets die Dumme!»

Frauke schaut nach ihrer Schilderung erwartungsvoll in die Runde. Die anderen Gruppenteilnehmer schweigen und blicken sie nachdenklich, manche auch herausfordernd, an. Einige runzeln schließlich die Stirn, andere spielen nervös mit ihren Händen. Die Atmosphäre wirkt angespannt. Das große Verständnis für Frauke bleibt aus. Keine erleichternde Solidarität mit der Unterdrückten, kein gemeinsames Leiden, keine Verurteilung des schlimmen Michael.

Frauke ist ratlos, enttäuscht, bestürzt, verärgert: «Ihr laßt mich hängen!»

Zögernd und schleppend, wie unter einer drückenden Last, beginnen die Mitglieder der Gruppe das Gespräch. Die meisten haben Fraukes Schilderungen als vorwurfsvoll und im Grunde aggressiv erlebt. Sie spürten Fraukes untergründigen Ärger, ihre latente und zurückgehaltene Wut auf Michael. Beate meint: «Du hast nur deinen Mann beschuldigt und dich als unschuldiges, armes und bemitleidenswertes Lamm dargestellt. Deine Klagen waren Anklagen. Was es mir so schwer gemacht hat, dich zu verstehen, war das Fehlen von Gefühlen in deiner Schilderung. Da waren nur Fakten, so wie du sie siehst. Es wirkte steril auf mich. Irgendwie auch bedrohlich. Ich konnte nicht mitfühlen bei deiner Schilderung.»

Roswitha sagt es ganz deutlich: «Also ich hätte diesen Kerl schon längst rausgeworfen. Warum hältst du das alles aus? Erwartest du Dankbarkeit dafür? Warum stellst du ihm nicht ein Ultimatum und wenn er sich nicht ändert, dann stellst du seine Sachen vor die Tür, damit er erkennen kann, daß du nicht alles mit dir machen läßt?» Roswitha spricht ganz direkt Fraukes latente Wut an. Beate fühlte sich durch das fehlende Gefühl bedroht. Sie spürte wohl auch die Aggression: Deine Klagen sind Anklagen.

Frauke ist «nur» enttäuscht. Sie macht Michael ein schlechtes Gewissen. Am liebsten wäre ihr, andere würden ihn bestrafen. Sie bleibt passiv und lebt ihre Wut nur indirekt aus. Dadurch kann der Konflikt des Paares nicht besprochen und geklärt werden. Es geht immer nur um sachliche Probleme. Frauke sieht nicht, daß es um mehr geht, nämlich um ihre Angst vor ihrer Wut.

Ein ähnliches Beispiel zeigt, wie schwer es ist, auf subtil geäußerte Macht überhaupt zu reagieren:

Elke, eine achtundzwanzigjährige Lehrerin, und Manfred, vier Jahre älter und ebenfalls Lehrer, sind seit drei Jahren verheiratet. Beide kommen gut miteinander aus und unternehmen viel. Manfred ist zwar etwas aktiver als Elke, aber das stört sie kaum. Bis Jennifer geboren wird. Anfangs sind Manfred und Elke unsicher. Als Pädagogen haben sie viel Kluges über Erziehung gehört – aber in der Praxis sieht alles ganz anders aus. Manfred liest Erziehungsratgeber, um keine Fehler zu machen, denn Jennifer soll gut, richtig und ohne Repressalien erzogen werden.

Elke vertraut mehr ihrem Gefühl und handelt spontan. Manfred ist das zu unsicher: «Kindererziehung ist eine viel zu wichtige Aufgabe, als daß man das nur mit dem Gefühl machen könnte. Da muß man sich schon etwas mehr engagieren!»

Elke wirft ein, Erziehungsratgeber wechselten ihre Meinung schneller als das Wetter im April. Sie fühlt sich durch Manfreds Anspruch verunsichert und angegriffen und möchte nun ihrerseits ihn verunsichern.

Doch er ist ihr mal wieder mit seinen Argumenten überlegen: «Man muß sich mit der Meinung verschiedener Wissenschaftler und Pädagogen auseinandersetzen, um dann seinen eigenen Standpunkt zu finden und um nicht auf seine eigenen unbegründeten naiven Anschauungen hereinzufallen.»

Das sitzt. Elke spürte den Stachel gegen ihr Verhalten als Mutter. Aber was soll sie gegen Manfreds Argumentation einwenden? Sie fühlt sich seinen Argumenten nicht gewachsen und schweigt, innerlich verletzt. Doch wenn Manfred heute abend mit ihr schmusen möchte, wird sie ihm zeigen, wo sein Bett ist.

Ein paar Tage später hat Jennifer Schwierigkeiten beim Einschlafen. Elke möchte Jenniffer beruhigen: «Meine Güte, sie wird schon keinen Knacks fürs Leben bekommen, wenn ich zu ihr gehe.»

Doch Manfred wehrt mit einer Handbewegung ab: «Moment, laß uns erst einmal überlegen, damit wir keinen Fehler machen, den wir uns später vorwerfen müßten.»

Ein Griff ins Regal, und er hält einige Ratgeber in der Hand, aus denen er Elke die Meinung bekannter Professoren vorliest. Elke hält das nicht mehr aus. Plötzlich wirft sie ihre Hände vors Gesicht und beginnt zu schluchzen. Manfred hört auf zu lesen und blickt zu ihr hinüber: «Ist schon gut, du bist im Moment halt völlig überfordert. Laß man, ich helfe dir, damit du entlastet bist.» Elke rennt aus dem Raum. Manfred geht zu Jennifer. Der Abend ist gelaufen.

Elkes Resignation kann ich gut nachfühlen. Ich erlebe bei Manfred keine Einfühlung für seine Frau. Er möchte ihr seine Meinung überstülpen. Er merkt nicht, was er auslöst. Am schlimmsten scheint mir zu sein, daß er freundlich vorgeht und sich hilfsbereit verhält. Man kann ihm so schlecht etwas vorwerfen: Wenn man von etwas überzeugt ist, möchte man auch den anderen überzeugen. Nicht besonders einfühlsam zu sein – nun ja – was kann er dafür? Ein Wolf im Schafspelz – aber wer kann schon für seine Art?

Angesichts der von Manfred ins Feld geführten Kapazitäten muß sich Elke hilflos fühlen. Man kann doch die Erkenntnisse der modernen Wissenschaft nicht einfach in den Wind schlagen!

Je ohnmächtiger und in die Enge getrieben ich mich fühle, desto wütender und aggressiver werde ich. Vielleicht geht es Elke ähnlich. Vielleicht hat sie Angst vor der Intensität ihrer aufgestauten und hilflosen Wut? So viel Angst, daß sie sich nicht mehr getraut, wütend zu sein?

In Paarbeziehungen und Familien taucht immer etwas von der frühen und verdrängten Wut auf. Macht und Ohnmacht sind ihre Entsprechungen. Das führt zu Spannungen, Machtkämpfen und unbewußten Arrangements:

– Paare binden die latente Wut und richten sie auf Außenfeinde, beispielsweise die Schwiegereltern.
– Die Wut taucht als Machtverhalten auf oder als
– Ohnmacht und Leiden, um den anderen wenigstens ein schlechtes Gewissen zu machen.
– Die Wut wird gebunden, indem der Partner zum Ideal erhoben wird. So wird er zum Akteur einer Großartigkeit, die man ei-

gentlich sich selber wünscht. Es kommt dabei zu einem Hörigkeitsverhältnis, einer narzißtischen Symbiose, in der beide Partner einander benötigen. Konflikte kreisen häufig um das Thema Verschmelzung und Verselbständigung

Produzieren Eltern Ohnmacht?

Die Bedeutung der Kindheit dafür, wie wir Macht erleben, wurde schon erwähnt. Hilflosigkeit, Abhängigkeit, Wut und der Wunsch nach Strukturierung und Gestaltung waren die Stichworte. Ist die Entwicklung des Kindes schicksalhaft vorgezeichnet oder haben Eltern und Umfeld vielleicht doch mehr Beeinflussungsmöglichkeiten, als sie annehmen?

Elke und Manfred, häufig unterschiedlicher Meinung in Erziehungsfragen, diskutieren wieder einmal über die «richtige» Erziehung von Jennifer:
Elke: «Jennifer wird sich extrem hilflos und einsam vorkommen, wenn wir sie schreien lassen, nur weil die vorgegebene Fütterungszeit noch nicht da ist. Diese Abhängigkeit des kleinen Würmchens muß man ja nicht noch ausnutzen!»

Manfred: «Wer spricht von ausnutzen? Gut, in den ersten Wochen soll sie ihren Willen haben, damit sich ihr Vertrauen zu uns aufbauen kann. Aber wenn man nur auf sie eingeht, verwöhnt man sie viel zu sehr und später tanzt sie uns dann auf der Nase herum. Und Vater soll wieder energisch durchgreifen, um die Wogen zu glätten.» Elke: «Verwöhnung kann nichts schaden. Das Leben ist sowieso hart genug.»

Manfred: «Aber wie bitter muß es sein, wenn schließlich und abrupt der Ernst des Lebens beginnt. Wenn man Jennifer darauf vorbereitet, erspart man ihr bestimmt viele Enttäuschungen.»

Elke: «Du bist immer so logisch, so hart!»

Manfred: «Ich bin nicht hart. Ich denke eben an die Folgen. Und das muß man, wenn man Verantwortung für ein neues Leben übernommen hat. Stell dir doch bloß mal vor, wenn deine verwöhnte Jennifer ein Geschwisterchen bekommt. Plötzlich ist sie keine Prinzessin mehr. Sie wird zurückstecken und verzichten müssen. Später muß sie kämpfen.»

Elke: «Je liebevoller sie es vorher gehabt hat, desto eher wird sie ohne seelischen Schaden verzichten können. Was man mitbekommen hat, das hat man!»

Manfred: «Krach, bumm! Du wirst schon wieder aggressiv. Du kannst einfach nicht längere Zeit logisch argumentieren. Irgendwann gibst du auf und teilst vorher noch einen dicken Knuff aus.»

Elke: «Ich bin eben ein typisches Nesthäkchen, wie du immer sagst. Die kämpfen nicht so gerne. Ihnen wurde früher ja auch viel abgenommen. Aber deine Logik kann einen auch zum Wahnsinn treiben!»

Manfred: «Du mußt es ja wissen!»

Elke: «Und du mußt der King sein. Du bist doch das beste Beispiel für die Vormachtstellung des Ältesten in der Familie. Deine kleine Schwester konntest du schon früh drangsalieren.»

Manfred: «Von Drangsalieren kann überhaupt keine Rede sein. Ich mußte sie halt manchmal miterziehen. Als Ältester hat man nun mal gewisse Pflichten und Verantwortungen. Da ist man notgedrungen ein Vorbild für jüngere Geschwister und muß vernünftig sein. Wenn irgendwas passierte, war ich doch dran: ‹Du als Ältester hättest eben besser aufpassen müssen›, hat mein Vater gesagt und mich zur Rechenschaft gezogen. Das war nicht immer schön, das kannst du mir glauben.»

Elke: «Aber deshalb beanspruchst du auch bei uns den Führungsanspruch. Wahrscheinlich mache ich es dir viel zu leicht, weil mir als Nesthäkchen tatsächlich viel abgenommen wurde. Mein größerer Bruder hat viel für mich gemacht. Er war schon vernünftiger und ich konnte mich immer auf ihn verlassen. Vielleicht passe ich mich deshalb so leicht an. Ich hab es gar nicht gelernt, so richtig für etwas zu kämpfen. Meinen Bruder konnte ich an guten Tagen ganz schön um den Finger wickeln.»

Manfred: «Rangordnung ist nun mal auch Hackordnung!»

Elke: «Aber sollten wir als Eltern nicht ‹gegensteuern›?»

Manfred: « Wenn wir das könnten! Der Natur kann man nicht ins Handwerk pfuschen. Oder jedenfalls nur in begrenztem Umfang. Das siehst du an unserer Umweltzerstörung! Übrigens haben Wissenschaftler in Amerika herausgefunden, daß jedes Kind seine

Chance hat. Die Kandidaten für das Amt des amerikanischen Präsidenten waren meistens Erstgeborene. Sie waren schon von klein auf an Verantwortung und Entschlußkraft gewöhnt.

In Kriegszeiten hatten die Ältesten oder Einzelkinder die Macht: Churchill, Stalin, Hitler, Roosevelt. Im Frieden kommt es wohl mehr auf Kooperationsbereitschaft an und da sind die ‹Mittleren› ganz groß: Kennedy, Chruschtschow, Adenauer.»

Elke: «Das leuchtet mir ein. Aber man darf auch nicht vergessen, daß die typische Kleinfamilie ganz erhebliche Schattenseiten aufweist. Wenn sich so ziemlich nur die Mutter um die Kindererziehung kümmert, wird ein Kind eine besonders intensive Abhängigkeit von einer Person erleben. Es kann dann nicht mal Vater und Mutter gegeneinander ausspielen. Mit Geschwistern kann man sich als Kind solidarisieren: Gemeinsam ist man stärker. Einzelkinder haben es da schlechter.

Ich glaube, je kleiner eine Familie ist, desto abhängiger fühlen sich die Mitglieder, desto weniger können sie sich aus dem Weg gehen und desto intensiver wird die Angst vor Zurückweisung und Liebesverlust sein. Die Familie färbt, ohne daß wir das merken, ganz schön ab und prägt uns.

Du bist streng erzogen und neigst dazu, ebenfalls streng zu sein, obwohl du das von der Theorie her doch gar nicht gut findest.»

Manfred: «Wer sagt denn, ich sei streng? Das meinst du! Ich sehe das nicht so. Ich bin für Konsequenzen. Kinder brauchen einen festen Rahmen. Man darf ihnen nicht zu viel abnehmen, sonst werden sie zu sehr verwöhnt und nie richtig selbständig.»

Elke: «Ich finde dich sehr streng, pedantisch und penibel. Du merkst gar nicht, daß du die klugen Ratschläge deiner Bücherprofessoren nicht für dich umsetzt.»

Manfred: «Nun bleib doch mal sachlich! Ohne eine gewisse Ordnung geht es im Leben nicht. Und niemand kann so einfach aus seiner Haut heraus. Aber mir hat es nicht geschadet, daß mein Vater streng mit mir umgegangen ist. Irgendwann mußte ich mich mit ihm identifizieren. Was bleibt einem anderes übrig? Man übernimmt halt Einstellungen und akzeptiert sie. Außerdem analysierst du mich ganz schön. Das ist ein Einbruch in meine Privatsphäre, um den ich dich nicht gebeten habe. Wir wollten über Jennifer reden.»

Elke: «Ich versuche ja nur, dich zu verstehen. Wir erziehen doch nichts als Roboter aus dem luftleeren Raum heraus!»

Manfred: «Ich finde es wichtig, nicht zu subjektiv zu reagieren. Deshalb lese ich Erziehungsbücher. Wie willst du sonst lernen, beispielsweise mit der Trotzphase umzugehen? Die meisten versuchen, einfach den Willen des Kindes zu brechen, ohne dabei zu verstehen, daß es um einen Interessenkonflikt geht. Das Kind möchte seine neu entdeckten Wünsche durchsetzen und seine Fähigkeiten ausprobieren. Da muß man von Fall zu Fall abwägen, ob man etwas verbieten oder gestatten sollte. Man muß sich fragen, ob das, was man will, wirklich im Moment so wichtig ist. Ich jedenfalls möchte mich nicht auf Machtkämpfe mit Jennifer einlassen.

Und dann ist wichtig, Jennifer nicht nur wie ein Mädchen zu erziehen, sondern ihr auch Jungenspielzeug zu geben. Später wird sie von mir eine elektrische Eisenbahn bekommen. Sie darf auch aggressiv sein und soll Boxen lernen.

Wenn wir uns als Eltern nicht verkriechen, sondern Positionen beziehen, dann kann sich Jennifer am besten mit uns auseinandersetzen und daran reifen. Auf keinen Fall eine zu laue Erziehung!»

Elke: «Du bestimmst das einfach, weil du es richtig findest. Du proklamierst das mit einer Ausschließlichkeit, daß mir angst und bange wird. Wo, bitte, darf ich noch mitreden, Herr Professor?»

Manfred: «Also, so nicht mit mir! Bleib sachlich!»

Elke: «Wenn man so streng und resolut ist, hat das Kind doch gar keine Chance. Es muß doch resignieren und sich anpassen. Mir ist das genauso ergangen zu Hause. Ich habe mich dabei sehr unverstanden und ungeliebt gefühlt. Oft hatte ich eine fürchterliche Wut im Bauch. Aber was sollte ich machen? Meistens hatte ich Vater und Bruder gegen mich. Als Tochter lernt man, vor einem mächtigen und autoritären Vater zu kuschen. Später sucht man sich einen Mann, der fast wie Vater ist, weil man mit diesem Typ ja umzugehen gelernt hat. Da ist einem alles nur zu vertraut. Und der ganze Mist geht von vorne los! Man fühlt sich wieder so beschissen untertänig und ohnmächtig und man hat wieder die gleiche, immer noch die gleiche fürchterliche Wut im Bauch. Und vielleicht hat man noch Angst, irgendwann das alles nicht mehr aushalten zu können und zu explodieren – und dann verlassen zu werden. Man kann seinen Mann, ach

was, man muß ihn zwangsläufig provozieren, um sich auch mal ein klein wenig mächtig und erhaben zu fühlen!»

Manfred: «Du tust gerade so, als hätten nur die Eltern Macht über ihre Kinder. Kinder erziehen doch auch ihre Eltern! Denk doch mal daran, wie Melanie und Gerd stöhnen und sich ohnmächtig fühlen, weil sie sich keinen Rat mehr wissen.

Oder Vera: Sie jammerte doch neulich noch, ihr Sohn würde nachts immer noch schreien und sie hielte das nicht aus. Sie kapitulierte vor der Macht seiner Stimmbänder!

Oder denk daran, wie Dirk erzählte: ‹Es ist zum Verrücktwerden. Was Oliver sich in den Kopf gesetzt hat, muß er haben. Auf dem Rummel hat sich der Bengel auf den dreckigen Boden geworfen, mit seinen Fäusten in den Matsch gehauen und dabei wie am Spieß gebrüllt. Es war nicht zum Aushalten›. Manche Kinder werden hauptsächlich deshalb verwöhnt, weil ihre Eltern Angst vor ihnen haben. Was sollen die Leute denken, wenn Jennifer später an der Kasse des Supermarktes Geschrei anfängt, weil sie ein Eis haben will? Da ist man ganz schön unter Druck! Und sie merkt: Ich brauche nur Theater zu machen und schon bekomme ich meinen Willen. In Amerika spricht man sogar schon von einem neuen Krankheitsbild, dem Syndrom der geschlagenen Eltern. Die Unsicherheit der Eltern fördert die Machtübernahme der Kinder!»

Elke: «Das ist doch wirklich einseitig und Panikmache. Du vergißt, wie häufig Kindesmißhandlungen sind und wie Kinder unter dem manchmal blödsinnigen Willen ihrer Eltern leiden.»

Manfred: «Natürlich. Aber die Macht der Kinder sollte man auch nicht übersehen. – Jennifer brüllt. Wollen wir hingehen oder sie schreien lassen?»

Unterdrückte ohne Unterdrücker

Wenn es um die Frage nach der ehelichen Dominanz geht, lauten die Standardklagen: «Er engt mich ein», oder «sie unterdrückt mich», oder «ich darf mich nicht entfalten.» Aber keiner sagt «ich enge dich ein», oder «verzeih, daß ich solch ein Tyrann bin».

In meiner Arbeit als Eheberater höre ich häufig Klagen über das unterdrückende Verhalten der Männer. Der angesprochene und kritisierte Partner versteht das nicht. Er sieht es ganz anders als seine Frau und rechtfertigt sich schnell, was sicherlich nicht gerade für sein gutes Gewissen spricht. Das Gespräch über Macht und Ohnmacht fällt schwer. Angriff und die darauf folgende Verteidigung sind nicht dazu angetan, einen Verstehens- und Verständigungsprozeß in Gang zu setzen. Besonders schwer scheint es nach meinen Erfahrungen zu sein, zur eigenen Macht zu stehen, zu jenen

oft kleinen, aber wirksamen subtilen Mitteln und Manövern, eigene Wünsche und Absichten durchzusetzen.

Gerade diese scheinbar so harmlosen Methoden werden von uns immer wieder angewandt, ohne daß wir uns dessen bewußt sind. Und oft ist ein machtstrotzendes Verhalten lediglich eine Antwort auf ein ganz subtiles Machtverhalten des anderen oder ein hilfloses Verhalten eines Partners fordert immer wieder die Dominanz des anderen heraus. Ursache und Wirkung sind schwer voneinander zu trennen. Häufig schaukeln sich kaum wahrnehmbare untergründig ablaufende Machtprozesse erst mit der Zeit zu einem Machtkampf auf, von dem wir, wenn er offensichtlich geworden ist, oft nicht mehr sagen können, wer damit begonnen hat.

Mangel an erlebter Wertschätzung und das Gefühl, dominiert zu werden, erweisen sich als Grundprobleme in der Partnerschaft. Dabei konzentrieren sich beide ganz auf die Rolle des anderen und sehen kaum ihr eigenes Verhalten, heißt es in einer Untersuchung über «Gelingen und Scheitern ehelicher Partnerschaft» (Dominik Prodöhl, Göttingen 1979, S. 83).

Von den Paaren mit einer gestörten Beziehung fühlten sich etwa ein Drittel der Männer und gut ein Drittel der Frauen vom Partner dominiert. Jedoch berichtete keiner davon, den anderen zu beherrschen. Ein seltsamer Widerspruch, denn wo es Unterdrückte gibt, muß es doch auch Unterdrücker geben!

Eine Umfrage des Instituts für Angewandte Sozialwissenschaften (INFAS) von 1977 kommt zu einem ähnlichen Schluß: Etwa jeder zweite Ehepartner versucht, den anderen zu beherrschen. In etwa jeder fünften Ehe hat nur einer das Sagen und der andere erlebt sich als Befehlsempfänger.

Es ist schwer, ein möglichst objektives und umfassendes Bild von der Verteilung und dem Umgang mit der Macht zu gewinnen.

Eine ziemlich exakte Einschätzung der Machtverhältnisse ist durch die Messung folgender Verhaltensdimensionen möglich:

- Die Zahl der beeinflußten Personen und die Bedeutung dieser Personen.
- Das Ausmaß der beeinflußten Verhaltensweise.
- Der Aufwand, den der Mächtige für die Beeinflussung leisten muß.
- Die Wahrscheinlichkeit der Fügung, die von den Machtmitteln einerseits und den realen oder vermuteten Sanktionen andererseits bestimmt wird.
- Die Geschwindigkeit der Verhaltensänderung beim Beeinflußten.
- Die Reduzierung bestimmter Verhaltensweisen des Beeinflußten, beispielsweise wenn er nach dem «Machteinsatz» weniger schimpft oder protestiert.
- Das subjektive Erleben des Beeinflußten, das gerade für subtile Machtakte wichtig ist (nach R. A. Dahl, in: International Encyclopedia of the Social Sciences, Bd. 12, 1968, New York).

Derartige Messungen sind natürlich unerhört aufwendig und für den «normalen Alltagsgebrauch» ungeeignet. Zudem: Was haben wir von hundertfünfzigprozentig objektiven Daten?

Macht und Ohnmacht sind Erlebens- und Verhaltensweisen, die von jedem Menschen anders erlebt werden.

Lassen wir deshalb die Betroffenen selbst reden.

Das ist in der Untersuchung des INFAS-Instituts geschehen, in der 1600 Bundesbürgerinnen und Bundesbürger die Karten aufdeckten. Einige Ergebnisse:

Etwa die Hälfte der Befragten trifft Entscheidungen partnerschaftlich. 20 Prozent meinen, sie selbst hätten mehr Einfluß auf eine Entscheidung, nur 18 Prozent sehen ein Mehr an Einfluß beim anderen.

So gesehen stimmt das Bild einer praktizierten Partnerschaft also schon recht gut. Aber gehen wir mehr ins Detail. Da wandelt sich das Bild:

Bei größeren Anschaffungen hat der Mann nach wie vor das Sagen. So sehen das 18 Prozent der befragten Männer. Nur 6 Prozent der Männer finden, die Entscheidungsgewalt für größere Ausgaben liege bei ihrer Frau. Hier scheint sich die Frau immer noch ziemlich zu verstecken. Vielleicht weil sie befürchtet, er könnte ihre Entscheidung kritisieren, ihr Vorwürfe machen und mit Liebesentzug kommen?

Wie sieht es mit den gegenseitigen Freiheiten aus? 21 Prozent der Männer fühlen sich eingeengt. Immerhin 77 Prozent legen keinen besonderen Wert auf einen größeren Spielraum. Mann hat, was Mann braucht! Ganz so reißende Wölfe, wie Strindberg meinte, können die Frauen also wohl doch nicht sein.

Umgekehrt sieht es schon schlechter aus: 40 Prozent der interviewten Frauen hätten gern mehr Spielraum. Je jünger die Frauen, desto ausgeprägter ist dieser Wunsch. Bei den fünfzig- bis sechzigjährigen Frauen sind aber immer noch 16 Prozent mit ihren Entfaltungsmöglichkeiten unzufrieden. Thema Sexualität: 19 Prozent der Männer glauben, sich stärker als ihre Frau durchzusetzen. Nur 5 Prozent der Frauen halten sich im Bett für stellungs- und tonangebend! Über 60 Prozent sehen jeweils keine Unterschiede.

In der schon erwähnten Untersuchung über Macht und Ohnmacht zwischen Ehepartnern wird die Stellung des Berufstätigen genauer analysiert.

Generell ist die Macht des Berufstätigen größer als die des Nichtberufstätigen. Allerdings muß dabei berücksichtigt werden, was unter «Macht» zu verstehen ist: Eine berufstätige Ehefrau redet ein gewichtiges Wort bei Entscheidungen mit, solidarisiert sich meist aber weniger mit den Kindern und verliert dadurch einen «Bundesgenosseneffekt», nämlich eine Macht durch Mehrheiten.

Ehefrauen in Großfamilien verfügen demgegenüber, wie die Untersuchung weiter ausweist, zu 86 Prozent über gesichterte Machtpositionen, die auf die häusliche Aufgabenverteilung zurückgehen.

Interessant ist in diesem Zusammenhang, daß sich Ehemänner bei Entscheidungsfragen, welche den Haushalt betreffen, und bei Meinungsverschiedenheiten besser durchsetzen als ihre Frauen, in der Kindererziehung dagegen dominiert die Ehefrau. Dazu der Autor der Untersuchung, Helmut Fuhrmann: «Obwohl Ehefrauen zu nahezu 70 Prozent nach eigenem Bekunden vorwiegend die anfallenden Arbeiten im Haushalt selbst erledigen, die Ehemänner dagegen nur zu unter 10 Prozent und Partnerschaft in diesem Bereich nur in jeder fünften Ehe die Regel ist, bleibt die Entscheidungsdominanz im Haushalt dem Ehemann vorbehalten, anders als bei der Kindererziehung ... Wenn sich Ehemänner durchsetzen, dann in der Regel im Haushalt, in der gemeinsamen Freizeitplanung bei größeren Anschaffungen, bei Meinungsverschiedenheiten und im gemeinsamen Sexualleben, wo der Einfluß der Frau kaum einem Ehemann ‹gefährlich› werden kann.»

Nach unseren Erfahrungen in der Beratung von Paaren bringt die Aufgabe der Berufstätigkeit für Frauen Machtveränderungen zu ihren Ungunsten mit sich. Die Dominanz des Mannes erscheint diesen Frauen nun besonders ausgeprägt. Tatsächlich ist er ja auch in seiner Rolle als Ernährer und Statusträger gewachsen. Besonders in der Mittelschicht scheint das wichtig zu sein.

Als Ausgleich für fehlende berufliche Bestätigung und faktische Einbuße an Macht wünschen sich Frauen mehr Zuwendung und

Bestätigung durch ihren Partner. Vermutlich möchten sie auf diesem Wege das Gefühl bekommen, wichtig, wertvoll und begehrt zu sein. Doch Männer scheinen diesen Wunsch oftmals nicht zu verstehen. Gerade jetzt möchten Frauen öfter mit ihrem Partner über anstehende Entscheidungen sprechen und verhandeln. Sie erwarten mehr Kompromißbereitschaft, als die Männer zeigen.

Angelika, die wegen ihres kleinen Sohnes ihren Beruf als Drogistin aufgegeben hat, vermutet: «Ich glaube, mein Mann fürchtet, daß ihm ein paar Zacken aus der Krone brechen würden, wenn er mehr auf mich und meine Wünsche einginge. Im Beruf hat er das Sagen und oft genug betont er, daß er schließlich das Geld verdiene. Zu Hause möchte er auch das Sagen haben. In gewisser Weise kann ich das ja noch verstehen. Andererseits muß er doch auch erkennen, daß es in der Familie anders als in der Firma zugeht.»

Noch etwas ist uns aufgefallen: Frauen, die sich selbst als tonangebend charakterisieren, tun das nicht mit der bei Männern typischen Souveränität und Selbstverständlichkeit, sondern sie rechtfertigen ihre Position und führen sie auf Umstände zurück, an denen sie schuldlos sind: Da ist der Partner krank, zu passiv oder zu lahm. Beispielsweise wird argumentiert: «Wenn ich das nicht in die Hand nehme und entscheide, passiert bei uns überhaupt nichts, dann würde nicht mal eine Rechnung bezahlt.» Oder: «Ich kann doch nichts dafür, daß er krank geworden ist. Aber einer mußte doch dann die Dinge in die Hand nehmen. Und da habe ich es eben gemacht. Ich habe mich auch bemüht, es ihn nicht so merken zu lassen.»

Das klingt nach schlechtem Gewissen. Frauen akzeptieren ihre Macht längst nicht so bereitwillig wie Männer. Das führt auch dazu, daß sie ihre Macht eher indirekt in subtiler Form gebrauchen. Darüber wird noch in Fallbeispielen zu sprechen sein.

Wer mit wem?

Die Beziehungen in der Familie und das Ausagieren von Machtwünschen sind komplex und für Außenstehende nur schwer zu erkennen.

Um mehr Klarheit über die Beziehungen der Familienmitglieder untereinander zu bekommen und um ihnen ihre Beziehungsmuster zu spiegeln, lasse ich Soziogramme anfertigen, in denen jeder angibt, mit wem er zum Beispiel am liebsten zelten oder verreisen würde, wen er am liebsten zum Chef hätte oder mit wem er am liebsten Pferde stehlen möchte.

Diese Soziogramme decken Koalitionen und Kommunikationsstrukturen besonders deutlich auf. Manche suchen sich als Chef beispielsweise ein starkes, andere wieder ein schwaches Familienmitglied aus. Die Wahl der Kinder beleuchtet Stärken und Schwächen der Eltern.

So möchte Iris zum Beispiel ihre Mutter zum Chef: «Sie weiß, was sie will, und sie ist gerecht. Sie tut, was wichtig ist, und weiß immer eine Lösung.» Zusammenarbeiten aber möchte sie am liebsten mit ihrem Vater: «Er ist freundlich und humorvoll und tut eher das, was ich möchte. Auch ist er nicht so streng. Ich glaube, ich kann ihm gut klarmachen, was ich möchte.»

Solche Wahlen zeigen, daß der Mächtige nicht unbedingt auch der Beliebteste ist. Es gibt unterschiedliche Bedürfnisse, die jeweils zur Bevorzugung eines durchsetzungsfähigen oder eher passiven Partners führen. Häufig wird beim Gewählten eine Eigenschaft gesucht, über die man selbst nicht verfügt, es ist also eine «Ergänzungswahl».

Untersuchungen mit dem Gießen-Test (Beckmann und Richter, 1972) bestätigen in den meisten Fällen diese Ergänzungswahl: Hat beispielsweise ein Partner eine starke Ausprägung im Bereich der Dominanz, so hat der andere oft die Eigenschaft Gefügigkeit.

Aber trotz dieses gegenseitigen Ausbalancierens von fehlenden und erwünschten Merkmalen ist damit noch nicht alles im Lot, denn der gefügige Partner leidet unter Umständen ganz erheblich unter der Dominanz des anderen. Er fühlt sich in seinen Entfaltungsmöglichkeiten beschnitten und in seinem Selbstwertgefühl reduziert, obwohl er gerade die Stärke und das Durchsetzungsvermögen gesucht und gefunden hat.

Erleben sich Mann und Frau als etwa gleich mächtig, so ist auch das nicht die ideale Lösung: Gerade in dieser an sich ausgewogenen Konstellation gibt es viele und erbitterte Machtkämpfe, als ginge es um einen «Endsieg».

Recht zuverlässig erspüren Kinder die Machtverhältnisse in der Familie. Ich bitte sie deshalb, ihre Familie zu zeichnen. Wen malen sie am größten, wen am kleinsten, wer steht neben wem oder ist abseits? Das sind einige Fragen zur Interpretation.

Markus beispielsweise hat seine Mutter größer als den Vater gemalt. Er erklärt: «Ich weiß auch nicht, wie das kommt. Zu allererst war meine Mutter größer. Da hab ich sie wieder wegradiert und neu gemalt. Dabei ist die Mutti wieder größer geworden. Aber das geht doch nicht, denn Männer sind doch größer als Frauen.»

Äußerlich mag ja stimmen, was der siebenjährige Markus vermutet, doch «innerlich» scheint die Mutti vielleicht stärker und einflußreicher zu sein. Mit seinem kindlich-naiven Einfühlungsvermögen erkennt er sehr schön die Machtverhältnisse, selbst wenn er sie nicht so sehen möchte.

Eltern sind immer wieder über diese eindeutigen Bildaussagen überrascht. Glücklicherweise können sie die ihnen vom Kind zuerkannte Position eher annehmen, als wenn der Ehepartner sie verteilt.

Fotos aus dem Familienalbum sprechen eine ähnliche Sprache. Auf manchen Bildern steht der Vater stolz hinter seiner sitzenden Familie und hält Frau und Kind jovial umfaßt, während sie zusammengekauert dasitzt. Doch meistens fehlt auf Familienfotos der Fotograf – und häufig ist gerade das der mächtigste und vor allen Dingen aktivste Mensch in der Familie.

Ich frage gern, wie die Familie beim Essen am Tisch sitzt: Wer sitzt am Kopfende und wer sitzt wem gegenüber? Am Kopfende sitzt in der Regel die wichtigste Person. Das kann ein Erwachsener

oder auch ein Kind sein. Einzelkinder haben häufig diese Position, wenn sich, was meistens der Fall ist, viel um sie dreht.

Alle diese einzelnen Aspekte können Indikatoren für tatsächliche Machtverhältnisse sein. Aber sie haben nicht in jedem Fall etwas mit Macht zu tun.

Um zu einer zuverlässigen Einschätzung des Machtpotentials zu kommen, müssen mehrere Beobachtungsmöglichkeiten kombiniert werden. Wer am meisten oder am lautesten redet, muß noch lange nicht tatsächlich tonangebend sein. Wichtig ist, wie die Beiträge der einzelnen Familienmitglieder gewichtet werden. So ist es in manchen Familien üblich, ausführlich über etwas zu diskutieren, bevor vielleicht der Vater als Familienoberhaupt schließlich kraft seiner Autorität bestimmt.

Es gibt keine eindeutigen Kriterien für die Bestimmung von Macht. Das macht es zusätzlich schwer, über Macht in der Familie zu reden.

Im öffentlichen Bereich gibt es dagegen eindeutige Signale, die

die Machtfülle dokumentieren: Die ausgefallene Uhr einer besonderen Marke, ein repräsentatives Auto, Größe und Lage des Büros, die Stellung des Arbeitstisches, Ausschmückung mit Teppichen und Bildern, all das verrät, wieviel der Inhaber dieser Privilegien zu sagen hat und wie abhängig man von ihm sein könnte. Hier weiß man gleich, woran man ist, und über Macht wird, wenn auch noch nicht ganz direkt, doch immerhin schon geredet. Es geht dann beispielsweise um «zupackende Dynamik», «Entschlossenheit», «Rivalität» oder um die Aufgabe, «ein Leitbild zu geben und Orientierungshilfe zu vermitteln».

Je weiter der Mächtige entfernt ist, um so lauter läßt sich seine Macht kritisieren. Mit dieser Macht kann man sich auseinandersetzen, man kann sie verurteilen oder gutheißen.

Doch mit der Verleugnung der eigenen Macht in der Familie nehmen wir uns die Möglichkeit, unser Verhalten zu verändern.

Wir bleiben in Machtkämpfen ungeübt, überlassen vieles dem Zufall. Aus diesem Grund sind Machtkämpfe in der Familie so zerstörerisch. Vor diesen Verletzungen kann ich mich kaum schützen. Niemand kennt mich so genau wie mein Ehepartner oder meine Kinder. Die Wunden, die ich mir hier zuziehe oder die ich den anderen zufüge, sind sehr schmerzhaft.

Wir können nicht darauf hoffen, daß der Machtkampf einmal ein Ende nimmt. Vielleicht tritt eine Pause der Erschöpfung ein. Vielleicht kommt es auch zum Auseinanderbrechen der Familie, aber nicht einmal dann ist das Ende des Kampfes garantiert. Mitunter versuchen geschiedene Ehepartner, sich gegenseitig noch jahrelang zu beweisen, wer der Stärkere ist. Nicht selten sind es die gemeinsamen Kinder, auf deren Rücken der Machtkampf um Unterhaltszahlungen oder Besuchsrecht ausgetragen wird.

Dabei wissen alle Familienmitglieder, daß es aktive und passive Menschen gibt, mutige und ängstliche, schnell handelnde und zögernde, einige, die eher den Überblick haben, und andere, die leicht verwirrt sind. Aus diesen Eigenschaften und den Vorbildern im Elternhaus ergeben sich charakteristische Machtgebräuche. Was sollte daran so schlimm sein?

Macht erscheint zwiespältig wie ein Janusgesicht: Sie ist einerseits ein Ärgernis, andererseits notwendig und hilfreich, denn sie gibt Struktur und Ordnung, wo sonst vielleicht Chaos wäre. Man braucht sie eben – möchte aber nicht von ihr abhängig sein. Lösbar werden solche Konflikte erst, wenn man die eigenen Machtwünsche kennenlernt, versteht und akzeptiert.

Vor etwa 100 Jahren wäre es schlimm gewesen, wenn sich das Famlienoberhaupt nicht zu seiner angestammten Rolle bekannt hätte. Man redete damals nicht über die Macht. Der Machtmißbrauch, besonders in der Kaiserzeit und im Dritten Reich, hat die Macht suspekt gemacht. Doch auch wenn sie verdächtig geworden ist, hat die Macht nichts von ihrer Wirkung verloren.

Das Bedürfnis nach Anerkennung und Liebe korrespondiert schlecht mit Macht. Aber auch andere Bedürfnisse lassen vielfältige Konfliktmöglichkeiten erahnen.

- Partner mögen sich – aber sie müssen sich auch voneinander abgrenzen. Das tut demjenigen besonders weh, der sich stärker an den anderen gebunden fühlt oder auf den anderen angewiesen ist. Er erlebt sich ohnmächtig.
- Zwischen den Geschlechtern herrscht eine «natürliche» Spannung, die, von unbewußter Angst gespeist, Kämpfe um die Vorherrschaft begünstigt.
- Unbewußte Partnerverträge sind die Basis für fruchtlose Auseinandersetzungen, in denen eigene Ängste und Probleme auf den Partner projiziert werden.
- Kinder verlocken als Bündnispartner und Hausmacht im Machtkampf, sie zeigen uns aber auch unsere Grenzen.
- Enttäuschung über zu wenig Anerkennung wird im familiären Machtstreben kompensiert.
- Im Beruf erlittene Schlappen und Kränkungen sollen in der Familie wieder ausgebügelt werden. Die Familie wird so zum Faßbaren in einer sonst nicht mehr beherrschbaren Umwelt.

Familienleben ist häufig durch einen Widerspruch gekennzeichnet: Man liebt sich – und man bekriegt sich. Der Mann als Unterdrükker, die Frau als gieriges Raubtier, die Familie als einengender Käfig und Kinder als wechselnde oder stabile Bundesgenossen im Kampf um die Macht.

Was so einfach aussieht, ist in Wahrheit so schwer zu durchschauen und zu verstehen. Beispielsweise ist der Mann, der doch so stark und belastbar sein möchte, oftmals nur ein Gefangener seiner eigenen Ideale. Die scheinbar schwache Frau kann ihn manipulieren, indem sie ihn auf die Rolle festlegt, die seinem Selbstbild entspricht. Und er rackert sich ab, um den selbst gegebenen Ansprüchen zu genügen.

Man könnte dabei, vielleicht etwas übertrieben, von einer «Prostitution der männlichen Aggressionsbereitschaft» sprechen (Beckmann in: Familiendynamik, 2, 1977).

Der Paartherapeut Jürg Willi meint sogar: Dieses «überkompensierende Bemühen ... treibt viele Männer dazu, ohne zu klagen bis zum Zusammenbruch auszuharren, sich kräftemäßig bis zum äußersten zu verausgaben und sich gesundheitlich zu ruinieren» (in: Therapie der Zweierbeziehung, Hamburg 1978, Seite 17).

Alice Schwarzer sieht zwar auch, daß Männer in gewisser Weise Opfer sind, doch sie sieht hauptsächlich die Unterdrückung der Frauen durch die Männer. Frauen sind dabei die «Opfer der Opfer».

Für beide Sichtweisen gibt es Belege. Aber erfahrungsgemäß ändert sich wenig zwischen Menschen, wenn für bedrückende Zustände ein Verursacher gesucht wird. Es scheint häufig so, als hätte einer begonnen und der andere lediglich reagiert. Aber wo soll diese Ursache-Wirkungskette beginnen?

Das läßt sich nicht mehr ausmachen, denn das Verhalten des einen ist immer mit dem des anderen verzahnt. Es beruhigt zwar, einen Sündenbock zu haben, und Männer und Frauen sind eifrig dabei, sich gegenseitig in diese Rollen zu manövrieren, aber beide müssen verstehen lernen und ertragen, was sie einander angetan haben und immer noch antun. Das ist keine Aufforderung zum stillen Erdulden und Resignieren, sondern zum Verstehen der gegenseitigen Ängste und des Leidens an dieser Angst.

«Laß dich nicht unterkriegen» heißt dann eben nicht, den Spieß umdrehen und Tricks anwenden, um selbst an die heißbegehrte Macht zu kommen. Es bedeutet vielmehr, ehrlich zu sein. Nur dann, wenn Ähnlichkeiten gesehen und verstanden werden, kann Schuld als überflüssiger und zerstörender Begriff erkannt werden. Und nur dann braucht unser natürlicher Lebensbegleiter, die Angst, nicht länger durch Machtgebaren kompensiert und pervertiert zu werden. Die Familienmitglieder könnten Solidarität erleben. Das gilt für Eltern und Kinder.

«Die unreflektierte, falsche, sklavische Opferhaltung ist bei *allen* aufzulösen. Da die Männer schließlich *auch* Menschen sind, müssen wir versuchen, in Zweierbeziehungen die Rollenverteilung Herrin – Knecht ebenso zu durchschauen wie die Gewöhnung an den Zustand Herr – Magd, wenn die Erpreßbarkeit durch Opfer und Dulden überhaupt aufhören soll», meint die Eheberaterin Hildegard Baumgart dazu (in: Die Kunst des Nichtduldens, Merkur, März 1981, S. 291).

Die Familie ist vielleicht der einzige Ort, wo der Knoten der unwürdigen und zerstörerischen Kompensation aufgelöst werden kann. Dazu gehört aber unabdingbar, den Mut zur offenen und fairen Auseinandersetzung aufzubringen und verantwortungsbewußt mit Aggressionen umzugehen.

Es gibt dafür keine Regeln und Rituale, an die man sich hilfesuchend klammern könnte. Hier hilft nur der Mut zur Offenheit und zum Experimentieren.

Machtrituale in Ehe und Familie

Macht lebt von der Anerkennung

Mit großer Wahrscheinlichkeit haben Sie in Ihrer Familie schon einmal Macht ausgeübt oder Macht zu spüren bekommen. Um es noch einmal zu betonen: Etwa 50 Prozent der Ehepaare bekennen sich zu Machtproblemen in ihrer Beziehung (Infas-Umfrage 1977).

Das heißt nicht, daß es bei der anderen Hälfte der Zusammenlebenden keine Machtprobleme gibt. Vielleicht wird die Macht dort nur perfekter getarnt oder sie ist schon so zur selbstverständlichen Begleiterscheinung des Lebens geworden, daß sie keiner mehr wahrnimmt. Oder die Ohnmächtigen haben resigniert und sich mit der unangenehmen, aber scheinbar unveränderlichen Tatsache abgefunden: «Was soll's, mein Partner ist eben raffinierter oder brutaler oder sitzt leider am längeren Hebel und ich kann nichts daran ändern. Ich habe es schon ein paarmal versucht, aber gegen ihn (oder sie) komme ich einfach nicht an», seufzen sie.

So beruht die Macht der Mächtigen oftmals nur darauf, den notwendigen längeren Atem zu haben, und die sich ohnmächtig Fühlenden werfen die Flinte zusammen mit ihrem Mut zu schnell ins Korn. Sie können sich eine Veränderung der Verhältnisse nicht mehr vorstellen. Sie geben sich selbst die Schuld oder klagen den anderen an, sie zu unterdrücken und ihnen Böses zu wollen. Andere bekriegen sich in erbitterten Machtkämpfen, weil sie Angst vor der Niederlage haben, ohne zu merken, wie sehr sie selbst durch ihr Machtverhalten die Auseinandersetzung immer wieder energisch ankurbeln und dem Machtkampf neue Nahrung verschaffen. So wird aus dem Tummelplatz der Liebe ein Schlachtfeld der Enttäuschungen, das als Waterloo der Beziehung enden kann.

Doch die Machtgebaren, die Tricks und Beziehungsfallen, schwachen Punkte und Abwehrmanöver im ernsten Spiel um die Macht in der Familie können analysiert werden. Es ist möglich, neue und günstigere Verhaltensweisen zu lernen.

Doch dazu muß man zuerst eine Grundregel im Machtkampf akzeptieren: Machtverhalten lebt von der Anerkennung. Nur dann ist die Macht wirksam. Es gehören also mindestens immer zwei dazu!

Soziologen sagen einfach, Macht habe jemand dann, wenn er Entscheidungen kontrollieren könne. Diese Definition trifft aber nicht alle Aspekte der Macht. Wer Entscheidungen fällt, kann das sehr wohl im Hinblick darauf tun, beim anderen gut anzukommen. In diesem Fall würde sich der Entscheidende gerade extrem anpassen und das tun, was ein anderer möchte.

Wer mächtig ist, der scheint über Möglichkeiten zu verfügen, seine Wünsche durchzusetzen. Oder die anderen glauben wenigstens, der Mächtige verfüge über solche Möglichkeiten. Diese Unterscheidung ist wichtig, weil wir nicht unbedingt auf die tatsächliche Macht reagieren, sondern auf eine vermutete.

Als Beispiel sei eine Frau genannt, bei der ein bestimmter Tonfall ihres Mannes Angst auslöst. Wenn er in diesem Ton Wünsche äußert, werden sie von ihr sofort erfüllt. Sie assoziiert nämlich zu diesem Tonfall ihren Vater, der in ihrer Kindheit sehr mächtig war. Und wie eine Tochter reagiert sie heute als Erwachsene, egal wieviel Macht ihr Mann tatsächlich hat.

Machtgebaren wird wirkungsvoller, wenn man über Sanktionsmöglichkeiten verfügt, mit denen man einschüchtern kann. So fürchtet das Kind die Strafe der Eltern und pariert. Die Macht von Vater oder Mutter beruht in der Furcht des Kindes vor einer schmerzhaften Ohrfeige oder dem bedrohlichen Liebesentzug. Werden die Kinder älter, können sie sich gegen die Ohrfeige zur Wehr setzen und der Liebesverlust ist längst nicht mehr so bedrohlich und wird durch gleichaltrige Partner kompensiert. Mit anderen Worten: Die Macht der Eltern schwindet.

Die Angst vor Sympathieverlust jedoch bleibt bestehen und spielt noch bei Erwachsenen eine große Rolle. Manchmal löst sie Erpressungen aus: «Wenn du nicht das tust, was ich möchte, spreche ich heute nicht mit dir», oder «wenn du nicht so bist, wie ich dich haben möchte, verlasse ich dich!»

Erst dann, wenn nicht mehr miteinander sprechen als Strafe erlebt wird und Angst macht, funktioniert dieses erpresserische Verhalten. Würde der Partner erleichtert reagieren und vielleicht sagen: «O gut, dann habe ich ja viel Zeit und Ruhe, um meine Briefmarkensammlung endlich mal zu ordnen», so wäre der Effekt verpufft. Natürlich nur, wenn das ernst gemeint ist, und nicht, wenn in der Stimme schon die unterdrückte Angst hörbar wird.

Wie Zahnräder greift das Verhalten der am Machtkampf Beteiligten ineinander. Die Analyse solcher Situationen zeigt immer wieder typische Gemeinsamkeiten:

– Einer kann nur mächtig werden, wenn der oder die anderen «mitspielen», wenn also der Machtwunsch akzeptiert wird.

Ich erinnere mich, wie ein Bekannter einen Kollegen in die Firma holte, weil der Neue viel mit sich machen ließe und wegen seiner Unsicherheit ein bequemer Befehlsempfänger sein würde. Mein Bekannter erlebte sich dementsprechend als tonangebend. Aber nicht lange. Der Neue hatte schnell begriffen, wo es langging und sagte eines Tages: «Nicht mit mir. Ich bin nicht Ihr Laufbursche.» Er kritisierte Entscheidungen meines Bekannten, wobei er nur zu warten brauchte, bis Fehler passierten. Er spielte nicht mehr mit in einem «Spiel», dessen Regeln ihm aufgezwungen worden waren. Er führte seine Regeln ein. Er tat das Gegenteil von dem Erwarteten. Heute ist er Chef der Abteilung. Er hat keine Intrigen gesponnen, sondern in bestimmten Situationen beharrlich werbend seinen Standpunkt vertreten. Und die Mitarbeiter der Abteilung akzeptierten das – und ihn. Natürlich ist es viel schwieriger, sich in der Familie so zu verhalten, in der Nähe gewünscht wird und die Verletzbarkeit viel größer ist. Aber immerhin: Schritte in die richtige Richtung können schon sehr viel sein. Dazu später mehr.

- Machtwünsche treten gerade dann häufig auf, wenn sich jemand schwach und unterlegen fühlt und sich das nicht eingestehen möchte. Macht soll dann das angeknackste Selbstvertrauen wiederherstellen. Wer in einem Machtkampf verliert, ist deshalb stets ein «gefährlicher» Partner: Er wird darauf warten, die Scharte auszuwetzen.
  Der Schwache möchte sich mit Hilfe eines dominanten Verhaltens einen Überlegenheitskredit verschaffen. Kredit – das ist wörtlich gemeint, weil es sich dabei um eine künstlich aufgebaute Überlegenheit handelt.
- Der Mächtige kennt die schwachen Stellen des anderen. Er legt den Finger in Wunden, die dann weh tun: «Wer bist du denn schon?» heißt es dann in Streitgesprächen, in denen es darum geht, den Partner herabzusetzen und zu demütigen.
  Schwächen des anderen werden also für eigene Machtwünsche skrupellos ausgenutzt.
- Zur Macht gehört die Möglichkeit zu strafen. Wenigstens den Glauben muß man verbreiten können, man könne Strafen, wie Entzug der Zuneigung, einsetzen.
  Solche Konsequenzen sind dann besonders angsterzeugend, wenn der andere mich gut kennt, wie es in der Familie der Fall ist, und meine schwachen Stellen wirklich trifft.
- Die Konsequenz wird wirksam, weil sich der Bemächtigte die Zustimmung des anderen erhalten möchte oder sich unterlegen fühlt und leicht resigniert.
- Wehrt sich der von der Macht Betroffene, so eskaliert die Auseinandersetzung zum Machtkampf, in dem die Argumente, die eigentlich Angriffe sein sollen, noch persönlicher und verletzender ausfallen. Das kann zu tätlichen Angriffen führen, die die ganze Hilflosigkeit und Verletztheit des Angreifers erahnen lassen.
- Jemand kann sich nur wehren, wenn er seine unterdrückte Wut spürt und sie nicht voller Angst und Schrecken «verstecken» möchte.
  Die Wut kann so anwachsen, daß man sich nicht mehr ganz in der Kontrolle hat, wie die körperlichen Angriffe beweisen. Genau

das ist das Angstmachende an der Wut: Man könnte sich vergessen und deshalb verdrängt man sie lieber von vornherein. Wir müssen also auch lernen, mit der Wut umzugehen, wenn wir mit der Macht leben wollen.

- Der Mächtige hat, wenn er sich einmal durchgesetzt hat, ein Erfolgserlebnis und wird demnächst wieder so vorgehen, denn nichts verführt so leicht wie ein Erfolg.
- Der nächste Machtkampf ist abzusehen. Macht macht Macht!
- Zusammenfassend: Macht kann sich durchsetzen, weil sich der Partner auf die Spielregeln des Mächtigen einläßt. Auch der Ohnmächtige kämpft mit den gleichen Mitteln wie der Mächtige.

Der Ausweg aus diesen ewigen Machtkämpfen kann nur über andere «Spielregeln» gelingen. Wir möchten sie an einigen Fallbeispielen entwickeln.

Der Wunsch nach Überlegenheit

Frank ist 28, Sabine 16 Jahre alt. Bei einem Besuch bei Bekannten lernt er das etwas schüchterne hübsche Mädchen kennen. Er ist sofort Feuer und Flamme. Sie genießt stolz, daß sich ein «richtiger» Mann für sie interessiert. Er ist von dem naiv unschuldigen Charme seiner «Prinzessin» fasziniert.

Sabine möchte ihm gefallen. Sie bewundert ihn. Sein Geschmack ist ihr Befehl, allmählich schätzt sie seine bevorzugten gepflegten Lokale, Champagner und ein schönes bequemes Auto sind in, Jeans sind geschmacklos und pubertär, Flippern und Discos sind out.

Was kann es da Schöneres geben als eine Hochzeit? Frank und Sabine sind sich sicher: Nichts kann schöner sein. Sie heiraten mit Pomp und Gloria, die Flitterwochen werden in Italien verbracht, Fotos von der Seufzerbrücke schmücken das Familienalbum, auf dem jetzt, dreizehn Jahre später, Staub liegt. Die Flitterwochen sind nur noch süße Erinnerungen und das Zusammenleben ist mühsam: «Wir schwanken zwischen heißem und kaltem Krieg.»

Ein Beispiel illustriert die Spannungen: Er kommt abends müde nach Hause, seine Frau sitzt auf dem Sofa und strickt und schaut nur flüchtig zur Begrüßung hoch.

Er: «Hallo, ich bin wieder da.»

Sie: «Ja, das sehe ich. Hallo!»

Er: «Sag mal, willst du mich hier nicht haben oder warum begrüßt du mich nicht richtig?»

Sie: «Was ist denn mit dir los? Wieso machst du mich so an?»

Er: «Ich mache dich nicht an, ich frage ganz sachlich, was los ist, da du mich nicht ordentlich begrüßt.»

Sie: «Erwartest du jedesmal, daß ich dir um den Hals fallen muß, weil mein Herr und Gebieter wieder da ist?»

Er: «Jedenfalls hast du nur knapp aufgeguckt und so getan, als wäre ich Luft für dich.»

Sie: «Mein Gott, ich hatte hier gerade eine schwierige Masche, da habe ich in dem Augenblick nicht so aufblicken können, ist das denn ein Weltuntergang? Deshalb mußt du doch nicht gleich so genervt reagieren.»

Er: «Ich reagiere überhaupt nicht genervt, sondern erkundige mich ganz sachlich, was du gegen mich hast.»

Sie: «Ich hab nichts gegen dich, ich habe ‹Hallo› gesagt und habe weitergearbeitet, wieso hab ich was gegen dich? Willst du mich anmachen?»

Er: «Anmachen? Wenn hier einer wen anmacht, dann bist du das doch. Warum gehst du denn gleich hoch, kannst du nicht einmal ein bißchen ruhiger und sachlicher bleiben?»

Sie: «Ob ich ruhig oder sachlich bleibe, ist doch wohl allein meine Sache und das laß ich mir von dir doch nicht vorschreiben.»

Er: «Wer sagt denn, daß ich dir etwas vorschreiben will? Ich habe dir nur gesagt, daß ich dich nicht gut fand.»

Sie: «Wenn etwas nicht so läuft, wie du es willst, bist du prompt unzufrieden. Warum läßt du mich nicht in Ruhe?»

Er: «Wieso laß ich dich nicht in Ruhe? Und das fragst du noch? Ich komme müde und erschöpft von der Arbeit nach Hause, habe mich den ganzen Tag für dich und die Kinder abgerackert, und du blickst man eben nur auf, blinzelst zu mir rüber und murmelst ein verschämtes Hallo – und das soll die ganze Begrüßung sein? Da kann ich ja gleich in die Kneipe gehen, da werde ich ja vom Wirt noch herzlicher begrüßt.»

Sabine sagt zu den Auseinandersetzungen: «Eigentlich geht es nur um die berühmten Kleinigkeiten. An allem, was ich tue, meckert er herum, weil er fürchtet, ich würde ihn vernachlässigen. Das kränkt mich.»

Er meint: «Wenn einem etwas wichtig ist, dann muß man sich dafür auch engagieren. Und genau das tue ich. Ich sage, was ich denke. Wieso paßt dir das nicht?»

Sie wird lauter: «Ich bin es leid, daß du mich fest im Griff hast und erziehen willst. Du verlangst von mir, ich soll mich fügen. Ich komme mir immer noch wie ein kleines Mädchen und nicht wie eine erwachsene Frau und Mutter vor. Ich habe keine Lust mehr, das kleine, naive Mädchen zu sein. Ich bin es auch nicht mehr. Ich möchte mehr Freiheit und Anerkennung von dir.»

Er: «Aber ich bitte dich, wenn ich die besseren Argumente habe, weil ich eben mehr Lebenserfahrung habe, dann ist es doch nur natürlich, wenn ich dich auf bestimmte Dinge aufmerksam mache. Vielleicht bist du auch zu sensibel und nimmst Dinge übel, über die andere sich freuen würden. Ich weiß, daß ich manchmal zu heftig bin, aber das muß dich doch nicht gleich aufregen. Und vieles sehe ich eben abgerundeter und in größeren Zusammenhängen als du. Das ist ein Pluspunkt, der uns beiden zugute kommt. Warum regst du dich so darüber auf? Und eins muß ich dir noch sagen: Was ich überhaupt nicht verstehen und nicht gutheißen kann, ist, daß du die Kinder in unsere Auseinandersetzungen hineinziehst. Das ist weiß Gott nicht nötig und zeugt nicht von einem besonderen Verantwortungsbewußtsein. Es ist in höchstem Grade geschmacklos!»

Sie erwidert spontan und mit lauter Stimme: «Du meinst, solange du bei mir Fehler findest, und du findest ja immer welche, so lange bist du der Bessere und der Supermann? Aber selbst die Kinder durchschauen schon dein primitives Spiel und wie du auf meine Kosten deine eigene Größe aufbaust, indem du mich unterdrückst und madig machst, wo du nur kannst. Ich brauchte sie gar nicht zu beeinflussen, du hast dich selbst entlarvt.» Ihre Stimme klingt hart und sie schaut ihn durchdringend an.

Er zieht die Stirn in Falten und seine Halsschlagader schwillt an.

Alles in ihm scheint zu arbeiten, doch äußerlich läßt er sich nichts anmerken:

«Du wirfst mir immer wieder die alten Sachen vor. Aber was soll das: Meinst du ernsthaft, deine Argumente würden dadurch besser, daß du sie ewig wiederholst? Wir können nur unsere Probleme lösen, wenn du mitarbeitest, und nicht, wenn du nur stets und immer meckerst und unzufrieden bist.»

Diese Auseinandersetzung illustriert die typischen Machtrituale:

- Beide sind in ihrem Verhalten verzahnt, Machtanspruch und Unterwerfung bedingen sich.
- Beide beschuldigen sich, zu mächtig zu sein. Die eigene Macht wird nicht gesehen.
- Da die Macht ausschließlich beim Partner gesehen wird, ist schnell der Schuldige gefunden.
- Der Schuldige wird bekämpft, wobei man so mächtig wie er sein möchte.
- Der Anlaß der Auseinandersetzung ist beinahe zufällig. Er fühlt sich von ihr zu wenig beachtet, sie fühlt sich von ihm bevormundet. Das ist die Brille, durch die das Verhalten des anderen wahrgenommen wird.
- Gefühle werden nur indirekt ausgedrückt: Er ist enttäuscht über ihre Begrüßung. Aber er äußert nur seinen Ärger. Sie leidet unter seiner Dominanz und spricht ebenfalls nur vom Ärger.
- Kinder werden zur Stärkung der Macht eingesetzt.
- Sie versucht ihm ein schlechtes Gewissen zu machen: Du hast mein Leiden verursacht.
- Er offeriert eine scheinbare Freiheit: Du kannst tun und lassen, was du willst, aber wehe, es geht etwas schief. Er ermuntert und entmutigt zugleich. Gleichzeitig wirkt er wie ein Vater, der die Loslösung seiner Tochter nach außen hin fördern, tatsächlich aber verhindern möchte.
- Beide sind in ihren Rollen total festgefahren.

Frank sucht Bestätigung und Anerkennung. Aber er erhofft, sie als Belohnung für Stärke und Dominanz zu bekommen. Gleichzeitig versucht er, ihr Schwächen nachzuweisen, um sich selbst dadurch zu erhöhen. Er droht ihr sogar an, daß er bei Schwierigkeiten, die zwangsläufig entstehen werden, wenn Sabine neues Verhalten ausprobiert, unnachsichtig sein wird. Sie versteht diese Drohung und traut sich nicht, sich auf sich selbst zu besinnen.

Frank fällt es schwer, Schwächen zuzugestehen. Das wird noch erschwert durch Sabines Erwartungshaltung, er möge doch auch stark sein, sie aber nicht dominieren. Zu großen Teilen besteht Franks Selbstbild und Selbstvertrauen auf der Annahme, tatsächlich ein «starker Mann» zu sein. Eine veränderte Rolle würde dieses für ihn angenehme Bild gefährden. Ich finde es verständlich, daß Frank seine Rolle nicht so ohne weiteres verändern mag. Gerade ihre Forderungen und Anklagen und ihr teilweise aggressives Aufbegehren machen es ihm noch schwerer. Sie machen, da er sich nicht ändern möchte, aus der kritischen Situation einen erbitterten Machtkampf, der natürlich mit allerlei Tricks und Raffinessen geführt wird. Beispielsweise begründet er seine Kritik an ihr mit einem wohlgefälligen Blick auf eine Mehrheit, die seine Hausmacht ist. Er drückt damit unmißverständlich aus: Mehrere können sich nicht irren. Wenn du es anders siehst, bist du eben auf dem Holzweg. Kinder sind die beliebtesten Bundesgenossen in dieser Auseinandersetzung, in der es schließlich nur noch um Sieg oder Niederlage geht.

Sabine schlägt zurück: «Aber selbst die Kinder durchschauen schon dein primitives Spiel und wie du auf meine Kosten deine eigene Größe aufbaust, indem du mich unterdrückst und madig machst, wo du nur kannst. Ich brauche sie gar nicht zu beeinflussen, du hast dich selbst entlarvt.»

Ich wundere mich, daß Sabine ihre Forderungen so verschwommen ausdrückt. Damit macht sie es ihm leicht, nicht darauf einzugehen. Oder möchte sie ihre Wünsche vielleicht gar nicht erfüllt haben?

Sie sagt: «Ich habe keine Lust mehr, das kleine und naive Mädchen zu sein. Ich möchte mehr Freiheit und Anerkennung!»

Aber was heißt das konkret? Es klingt für mich wie eine Alles-oder-Nichts-Forderung, die mir ziemlich bedrohlich erscheint.

Frank drückt später aus, was beiden wohl zunächst nicht deutlich war: «Was ist denn, wenn ich mal krank bin? Du bist dann ganz hilflos und bagatellisierst meine Beschwerden, damit ich schnell wieder der alte bin!»

Sabine gesteht, Frank bei der Lösung fast aller Probleme zu brauchen. Oft fühlt sie sich überfordert. Gut behütet als Einzelkind hat sie es nicht lernen können, Schwierigkeiten allein in Angriff zu nehmen und sich vielleicht mühsam durchzubeißen. Und Frank erleichtert ihr das tägliche Leben nur zu gerne.

So führen beide im Grunde genommen einen Scheinkampf. Sie lassen alles so vage als möglich, damit nichts wirklich verändert werden kann.

Gibt es keinen Ausweg für Sabine und Frank?

Bei lange andauernden Auseinandersetzungen ist immer etwas faul in der Beziehung. Je länger die Kräche und Machtkämpfe dauern, desto klarer ist, daß die Beteiligten (und dazu gehören Eltern, Kinder, Verwandte und Freunde) ungeschickt kämpfen, um etwas für beide zu erreichen. Sie bekriegen sich immer weiter, statt sich zu fragen, warum sie nicht vorankommen. Hitzige Wortgefechte oder stummes Leiden sprechen eine Sprache: Ich bin enttäuscht und ich möchte etwas ändern.

Wie ist die Änderung möglich?

Vier Schritte können hilfreich sein:

– Was möchte ich tatsächlich?
  Ich muß meine Vorstellungen so präzise wie möglich herausfinden und so genau wie möglich dem Partner mitteilen. Je genauer, desto besser.
  Wünsche sind keine Forderungen und keine Angriffe! Je fordernder ich auftrete, desto bedrohlicher wirke ich und desto mehr Abwehr löse ich aus. Für Frank und Sabine bedeutet das: Sabine wird sich über ihre Wünsche klarer. Frank kann zu konkreten Wünschen Stellung beziehen. Bei präzisen Vorstellungen sind Kompromisse möglich. Kompromisse müssen in Betracht gezogen werden. Je präziser der Wunsch, desto weniger wird er als Angriff erlebt und desto sachlicher kann die Aussprache sein.

– Will ich das, was ich wünsche, auch wirklich?
  Das ist keine rhetorische Frage. Häufig wünschen wir uns etwas, ohne aber die Kosten des Wunsches tragen zu wollen: «Mehr Freiheit» heißt auch: mehr alleine zu entscheiden und mehr Verantwortung zu tragen. Will und kann ich das wirklich? Ich sollte mich bei der Beantwortung dieser Frage selbstkritisch in Frage stellen: Wo sind meine Stärken – wo liegen meine Schwächen? Und wenn ich das ehrlich beantwortet habe, sollte ich mich noch einmal fragen: Jeder erfüllte Wunsch hat auch Nachteile. Will ich sie wirklich in Kauf nehmen? Solange mir keine Nachteile einfallen, habe ich meistens meinen Wunsch noch nicht kritisch genug durchleuchtet, denn es gibt immer eine Kehrseite der Medaille.
– Beide müssen erkennen, daß sie sich entwickelt und verändert haben. Also sprechen sie über ihre heutigen gegenseitigen Erwartungen und Ängste.
  Vielleicht ist es Frank dabei möglich zuzugeben, daß er natürlich nicht immer nur stark sein kann. Auch der Starke muß sich einmal anlehnen können und dürfen! Je deutlicher er seine teilweise vorhandene Schwäche zugeben kann, desto weniger wird er bekämpft werden und desto weniger wird er kämpfen müssen.
– Beiden müßten ihre Gefühle zulassen und preisgeben. So stehen sie sich als wechselnde Angreifer und Verteidiger gegenüber. Sie befürchten vermutlich Offenheit, weil es auch Verletzungen geben könnte. So zeigen sie sich lieber, wie stark sie sind. Sie lassen sich auf einen Wettkampf der Stärke ein, in dem es auf Dauer keinen wirklichen Gewinner geben kann.

Die Angst vor der Selbständigkeit

Ein Hauptproblem vieler Paarkonflikte ist der Versuch der Frau, nach einigen Ehejahren und einem Hausfrauendasein etwas mehr Selbständigkeit anzustreben, wovor der Mann sich fürchtet. Seine gewohnten Annehmlichkeiten geraten in Gefahr, wenn sie beispielsweise nicht nach seiner Arbeit mit dem Kaffee auf ihn wartet. Doch viel tiefer sitzt seine Angst, sie könnte sich zu weit von ihm entfernen, Vergleiche mit anderen anstellen oder durch Kontakte und Erlebnisse mit anderen mutiger werden und ihn öfter kritisieren.

Diese Ängste sind unbewußt oder werden als so peinlich erlebt, daß gerade Männer kaum über ihre Angst sprechen. Statt dessen gibt es zermürbende Auseinandersetzungen mit heftigen Vorwürfen und Angriffen, durch die beide eine ganz intensive Beschäftigung mit sich erreichen. Das legt die Vermutung nahe, daß auch die Frau möglicherweise ihre Verselbständigung mit gemischten Gefühlen erlebt: Die Angst sitzt bei beiden tief, so wie das auch bei Heidrun und Karl-Heinz ist:

«Dir fehlt die Sensibilität für Grenzen», beklagt sie sich. Sie sagt das ruhig, ohne Emotionen in ihrer Stimme und mit der Gelassenheit eines Menschen, der von der Richtigkeit seiner Aussage absolut überzeugt ist: «Die Ehe ist nicht der Zwang, alle Dinge gemeinsam machen zu müssen. Ich fühle mich von dir vereinnahmt, fast gefressen.» Die schlanke, aparte junge Frau, modern gekleidet, Abteilungsleiterin in einem Radiogeschäft und entsprechend selbstsicher auftretend, möchte im verflixten 7. Ehejahr die Beziehung nicht mehr so wie bisher fortsetzen. Herausfordernd schaut sie ihn an.

Karl-Heinz, Lehrer an einer Realschule, etwas fülliger, sitzt fast zusammengesunken vor ihr. Seit Monaten hört der 33jährige solche Angriffe und Anklagen, die ihn beunruhigen. Er weiß nicht genau, was Heidrun eigentlich von ihm will. Erst hat er versucht, ihre Mißfallensäußerungen als emanzipatorisches Gerede abzutun. Doch Heidrun hat sich dadurch nicht im mindesten beirren lassen.

«Innerlich habe ich mich immer stärker angebunden gefühlt», erklärt Heidrun. «Wenn ich abends mal weg wollte, sollte ich lange Erklärungen abgeben. Harmlose Vergnügen, wie ein Essen mit meiner Freundin, Jazz in einer Kneipe oder ein Spaziergang durch die Stadt, so einfach der Wunsch, mal nicht mit dir zusammen zu sein und andere Anregungen als die vertrauten zu empfangen – ist das denn zuviel verlangt? Ich möchte das Gefühl haben: wenn ich das möchte, dann steht es mir zu. Ich muß nur das Gefühl haben, selber entscheiden zu können, wenn ich etwas tun möchte.»

Karl-Heinz versteht nicht genau, was seine Frau möchte. «Deine Entscheidungen schließen mich nicht mit ein», meint er resignierend. Vermutlich spürt er ihren Wunsch nach mehr Unabhängigkeit – und gerade dieser Wunsch beunruhigt ihn, denn er versteht ihn als «Trennung auf Raten», als «Verlassen einer gemeinsamen, durchaus bewährten Basis»: «Du möchtest nur noch ein Nebeneinander statt ein Miteinander, du gibst unsere Gemeinsamkeiten auf. Ich erlebe mich immer mehr ausgeklammert von dir. Das macht mich wütend, ärgerlich, traurig, ja, manchmal auch neidisch, daß du dich so über alles Verbindende und Verpflichtende hinwegsetzen kannst.» «Ich weiß, meine Freiheit, o Gott, ein großes Wort für eine Selbstverständlichkeit, habe ich mir gegen deinen Groll erkämpft. Aber ich mußte gegen dich kämpfen, weil ich Angst hatte, immer wieder von dir vereinnahmt zu werden. Mal hast du mich auf meine Rolle und Verpflichtung als Mutter unserer Kinder hingewiesen, mal mich bekniet, doch zu Haus zu bleiben, und mal gedroht. Du hast perfekt auf dem Klavier der ehelichen Manipulation gespielt, und ich habe die Melodie wohl vernommen. Aber ich kann es nicht ertragen, nur für dich da zu sein. Ich fühle mich sonst von dir gefressen.»

Karl-Heinz: «Ja, ich weiß, es hat dich getroffen. Ich habe nie so recht erkennen können, wo du ein Mehr an Freiheit brauchst und warum du es wohl brauchst. Bei mir ist ja auch ein untergründiger Wunsch, locker zu sein und fünfe gerade sein zu lassen. Aber wir haben doch schließlich Pflichten und können nicht nur an uns denken.»

«Ich will nicht nur an mich denken – ich will auch an mich denken, die Betonung liegt auf ‹auch›.»

Karl-Heinz zuckt mit seinen Schultern, als verstünde er die Welt nicht mehr.

Er erlebt die Selbständigkeitswünsche seiner Frau als bedrohlich, als ersten Schritt einer sich anbahnenden Trennung. Während er die Gemeinsamkeiten sucht, strebt sie nach mehr Distanz von ihm und eigenem Leben. Dieser Wunsch nach eigenem Leben macht ihm angst und er versucht die «Absetzbewegung» durch Kontrolle zu unterbinden und fördert so gerade die Verselbständigungstendenzen von Heidrun. Ein fataler Teufelskreis!

Indem er Nähe sucht und Heidrun an sich binden möchte, schafft er gleichzeitig weitere Fesseln, die sie ja abstreifen möchte. Je mehr er Nähe sucht, desto stärker wird sie sich entfernen.

Es ist leicht, für einen der beiden Partei zu ergreifen. Vielleicht sollte Karl-Heinz seine Frau nicht so eng an sich binden? Wenn er ihr ein paar Freiheiten ließe, würde seine Ehe nicht untergehen. Oder könnte sie die Wünsche ihres Mannes nicht deutlicher respektieren und im Interesse der Ehe verzichten?

Solche «vernünftigen» Lösungen übersehen die Ängste als Triebfedern des Verhaltens.

Karl-Heinz fürchtet die Distanzierung seiner Frau. Als Einzelkind hat er schon früh die wohlige Geborgenheit der kleinen Familie kennengelernt, in der einer für den anderen da war. Der Wunsch nach mehr Freiheit gefährdet in seiner Vorstellung diese angenehme Nähe und den gegenseitigen Schutz der engen Zweierbeziehung. Alleinsein ist dann fast so etwas wie Verlassensein.

Heidrun hat ganz andere Erinnerungen: Für sie ist Nähe gleichbedeutend mit einem nörgelnden Vater, der alles besser wußte und sie einengte und kritisierte. Was für ihn Schutz ist, erlebt sie als Bremse und quälende Abhängigkeit.

So ohne weiteres werden beide ihre Gefühle und Ansprüche an den Partner nicht aufgeben. Mit Vorwürfen und Auseinandersetzungen rangeln sie um ein jeweils erträgliches Verhältnis von Nähe und Distanz. Jeder versucht seine Vorstellungen durchzusetzen. Gemeinsame Interessen bleiben auf der Strecke.

Die Situation ist ähnlich der von zwei Untersuchungshäftlingen, die des gleichen Delikts verdächtigt werden. Sie haben keine Möglichkeit, miteinander zu sprechen. Zur Aufklärung des Falles teilt ihnen der Richter mit: Gesteht einer das Verbrechen und der andere nicht, so geht der Geständige frei aus und der andere erhält eine schwere Strafe. Wenn beide gestehen, bekommen beide auch eine mittlere Strafe. Leugnen beide, erhalten beide nur eine leichte Strafe. Das Interessante ist, daß jeder Gefangene eine gute und eine schlechte Alternative hat, die aber vom anderen mit abhängt.

Entscheiden sich beide egoistisch für ein Geständnis, wobei jeder auf Straffreiheit hofft, werden sie bestraft – sie haben sich beide gegenseitig ein Bein gestellt.

Leugnen beide, riskieren sie nur eine leichte Strafe, was bei den anderen Möglichkeiten noch das beste ist. Die scheinbar schlechte Alternative, nämlich das Leugnen, bringt beiden den größten Gewinn, wenn beide diese Chance rechtzeitig erkennen.

Streitet nur einer die Tat ab, erhält der andere seine Freiheit. Also ein «Spiel» mit Risiko, das aber bei kooperativem Verhalten für beide Gewinn verheißt. Der Kompromiß setzt Vertrauen, Zusammenarbeit und die Bereitschaft zum Verzicht voraus, also ein Abwägen zwischen egoistischen und kooperativen Motiven.

Heidrun und Karl-Heinz könnten am ehesten zu einem Kompromiß von Nähe und Distanz finden, wenn sie sich ihre Ängste mitteilen. Nicht nur das, was sie möchten, ist wichtig, sondern für ein gegenseitiges Verstehen zählt vielmehr das, was hinter den Wünschen steht.

Es fällt leichter, ein Angebot zu machen, wenn man weiß, weshalb der andere Entgegenkommen braucht. Beiden macht angst, was der Partner verlangt. Im Verstehen dieser Ängste könnte der Schlüssel für einen Kompromiß liegen.

Kurt Tucholsky schien es in seiner Betrachtung über den Ehekrach schon zu ahnen:

«Ihr meint kein Wort von dem, was ihr sagt:
Ihr wißt nicht, was euch beide plagt.
Was ist der Nagel jeder Ehe?
Zu langes Zusammensein und zu große Nähe.»

Sind keine Kompromisse möglich, wollen beide Partner vermutlich die Art und Weise ihres Zusammenspiels erhalten, obwohl ihnen das gar nicht deutlich ist. Sie brauchen und gebrauchen sich dann in den entsprechenden Rollen.

Wie sieht dieses Zusammenspiel aus?

Das Zusammenspiel der Partner

Herr Böse und Herr Streit

Es war einmal ein großer Apfelbaum. Der stand genau auf der Grenze zwischen zwei Gärten. Und der eine Garten gehörte Herrn Böse und der andere Herrn Streit.

Als im Oktober die Äpfel reif wurden, holte Herr Böse mitten in der Nacht seine Leiter aus dem Keller und stieg heimlich und leise-leise auf den Baum und pflückte alle Äpfel ab. Als Herr Streit am nächsten Tag ernten wollte, war kein einziger Apfel mehr am Baum. «Warte!» sagte Herr Streit. «Dir werd ich's heimzahlen.»

Und im nächsten Jahr pflückte Herr Streit die Äpfel schon im September ab, obwohl sie noch gar nicht reif waren. «Warte!» sagte Herr Böse. «Dir werd ich's heimzahlen.»

Und im nächsten Jahr pflückte er die Äpfel schon im August, obwohl sie noch ganz grün und hart waren. «Warte!» sagte Herr Streit. «Dir werd ich's heimzahlen.»

Und im nächsten Jahr pflückte Herr Streit die Äpfel schon im Juli, obwohl sie noch ganz grün und hart und sooo klein waren. «Warte!» sagte Herr Böse. «Dir werd ich's heimzahlen.»

Und im nächsten Jahr pflückte er die Äpfel schon im Juni, obwohl sie noch so klein wie Rosinen waren. «Warte!» sagte Herr Streit. «Dir werd ich's heimzahlen.»

Und im nächsten Jahr schlug Herr Streit im Mai alle Blüten ab, so daß der Baum überhaupt keine Früchte mehr trug. «Warte!» sagte Herr Böse. «Dir werd ich's heimzahlen.»

Und im nächsten Jahr im April schlug Herr Böse den Baum mit einer Axt um. «So», sagte Herr Böse, «jetzt hat Herr Streit seine Strafe.»

Von da ab trafen sie sich häufiger im Laden beim Äpfelkaufen.
(Heinrich Hannover: Der vergeßliche Cowboy, Reinbek 1980, S. 22f.)

Herr Böse und Herr Streit haben jeweils einen Plan. Sie gönnen dem anderen nicht die Ernte. Ihr Plan kennzeichnet ihr gemeinsames Handeln und er ist so stark, daß er unter allen Umständen ausgeführt werden muß – koste es, was es wolle.

Solch einen Plan gibt es in vielen Partnerschaften. Er steuert Erleben und Verhalten der Beteiligten. Meist merken sie es gar nicht, wie häufig und wie intensiv sie sich gegenseitig beeinflussen.

Nehmen wir den einfachsten Fall eines solchen Zusammenspiels: Eine unsichere Frau verbindet sich mit einem selbstsicheren Mann. Vielleicht ist ihr bewußt, vielleicht bleibt es ihr unbewußt, auf jeden Fall sucht sie bei ihm die ihr fehlende Stabilität, Aggressivität und Sicherheit. Beide haben eine Art Vertrag miteinander: Weil ich schwach bin, sollst du stark sein, lautet er für sie. Und für ihn heißt er: Weil du schwach bist, muß ich stark sein.

Aber immer stark zu sein ist ja nicht ganz einfach. Warum nimmt er diese Rolle trotzdem an?

Die Antwort ist einfach und dennoch kompliziert: Weil es nämlich noch einen wichtigen, meist unbewußt bleibenden Zusatzvertrag gibt: «Wenn du stark bist, werde ich dich bewundern», verspricht sie und er möchte insgeheim bewundert werden.

Ihre Schwäche ermöglicht es ihm, die ersehnte Bewunderung zu erhalten. Mit anderen Worten: Ihre Unsicherheit kommt ihm nicht ganz ungelegen, während seine Stärke für sie günstig ist. Unbewußt wird er also danach trachten, ihre Unsicherheit bestehen zu lassen. Notfalls muß er sie sogar zusätzlich verunsichern, beispielsweise indem er Mißgeschicke, die ihr widerfahren, hochspielt, verallgemeinert und ihr vorwirft. Später kann er ihr dann großzügig aus dieser künstlich aufgebauschten Patsche helfen, um wieder bewundert zu werden. Sie wird kaum ein aktives Verhalten anstreben, denn sie fürchtet die damit verbundene Verantwortung und mögliche Kritik.

Schwierig wird es für ihn, wenn er sich schwach fühlen möchte oder wenn er überfordert ist. Gibt er seine Schwäche oder Unsicherheit zu, gerät sie in Bedrängnis, denn schließlich ist er ihr Fels in der Brandung des Lebens, und wenn dieser Fels überspült wird, fühlt sie das Wasser an ihrem Hals stehen. Seine Sicherheit ist ihr Schutz – seine Unsicherheit ist so etwas wie Verrat am gemeinsamen Ehevertrag. Also wird sie sein Wanken nicht akzeptieren: Sie wird ihn auslachen, seine Schwierigkeiten bagatellisieren oder in eine Krankheit flüchten, die seine Stärke wieder aktiviert.

Sein Dilemma ist die Rollenfixierung. Er muß der Starke sein, sonst wird er nicht anerkannt. Flexible Rollen sind im unbewußten gemeinsamen Ehevertrag nicht vorgesehen und jeder achtet darauf, daß auch ja die alten Fixierungen bestehen bleiben.

Beide befinden sich, ohne es zu merken, auf einer Einbahnstraße ihres Verhaltens und verstärken sich gegenseitig in ihren Rollen. Sie leiden an einer Verhaltenssklerose, einer psychischen Variante der in der Medizin bekannten Arteriosklerose: Statt einer Verhärtung der Arterien geht es hier um eine Verhärtung der Verhaltensmuster, um festgefahrene Erwartungen und Rituale. Im Grunde sind sich beide sogar ähnlich. Beide haben Angst vor etwas und wehren das Bedrohliche ab, um sich zu entlasten. Sie fürchtet das aktive Verhalten: Sie möchte nicht aggressiv sein, niemandem wehtun und keine Verantwortung übernehmen, um nicht zur Rechenschaft gezogen zu werden. Sie befürchtet auch Sympathie zu verlieren, wenn sie jemandem weh tut oder etwas Falsches tut. Und er bestärkt sie darin, indem er ihre Mißgeschicke ausnutzt, um ihr ihre Unfähigkeit vorzuführen.

Deutlich sind hier wieder die späten Auswirkungen der Entwicklung des Mädchens zu erkennen: Abhängigkeit und Angst, verbotene Aggression und die Schwierigkeit, sich loszulösen.

Auch bei ihm wirkt sich das «psychische Reisegepäck» aus der Kindheit aus: Dominierende Aktivität ist sein Verhalten, um sich frei zu machen und um nicht beherrscht zu werden.

Beide verstärken sich in diesen Abwehrprozessen, indem jeder das tut, was die eigene Angst reduziert und wofür er zusätzlich noch vom Partner belohnt wird.

In diesem Beispiel hat er Macht über sie. Er ist aktiver, selbstsicherer, aggressiver. Aber das scheint nur so. Denn letztlich resultiert seine Macht aus seiner Fähigkeit, ihre Abwehrprozesse zu erhalten und dennoch für das notwendige selbstsichere Verhalten zu sorgen. In ihm hat sie teil an diesem Verhalten, ohne daß sie für sich ein Risiko eingeht, und kann deshalb bei sich Aktivität und die ihr gefährlich erscheinende Aggressivität verleugnen. Er lebt gerade diese Eigenschaften stellvertretend für sie aus. Sie kommt sozusagen durch die Hintertür zu den angstbesetzten, aber für die Bemeisterung des Lebens dennoch notwendigen Verhaltensweisen. Er wehrt Passivität und Angst vor Unterlegenheit ab. Sie unterstützt seine Abwehr, indem sie ihn auf die Rolle des Aktiven und Selbstsicheren festlegt und ihn dafür belohnt.

Der Partnervertrag ergibt sich in diesem Beispiel durch korrespondierende Abwehrprozesse beider Partner, wobei er auf den ersten Blick dominanter ist, weil er die aktive Rolle des Selbstsicheren einnimmt. Bei genauerer Analyse zeigt sich dort, daß auch sie durchaus mächtig ist, weil sie seine Schwäche nicht akzeptiert und statt dessen strikte Einhaltung seiner aktiven Rolle fordert.

Das drückt sich manchmal in endlosen Streitereien aus:

Harald und Gabi streiten sich wie viele Paare um Kleinigkeiten. Es geht dabei um banale Dinge, die kaum der Rede wert sind. Doch Harald und Gabi reden hitzig und stundenlang darüber, ob die Zahnpastatube gerollt oder gedrückt wird, ob ein Bild über oder neben dem Sofa besser hängt oder ob Rockmusik besser ist als Discosound. Jeder versucht den anderen zu überzeugen – und der andere will sich nicht überzeugen lassen. Schließlich geht es um persönliche Vorlieben, die man einem anderen Menschen nicht vorschreiben kann.

Paare, die sich zermürbend um Kleinigkeiten streiten, suchen häufig therapeutischen Rat: «Die Streitereien machen uns allmählich kaputt», sagen sie. In der ersten Zeit meiner Beratertätigkeit dachte ich, «vernünftige Lösungen» würden helfen: Ich riet beispielsweise zu zwei Zahnpastatuben, damit einer rollen und einer quetschen kann, oder ich versuchte mit viel Geduld Kompromisse anzuregen. Weder das eine noch das andere führte zum Erfolg. Die Paare fanden ganz schnell neue Kleinigkeiten, die ihnen Auseinandersetzungen wert waren.

Ich weiß noch, wie Freunde von mir lachten, als ich ihnen beim Essen von den Zahnpasta-Streitereien erzählte: «Zum Glück gibt's bei uns sowas nicht», lachte sie und schaute zu ihrem Verlobten hinüber, «aber hör doch endlich mal auf, die Suppe so zu schlürfen, Jochen!»

Rollen – nicht quetschen! Wie oft muß ich das noch sagen?!
Du bist nicht nur ein Pedant, du bist auch langweilig – du wiederholst dich ständig!

Bevormundungen und Auseinandersetzungen haben verschiedene Funktionen:

- Sie sollen den anderen klein machen und einen selbst aufbauen: Ich habe recht oder ich weiß etwas besser, deshalb mußt du die Dinge eben so sehen wie ich. Der sachliche Aspekt des Streitthemas ist nur der notwendige Anlaß für die wiederholte Beteuerung eigener Selbstherrlichkeit.
- Sie bringen Leben in eine ziemlich tote Beziehung: Weil wir uns sonst nichts mehr zu sagen haben, zanken wir uns. Immerhin erhalten wir uns dadurch einige Berührungspunkte und beschäftigen uns miteinander. Der Krach ist das kleinere Übel, denn die Auseinandersetzung ist besser als gar keine Beziehung.
- Sie sollen zuviel Nähe vermeiden und gleichzeitig zuviel Distanz verhindern. Die Auseinandersetzung läßt die Paare etwas voneinander abrücken und verbindet dennoch durch das gemeinsame Streitthema. Größere Distanz wird vermieden, was die Angst vor möglicher Trennung reduziert, ohne daß man dem anderen so nahe ist, daß man sich fast aufgeben müßte. Droht die Auseinandersetzung zu heftig zu werden, kann man sie erst mal auflösen: «Na gut, was soll's? Ich will mich mit dir nicht streiten, der Klügere gibt eben nach.» Diese Großzügigkeit zeigt eine gewisse Überlegenheit, die den anderen ärgern wird, weshalb die nächsten Querelen allerdings schon vorprogrammiert sind.

Streitereien dieser Art basieren auf einem meistens unbewußten gemeinsamen Partnervertrag:

- Ich möchte, daß du meinen besseren Geschmack oder mein praktischeres Denken und meinen überragenden Verstand akzeptierst und mir damit das Gefühl gibst, besser zu sein als du, denn ich muß mich überlegen fühlen, sonst fürchte ich, klein und unbedeutend zu sein.
- Wenn wir uns noch zanken können, haben wir noch Interesse aneinander. Wir müssen deshalb streiten, um uns unserer Beziehung zu vergewissern. Wir fürchten uns davor, zärtlich zu sein und liebevoller aufeinander zuzugehen, weil wir Angst vor Ablehnung und Angst vor der Symbiose haben.

Wie wirken sich solche Verträge im Alltag aus?

Der böse Streit ums liebe Geld

Falls sich keine Kleinigkeiten zum Streiten finden, gibt es meist ein todsicheres Thema: Geld. Auch wenn es nicht stinkt – zum Streiten reicht es allemal:

Schon seit acht Jahren verwaltet sie das Familienbudget, oft mehr schlecht als recht, denn wenn sie Geld im Portemonnaie hat, gibt sie es auch aus. Gegen Ende des Monats ist Schmalhans oftmals Küchenmeister, was ihr Mann natürlich merkt und was für ihn Anlaß ist, sie zur Rede zu stellen und nach dem Verbleib des von ihm erarbeiteten Geldes zu fragen. «Meine Güte, es wird eben laufend alles teurer», rechtfertigt sie sich, «geh selbst Einkaufen, dann wirst du es merken.»

Er lacht: «Das fehlte noch. Du hast gesagt, daß du das Geld verwaltest und nun tu das auch. Aber richtig!»

Jetzt bringt sie eine neue Variante in diese Gelddiskussion: «Ich gebe mir ja auch alle Mühe – aber es reicht nicht. Ich weiß, ich bin manchmal etwas leichtsinnig im Ausgeben. Aber schließlich hast du deinen Fußball, was auch nicht ganz billig ist.» Eine dezente Warnung, nicht zu streng mit ihr zu sein!

«Das Bild, das diese werbepsychologische Literatur von den amerikanischen Frauen zeichnet, ist nicht sehr schmeichelhaft; die weiblichen Käufer seien sprunghaft, kauften unüberlegt, den Impulsen des Augenblicks nachgebend, von den Farben der Verpackung, den Formen der Flaschen, der Suggestion der Reklame unterschwellig verführt, auf Luxusgüter erpicht, dabei kleinen Einsparungen, Sonderangeboten, Ausverkaufspreisen nachjagend, über deren Reiz sie ihren Einkaufsplan vergessen und mehr Geld ausgeben, als sie sich leisten können. An diese Frauen wendet sich die ständig wachsende Zahl von Traktaten und Hilfsbüchern für sparsames Wirtschaften, für die rationale Einteilung des Wirtschaftsgeldes und die planmäßige ‹Budgetierung› und Buchführung im Haushalt, die die Kategorie der

‹Consumer Economic› füllt; diese Literaturgattung ist in Deutschland noch fast unvertreten» (Günter Schmölders, Verhaltensforschung im Wirtschaftsleben, Reinbek 1978, S. 59).

«Ich weiß auch nicht», fährt sie mit gedrückter Stimme fort, «aber manchmal verstehe ich selbst nicht, wo das Geld bleibt. Ich wollte, ich könnte besser damit umgehen.»

Sie stellt sich als kleines und unfähiges Mädchen dar, das aber seine schwachen Seiten schon kennt und deshalb nicht weiter ausgeschimpft werden darf, sondern der Hilfe bedürftig ist.

Entsprechend antwortet er als Vater: «Wenn ich dir das Einkaufen abnehme, lernst du es ja nie. Aber du solltest dich wirklich mehr am Riemen reißen. So geht's ja auch nicht. Schließlich verdiene ich ja nicht so wenig, daß wir am Monatsende Pellkartoffeln essen müßten. Andere Frauen schaffen das ja auch. Ich hab dir schon zigmal gesagt, du sollst dir Einkaufszettel machen und nicht viel mehr Geld mitnehmen, als notwendig ist für deine Einkäufe. Und dann mußt du mal endlich eine richtige Finanzplanung machen und überlegt an die Dinge herangehen.»

Ich verstehe nicht, warum nicht der Mann die Haushaltskasse verwaltet, wenn sie ein unrealistisches Verhältnis zum Geld hat, denn die Gespräche um die Geldausgaben verlaufen bei den beiden nicht immer so relativ friedlich wie in diesem Gesprächsausschnitt.

Mir fallen zwei Gründe dafür ein, warum an der «Finanzverwaltung» nichts geändert wird. Einmal könnte es sein, daß er ebenfalls nicht gut mit Geld umgehen kann und deshalb seiner Frau diese für ihn unangenehme Tätigkeit überläßt. Da er aber seine Unzulänglichkeit auch vor sich selbst nicht zugeben kann, will er sich wenigstens als der bessere Finanzminister fühlen und macht ihr entsprechende Vorhaltungen. So genießt er das trügerische Gefühl, besser als sie zu sein. Denn er würde nicht so dumme Fehler wie seine Frau machen!

Daß Männer nicht unbedingt besser mit Geld umgehen können und schon gar nicht überlegter kaufen, zeigt eine Untersuchung über Hauskäufe in New London (Amerika):

«Bei einer Untersuchung über Hauskäufe in New London (Connecticut) stellten die Befrager überrascht fest, daß sogar bei dieser Anschaffung, der wichtigsten, die eine Familie wahrscheinlich im Lauf eines Jahres, wenn nicht eines Jahrzehnts machen wird, der Kauf fast interesselos und zufallsbedingt vor sich ging. Im Durchschnitt besichtigten die Befragten weniger als ein halbes Dutzend Häuser, bevor sie eine Entscheidung trafen; zehn Prozent der Hauskäufer sahen sich vor der Entscheidung nur ein einziges Haus an, neunzehn Prozent besichtigten nur zwei Häuser und wählten dann eines davon» (Günter Schmölders, Verhaltensforschung im Wirtschaftsleben, Reinbek 1978, S. 64).

Eine andere Möglichkeit: Beide haben ein Partnerritual, indem sie sich die Bälle zu beiderseitigem Vorteil zuspielen. Sie drückt durch ihre Finanzschwierigkeiten ihre Hilflosigkeit aus und erhofft sich seinen Rat nach dem Motto: «Ich bin klein und brauche dich allein.» Er fühlt sich dadurch bestätigt und gibt ihr die gewünschte Hilfe. So haben beide einen Vorteil von diesem Partnerspiel: Sie leugnet einen Teil ihrer Verantwortung und gibt sie an ihren Mann ab. Er ist dankbar für diese Verantwortung, die sich zu seinem Glück nur auf besserwisserische Empfehlungen stützt, ihn aber in gewisser Weise bedeutungsvoller macht.

In der Auseinandersetzung um Geld gibt es noch eine andere, subtilere und folgenschwerere Variante:

Sie hat sich ein neues Kleid gekauft. Stolz zeigt sie es ihm: «Ich finde, die Farbe steht mir ganz ausgezeichnet und der Schnitt macht mich etwas schlanker, findest du nicht auch?»

«Ja, mag sein. Was hat es denn gekostet?» fragt er ganz nebensächlich, während er die Zeitung umblättert.

«Ach, weißt du, es war gar nicht so teuer. Ein Angebot zur Eröffnung der neuen Boutique am Markt.»

«Ach ja. Und der Preis?» Er scheint gelangweilt weiterzulesen.

«Nun, verschenkt wird nichts.» Sie will sich abwenden.

«Ich weiß. Was hast du denn freiwillig gegeben?» Er blickt über den Rand seiner Zeitung durchdringend zu ihr hinüber.

Ihr Gesicht rötet sich. Sie druckst ein wenig, weil sie weiß, was kommen wird. Zögernd nennt sie den Preis, mit etwas schlechtem Gewissen und entsprechend schwacher Stimme.

Vielleicht hat er den Preis gar nicht genau verstanden, doch er kennt die Macht des guten Beispiels: «Was, so viel? Von Geschenk kann da wirklich nicht die Rede sein. Eher von Wucherpreisen. Vor allen Dingen verstehe ich nicht, wie du dir jetzt so etwas kaufen kannst, wo du doch wissen mußt, daß wir uns gerade in diesem Monat einschränken wollten. Ich hab ja gar nichts dagegen, wenn du dich hübsch machst, aber man kann doch nicht mehr ausgeben, als man nun mal hat. Ich bin doch auch vernünftig und spare, wo ich kann. Siehst du vielleicht, daß ich mir dauernd was Neues kaufe? Natürlich nicht, denn bei den heutigen Qualitäten halten die Sachen doch auch lange. Du mußt nicht dauernd das Neueste haben! Ich verstehe überhaupt nicht, wie du so einfach für dich allein Geld ausgeben kannst, während ich mich abmühe, es zusammenzuhalten. Das ist doch unfair! Damit boykottierst du meine guten Absichten. Es ist, als würde ich einen Korb voll Wasser pumpen. Außerdem müssen wir den Kindern ein gutes Beispiel dafür geben, wie man mit Geld umgeht. Es mit vollen Händen in die Kassen der Ladenbesitzer zu tragen, das können sie alleine. Das ist ja auch keine Kunst. Aber wenn immer nur einer spart, können wir zu nichts kommen. Ihr wollt immer alles haben, doch Opfer – nein danke –, die dürfen nicht sein. Laß man Vati sparen, der ist ja so blöd und trägt seine alten Klamotten noch ein bißchen länger! Der muß ja nur das Geld verdienen, da ist es egal, wie er rumläuft!»

Er ist inzwischen richtig in Fahrt gekommen und sie hat ein schlechtes Gewissen und blickt betreten zu Boden. Was soll sie gegen seine Anschuldigungen sagen? In gewisser Weise hat er ja recht. Verschwendungssucht kann sie ihm wirklich nicht vorwerfen, denn er ist tatsächlich die Sparsamkeit in Person. Es ist ihr unangenehm, daß sie nicht so sparsam sein kann wie er. Doch sie verkennt nicht, daß er durch seine Sparsamkeit sich an den moralisch längeren Hebel setzt und diesen Hebel auch kräftig gegen sie einsetzt. Das, was er für sich als gut erachtet, muß auch für die ganze Familie gut sein. Er sieht nicht, daß die anderen Familienmitglieder vielleicht andere Bedürfnisse haben und jeder in gewisser Weise nach seiner Fason glücklich werden muß, wenn es nicht zu dauernden Reibereien im Familienverband kommen soll.

Ohne es groß zu merken, versucht sie sich immer wieder seinen Wünschen anzupassen. Aber im Grunde ihres Herzens fühlt sie sich von seinen Sparsamkeitsforderungen unter Druck gesetzt. Da sie diesen Zwiespalt zwischen eigenen Absichten und seinen Forderungen nicht erkennt, passieren ihr immer mal wieder solche ungeplanten Geldausgaben, mit denen sie auch signalisiert, daß sie sich nicht ganz unterkriegen lassen möchte.

Sie wehrt sich auf ihre Art. Nicht so massiv wie er, eher vorsichtig, zufällig. Sie kämpft nicht – ihr passiert etwas, was ihn beeinflußt.

Man kann natürlich auch sagen, er nutzt eine Schwäche von ihr aus, indem er sie moralisch unter Druck setzt und sich zum verbindlichen Maßstab macht, wodurch er sich überlegen fühlt: Ich bin besser als du. Aber was wäre, wenn sie nicht diese Schwäche hätte? Ich vermute, er würde einen anderen Grund für Vorwürfe finden. Wie gesagt, es geht nicht um einen realen Anlaß, sondern um die gewünschte Überlegenheit, die auf der moralischen Unterlegenheit des Partners aufbaut. Da wir als Kinder von unseren Eltern immer wieder gehört haben, was gut und richtig sein soll, geraten wir später leicht in die Gefahr, die Wertmaßstäbe anderer zu unserem eigenen Maßstab zu machen. Gerade Sparsamkeit ist ein ideales Mittel, um andere zu verunsichern, denn wer von uns gibt nicht Geld für Dinge aus, die nicht unbedingt lebensnotwendig sind? Die Grenze zur Verschwendung ist stets fließend und von der individuellen Sichtweise abhängig. Das sind ideale Voraussetzungen für Vorwürfe und Schuldgefühle. Der Partnervertrag kommt auch in diesen Beispielen durch korrespondierende Grundeinstellungen zustande: Sie möchte im Grunde ihres Herzens ganz gerne genießen, sich gehenlassen und sich verwöhnen. Gleichzeitig hat sie auch Angst davor, zu genußsüchtig zu sein und sich zu wenig im Griff zu haben. Für diese Befürchtungen ist er der ideale Partner, denn seine sparsame Zurückhaltung und seine Kontrolle sind Garanten dafür, nicht zu viel auszugeben und sich statt dessen in der Kontrolle zu haben.

Er möchte eigentlich auch etwas mehr vom Leben haben und weniger streng zu sich sein. Dabei fürchtet er, die Kontrolle zu verlieren. Sie ist ebenfalls ideal für ihn, weil sie ihn mit ihrer zwar minimalen, aber immerhin vorhandenen Genußfreudigkeit vor extremer Zurückhaltung und Kontrolle schützt und ihn an den Freuden des Lebens teilhaben läßt, und ihre Angst vor dem «Abgleiten» in die von beiden gefürchteten Verhaltensweisen schützt beide.

Auch nach außen besonders harmonisch und friedlich erscheinende Ehen funktionieren auf ähnliche Weise.

Die Friedfertigen

Vielleicht haben Sie während der Lektüre dieses Buches an Familien gedacht, in denen kein Machtkampf das Zusammenleben erschwert und in denen statt dessen nach den Worten der Beteiligten wie der Beobachter Harmonie und Zufriedenheit herrschen.

«Wir streiten uns so gut wie nie», verkünden die Partner stolz, als hätten sie den Stein der Eheweisen gefunden.

Ihr Erfolgsrezept? «Man muß aufeinander hören, sich lieben und Zugeständnisse machen – dann gibt es keinen Krach!»

Das leuchtet mir ein. Allerdings wüßte ich gern, wie in diesen friedfertigen Familien Probleme ausgehandelt, Interessen vertreten und Zugeständnisse gemacht werden. Irgendwie müssen doch die unterschiedlichen Ansichten und Wünsche geäußert werden, und so ohne weiteres gibt doch niemand seine Interessen auf.

Nachdem ich das Scheitern von zwei als besonders glücklich bezeichneten Familien miterlebt habe, bin ich der friedfertigen Familie gegenüber noch skeptischer geworden. Denn wo Menschen zusammenkommen, reiben sie sich auch aneinander. Ständige Reibung erzeugt wundgescheuerte Stellen – vielleicht vermeiden die nach außen hin so friedfertigen und harmonischen Familien gerade deshalb die Auseinandersetzung, sozusagen aus Angst vor den Folgen? Menschen entwickeln sich fortwährend. Leben mehrere Personen zusammen, so gibt es unterschiedliche Entwicklungen, die irgendwann zwangsläufig zu Reibereien führen müssen. Es sei denn, man verzichtet auf seinen individuellen Standpunkt und die eigenen Wünsche, um Spannungen von vornherein auszusparen. Die auffällig friedfertigen Familien versuchen, und oft ist ihnen das gar nicht bewußt, Veränderungen zu vermeiden. Sie erzeugen eine trügerische und zeitlich begrenzte Harmonie, die irgendwann zum Ausbruch der unterdrückten Regungen führen muß.

Sie vergessen, daß Familienleben ein fortwährender Austausch ist, ein Dialog oder ein Gespräch zwischen allen Beteiligten, eine Aufforderung zum persönlichen Wachsen und zur psychischen Entwicklung.

Die daraus folgenden Spannungen und Auseinandersetzungen machen diese Entwicklungen deutlich sichtbar. Fehlende Auseinandersetzungen signalisieren eher Stillstand und die Unterdrükkung von Veränderungen der einzelnen. Meist hat die friedliche Familie lediglich Angst, sich den Herausforderungen ihrer Mitglieder zu stellen. Sie traut sich nicht, die gegenseitigen Beziehungen auch einmal zu belasten und in Frage zu stellen. Manchmal fürchten die Beteiligten auch, nach einer Aussprache oder einem Krach nicht mehr liebenswert zu sein. Oder sie haben resigniert, weil ihrer Meinung nach nichts mehr zu verändern ist.

Besonders friedfertige Familien sind ein Pulverfaß. Irgendwann kommt es zur Explosion – manchmal auch ganz unbemerkt, nämlich dann, wenn einer der Friedfertigen an körperlichen Beschwerden leidet, ohne daß dafür eine erkennbare organische Ursache zu finden wäre: «Der Doktor hat mich schon zweimal total auf den Kopf gestellt, aber er hat nichts gefunden. Doch irgendwas muß doch meine Magenbeschwerden (Herzstiche, Depressionen, Ängste vor vielen Menschen im Kaufhaus, Kopfschmerzen) auslösen.»

Diese psychosomatischen Beschwerden sind oft das Ventil für solche Menschen, die ihre Wünsche und Gefühle zu heftig unterdrücken oder nicht einmal wahrhaben wollen. Meistens haben sie schon als Kinder gelernt, mehr oder weniger reibungslos zu funktionieren. Vielleicht sind sie damals schon für ihre ungeschickten

kindlichen Wutausbrüche bitter bestraft worden oder sie haben sich in ihrer Wut so weit gehen lassen, daß sie etwas Schlimmes anstellten, was man ihnen lange Zeit vorwarf. Sie haben schlechte Erfahrungen mit ihren Gefühlen gemacht – und passen sich deshalb lieber unauffällig an. Häufig fürchten sich die Eltern in einer friedfertigen Familie vor aggressiven Regungen und Ärgergefühlen. Sie signalisieren sich immer wieder: Ärger ist etwas Schlimmes und in einem harmonischen Familienleben verboten! Wer möchte dann den ersten Stein werfen und das Glashaus der scheinbaren Harmonie zerstören?

Rudi, ein 32jähriger Automechaniker, bekommt jedesmal ein schlechtes Gewissen, wenn er seine Frau oder seinen dreijährigen Sohn Timo anbrüllt. Sie weint bei solchen «Entgleisungen», Timo geht betreten und manchmal ebenfalls mit Tränen in den Augen aus dem Zimmer. Rudi fühlt, er hat etwas Schlimmes angerichtet. Er hat anderen weh getan. Manchmal ist gar nichts Besonderes vorgefallen. Rudi hat lediglich schlechte Laune oder sich über arrogante Kunden geärgert. Dann schämt er sich besonders.

«Du zerstörst unser Familienleben», schluchzt sie, und er nimmt sich jedesmal energischer vor, sich bei der nächsten Gelegenheit endlich zusammenzureißen. Doch jedesmal wird es schlimmer statt besser. Rudi zweifelt an sich selbst. Er liebt seine Frau und sein Kind – aber immer wieder gehen die Pferde mit ihm durch. Er ist verzweifelt. Was kann er nur tun?

Eigentlich gar nichts. Rudi ist nun mal temperamentvoll und leicht erregbar. Aber schnell ist alles wieder vergessen. Je mehr er seine Gefühle unterdrücken möchte, desto gespannter wird er und desto leichter explodiert er.

Die Familie ist zu streng mit sich selbst. Sie hat sich Normen gesetzt, die wenigstens für Rudi unrealistisch sind. Deshalb kommt es immer wieder zu den belastenden Szenen.

Wutausbrüche müssen möglich sein. Sie bedeuten nicht das Ende der Beziehungen, sondern sind ein Kennzeichen des lebendigen Zusammenlebens.

Doch eine Einschränkung ist dabei wichtig: Schlimm ist es, wenn immer nur einer der Angegriffene und ein anderer der Angreifer ist und wenn die Auseinandersetzungen das Ziel haben, den anderen zu verletzen und fertigzumachen. Dann tobt ein Machtkampf, in dem unbarmherzig vernichtet werden soll.

Es ist nicht möglich, eine klare Grenze zwischen gesunden, entwicklungsfördernden und zerstörerischen Auseinandersetzungen in einer Familie zu ziehen. Wichtig erscheint mir die Motivation des Verhaltens: Will ich den anderen kleinkriegen und mich groß und erhaben fühlen oder respektiere ich ihn in seinen Eigenschaften und Verhaltensweisen? Verhandeln wir miteinander oder bekriegen wir uns? Können wir Kompromisse schließen oder wollen wir stets aufs Ganze gehen? Diese Motivation bestimmt Stil und Ziel unserer Auseinandersetzungen.

Der böse Streit …

… ums liebe Geld geht einem meistens ganz schön auf den Geist! Und wer bringt schon die Gelassenheit des französischen Moralisten Montesquieu auf, der in seinen «Maximen» notierte: «Das Geld ist sehr schätzenswert, wenn man es verachtet.»

Aber man kann mit seinem Geld ja auch noch etwas anderes machen, als sich darüber zu streiten oder es gar zu verachten …

Die mächtige Abhängigkeit

Carola erzählt bedrückt von ihrer Ehe mit Peter. Alles könnte so schön sein, wenn Peter nicht überraschenderweise immer wieder eine Spielbank aufsuchen und dort recht viel Geld verlieren würde: «Aber das ist ihm nicht auszutreiben, er benimmt sich da wie ein kleines Kind», erklärt Carola – und das ist nicht ganz falsch. Ihr Mann Peter wirkt charmant, lässig und selbstsicher. Ein richtiger Sunny-Boy. «Carola ist eine tolle Frau», meint er, «aber sie sieht manche Dinge zu verbissen. Manchmal fehlt ihr der richtige Schmiß!» Auch das scheint nicht ganz falsch zu sein. Peter leitet mit viel Energie und Erfolg eine renommierte Autowerkstatt, die er vom Vater übernommen hat. Trotz aller Selbstsicherheit gesteht er: «Ich kann nicht zwei Tage von Carola und unserem Sohn getrennt sein, ohne daß ich mich todunglücklich fühle.»

In einem psychologischen Partnertest erscheint Carola als äußerst gefügig und anpassungsbereit. Peter als dominant und durchsetzungsfähig. Demnach sind sie also ein richtiges «Ergänzungspaar». Mich erstaunt, daß sich der selbstsichere und eher dominante Peter ohne seine Frau hilflos fühlt. Ist das nicht ein Widerspruch?

In mehreren Gesprächen werden die Hintergründe für dieses Verhalten deutlicher und für mich verständlicher. Beide haben unbewußt und wahrscheinlich ohne es zu bemerken ganz subtil ein wirksames Band gegenseitiger Abhängigkeiten geknüpft. Tatsächlich ist innerhalb der Familie Carola die Dominante. Sie geht in sensibler Weise unaufdringlich auf Peter ein und macht ihn so von sich abhängig. Peter erlebt sich wie ein Chef, der ohne seine Sekretärin nicht auskommen kann. Der von seiner Frau verwöhnte Mann ist hilflos ohne seine ihm Sicherheit gebende bessere Hälfte! Sie tut sehr viel für ihn und erlebt dafür, wie sehr er auf sie angewiesen ist.

Aber auch sie braucht ihn, weil sie gern an seiner Lockerheit und seiner Selbstsicherheit partizipiert: «Wenn Peter dabei ist, wird es immer heiter und unkompliziert», sagt sie lächelnd. Daß er auf sie angewiesen ist, gibt ihr das beruhigende Gefühl, wichtig zu sein und gebraucht zu werden. Und solch einen wichtigen Menschen wird man ja auch nicht verlassen!

Beide haben sich des anderen versichert, wobei gerade Carola eine ganze Menge Macht zugefallen ist, die sie dezent und vorsichtig und vor allen Dingen wohlwollend im Interesse ihres Mannes einsetzt. So versteckt sie ihre eigenen Abhängigkeits- und Absicherungswünsche.

Der einzige Haken: Ab und zu durchbricht Peter dieses System, wenn er zur Spielbank fährt. Dadurch zeigt er ihr, daß er nicht ganz von ihr abhängig ist. Auch er hat eine Möglichkeit, sie zu verunsichern und hilflos zu machen, denn seine Spielbankbesuche bedrükken Carola. Aber er kann so, auf eine angenehme, wenn auch manchmal teure Weise, die Erfahrung machen, auch Macht über sie zu haben.

Eine ähnliche, aber noch eindeutigere und auf den ersten Blick erschreckendere Konstellation der Partner charakterisiert die «Ehe im Puppenheim» (nach Pittmann / Flomenhaft, in: Handbuch für Ehe-, Familien- und Gruppentherapie, München 1973, S. 643). «Grundlage einer solchen Ehe ist eine völlig ungleiche Beziehung zwischen den Partnern, wobei die Unselbständigkeit und Inkompetenz des einen vom anderen benötigt und gefördert wird», erklären die amerikanischen Autoren ihre Beobachtungen. Sie vermuten: «Eine Beziehung dieser Art kann sehr stabil und für beide Seiten befriedigend sein, doch sie wird auch von vielerlei Krisen bedroht. Ehen im Puppenheim können durch die Geburt von Kindern, durch finanzielle Probleme und durch das Auftauchen einer dritten Person gefährdet werden.»

Wie sieht solch eine Ehe aus?

Meist ist die Frau die «Puppe». Sie unterwirft sich fast völlig, ist total von ihrem «Meister» abhängig und trifft keine eigenen Entscheidungen. Er ist mit ihrer Hilflosigkeit einverstanden. Sie gibt ihm die Gewißheit, stark und gebraucht zu sein, weshalb er die Hilflosigkeit der «Puppe» erhalten und sogar noch fördern möchte. Etwaige Selbständigkeitsbestrebungen seiner Frau, die oftmals von Freundinnen oder von Therapeuten initiiert werden, beobachtet er höchst mißtrauisch und mißbilligend. Diese Art der gegenseitigen Abhängigkeit ist gar nicht so selten, wie es vielleicht scheinen mag. Amerikanische Psychiater schätzen, daß rund ein Fünftel der auffälligen Ehen zu diesem Typus gehören. Das ist kein Wunder, denn schließlich dient dieses Arrangement beiden Beteiligten. Die «Puppe» fühlt sich geliebt und gut versorgt, denn er ist aufmerksam, nett und hilfsbereit zu ihr. Der Mann, im Grunde ebenfalls unsicher und hilflos (meist hat er früher schlechte Erfahrungen mit dominanten Frauen oder seiner besitzergreifenden Mutter gemacht) ist dankbar entspannt für das nicht bedrohliche Verhalten seiner Frau.

Wenn beide aber unsicher sind, wieso entwickelt sich dann gerade die Frau zur abhängigen «Puppe»? «Es ist ein grundlegender, tiefsitzender Zweifel an der eigenen Kompetenz, der in früher Kindheit entsteht. Die Mädchen kommen deshalb zu der Überzeugung, daß sie beschützt werden müssen, um überleben zu können», meint Colette Dowling (Der Cinderella-Komplex, Frankfurt 1982, S. 100). Diese notwendige Kompetenz wird nicht ausgebildet, weil Mädchen im Gegensatz zu Jungen zu viel abgenommen wird. Sie lernen gar nicht, sich durchzubeißen. Und später versuchen sie es auch nicht. Veränderungen, wie beispielsweise die Geburt eines Kindes, zwingen die «Puppe», eine reifere Rolle «zu spielen». Der «Meister» wird das nicht gerne sehen, da das natürlich nicht seinen geheimen Wünschen entspricht. Vielleicht reagiert er verärgert, was der «Puppe» Angst macht – und sie verfällt schleunigst wieder in ihr altes Muster, das nun von ihm sogleich dankbar belohnt wird. Das alte Rollenspiel funktioniert weiter, die Welt ist für beide wieder in Ordnung.

Das auffällige Ungleichgewicht der Partner verleitet Außenstehende leicht zu wohlgemeinten, dennoch aber gefährlichen Eingriffen in das äußerst labile Interaktionssystem. Eine Rebellion der «Puppe» führt, da sich der unsichere Partner nun extrem bedroht fühlt, meist zum raschen Zerfall der Ehe. Die Unabhängigkeit kann, sofern die Frau sich ihr überhaupt nähern will, nur langsam, vorsichtig und in kritisch-realistischer Einschätzung der begrenzten Möglichkeiten beider erfolgen. Echte Partnerschaft ist ein unerreichbares, ja gefährliches und zerstörerisches Ideal solcher Verbindungen.

Das gemeinsame Glück liegt eben nicht immer in der Verände-

Wenn du die Tiere nicht
lieb hast, ist dein
Mäuschen ganz böse!

rung, sondern manchmal auch in der Akzeptierung bestehender und eingespielter Verhaltensweisen. Das mag resignierend und pessimistisch klingen – es ist aber leider für einige Ehen nur zu realistisch.

Grundbedürfnisse und Machtkämpfe

Zwiespalt

Es ist lohnend, einmal auf Schuldgefühle zu achten, wenn eine Auseinandersetzung mit der eigenen Kindheit abgelehnt wird. Wir beschäftigen uns mit solchen Kindheitserlebnissen, um Verständnis für bestimmte Dispositionen zu entwickeln. Wer sich in seiner Kindheit eine schwere körperliche Verletzung zugezogen hat, der wird sein Leben lang die Folgen spüren. Er wird auf diese Verletzung Rücksicht nehmen müssen und wird in diesem Bereich immer empfindlich bleiben. Völlig verkehrt wäre es aber, nur auf seine Verletzung fixiert zu sein und sich selbst nichts mehr zuzutrauen.

Im seelischen Bereich gibt es ebenfalls Verletzungen, deren Narben ein Leben lang erhalten bleiben. Je weiter diese Verletzungen zurückliegen, um so größer können ihre Narben sein, sie sind dann sozusagen mitgewachsen. Die Verletzungen frühester Kindheit stehen fast immer in einem engen Zusammenhang mit den Eltern, da diese meistens die einzigen Beziehungspersonen waren und die alleinige Verantwortung trugen. Eine Auseinandersetzung mit seelischen Verletzungen in der Kindheit ruft daher auch nahezu immer eine Auseinandersetzung mit den Eltern hervor. Auseinandersetzungen in dieser Form sind für uns ungewohnt und ängstigend.

Das kleine Kind erfährt täglich die Überlegenheit seiner Eltern. Wenn es den Schutz der Eltern nicht verlieren will, dann muß es sich unterordnen. Gleichzeitig liebt das Kind aber auch seine Eltern und sucht ihre Nähe. Im Gegensatz stehen dazu Selbständigkeitswünsche. Zu ihrer Durchsetzung ist Abstand von den Eltern notwendig. Ein Beispiel dafür ist die Hartnäckigkeit, mit der ein kleines Kind allein essen will.

Der Zwiespalt zwischen Überordnung und Unterordnung, wie zwischen Nähe und Abstand, bleibt in jedem Menschen erhalten, auch wenn er erwachsen geworden ist. Dieser Zwiespalt macht die Auseinandersetzung mit den Eltern so schwierig. Bei jedem Streit mit den Eltern werden diese zwiespältigen Gefühle berührt. Die eigene Position muß neu bestimmt werden. Zur Zeit der Kindheit war die Situation in der Regel klar. Trotz Ärger oder Wut mußte die Überordnung der Eltern akzeptiert werden. Nur in Träumen oder Phantasien wurden manchmal Impulse zugelassen, diese Ordnung gewaltsam zu verändern.

Eine ungeheure Spannung gewinnt eine Erzählung von Patricia Highsmith durch die Schilderung solch einer Phantasie. Ein Junge beobachtet seine Mutter beim Schlachten einer Schildkröte. Diese Tat an einem wehrlosen Tier löst bei dem Jungen so starke Haßgefühle aus, daß er seine Mutter mit dem Messer ersticht (D. Dolittle's Crime Club, Band 1, Zürich 1976, S. 56ff).

Beim Lesen der Geschichte können wir uns damit beruhigen, daß alles nur Phantasie ist. Spannend wird die Erzählung aber dadurch, daß sie eine Ahnung in uns wachruft, die in uns allen steckt. Für ein Kind ist es in der Regel undenkbar, die Hand ernsthaft gegen seine Eltern zu erheben. Ärgerliche Impulse werden bestraft und tabuisiert. Ein erwachsener Mensch ist dagegen in einer ganz anderen Situation. Er hat die Möglichkeit, sich gegen seine Eltern zur Wehr zu setzen. Hier liegen beunruhigende Fähigkeiten. Um die Beunruhigung im Griff zu behalten, werden böse Gedanken gegen die eigenen Eltern unterdrückt oder sie werden auf andere Personen verschoben. Die Schwiegereltern sind dafür ein beliebtes Objekt. Auf sie kann Ärger projiziert werden. Wir kennen die Illustrationen und Witze über die böse Schwiegermutter. Ihr kann ich das antun oder wenigstens kann ich es ausphantasieren, was ich mir der eigenen Mutter gegenüber nie eingestehen würde. Gegen die Schwiegereltern wird dann stellvertretend ein Krieg geführt. Durch Möglichkeiten und Fähigkeiten des erwachsenen Menschen wird das Gleichgewicht zwischen Überordnung und Unterordnung wie zwischen Nähe und Abstand erneut gestört. Veränderungen der Voraussetzungen schaffen neue Möglichkeiten. Diese Möglichkeiten faszinieren und ängstigen. Ein seit Kindheitstagen unsicheres Gleichgewicht wird in beängstigender Weise gefährdet.

Die Störung des Gleichgewichtes weckt Ohnmachtsgefühle. Frühe Kindheitserfahrungen werden wieder lebendig. Angst und Wut entstehen. Mit Macht soll der alte Zustand wiederhergestellt werden. Dabei bedrängen die Wünsche nach Überordnung andere, Unterordnung engt einen selbst ein. Wünsche nach Nähe stehen im Gegensatz zu den Bedürfnissen des Partners nach Abstand. Den Kampf um die Durchsetzung oder Zurückweisung der Bedürfnisse erleben wir als Machtkampf. Dieser Kampf kann nie aufhören, da ein Gleichgewicht nicht etwas Statisches ist. Wie ein Seiltänzer nicht in seiner Haltung verharren kann, sondern seine Balance immer neu finden muß, so versuchen wir im Machtkampf, das Gleichgewicht unserer Wünsche wiederherzustellen, und haben gleichzeitig Angst, durch unsere Wut abzustürzen. Das Wissen um die Entstehung der Machtproblematik in frühester Kindheit und das Erleben der späteren Auswirkungen wird ebenfalls Unbehagen vor einem Absturz hervorrufen. Feste Orientierungspunkte können in solch einer Situation sehr beruhigend sein.

Grundbedürfnisse

Es gibt eine ganze Reihe von menschlichen Bedürfnissen, wie: Zuneigung–Abneigung, Vertrauen–Mißtrauen, Anerkennung–Ablehnung, Freundlichkeit–Feindlichkeit usw.

In den Fallberichten spielen Verschmelzung und Verselbständigung, Dominanz und Unterwerfung eine besondere Rolle. Der Versuch, die Zielrichtung dieser zuletzt genannten Bedürfnisse neutraler und umfassender auszudrücken, führt zu den Begriffen Nähe–Abstand und Überordnung–Unterordnung. Diese Erfahrungen begleiten uns Zeit unseres Lebens. Sie sollen daher Grundbedürfnisse genannt werden.

Es ist kein Zufall, daß die Aufzählung unserer Bedürfnisse in Gegensätzen erfolgt. Jeder Wunsch hat eine Kehrseite. Die eine Seite wird von uns oft positiv, die andere negativ verstanden. Für die Machtdiskussion ist die einseitig positive oder negative Charakterisierung problematisch. Der Wunsch nach Nähe ist nicht nur eine positive Eigenschaft, sondern kann zu dem Versuch einer Verschmelzung führen und damit Ängste wecken.

Das notwendige Abstandnehmen gerät in die Gefahr von Einsamkeit und Isolation. Menschen müssen in der Lage sein, in bestimmten Situationen Verantwortung zu übernehmen und sich damit anderen überzuordnen. Die Autorität kann aber umkippen in Dominanz und Herrschaft.

In anderen Augenblicken ist es wichtig, sich unterzuordnen, sich anpassen zu können. In der Unterwerfung sind keine eigenen Entscheidungsmöglichkeiten mehr enthalten.

Nehmen wir den Begriff «Grundbedürfnisse» ernst, dann kann es keine positive oder negative Bewertung, sondern nur einen Mißbrauch von Bedürfnissen geben. Von einem gewissen Augenblick an werden unsere Wünsche nicht mehr befriedigt, sie kippen um, sie geraten aus dem Gleichgewicht. Damit lösen sie einen Machtkampf aus. Das Ungleichgewicht von Grundbedürfnissen ist für den Machtkampf verantwortlich. Die Grundbedürfnisse sind aber gleichzeitig an diesem Kampf beteiligt.

Durch Abstand oder Nähe im wörtlichen Sinn erhält jeder Machtkampf eine neue Dimension. Am offensichtlichsten ist dieser Vorgang beim Abstandnehmen. Wir trennen Rivalen, die aufeinander einschlagen.

Übersteigt dieser Abstand eine gewisse Entfernung, so verliert auch der Kampf seine ursprüngliche Bedeutung. Wenn ich von beruflichen oder familiären Konflikten Hunderte von Kilometern entfernt bin, dann habe ich eine andere Perspektive. Schwierigkeiten, die mich vor Tagen oder Wochen sehr beunruhigt haben, sind damit vielleicht unbedeutend geworden.

Komplizierter ist die Frage der Nähe bei einem Machtkampf.

Eine bestimmte Nähe ist notwendig, um überhaupt kämpfen zu können. Kommt mir mein Gegner sehr nahe, dann wächst damit die Bedrohung. Diese Bedrohung löst Angst und Wut aus. Angst und Wut führen zur Flucht oder zu einem noch brutaleren Kampf. Denn jetzt geht es um alles oder nichts. Sowohl Flucht wie brutaler Krieg ist bei familiären Machtkämpfen zu beobachten. Als Fluchtmöglichkeiten bieten sich Medikamenten- oder Alkoholmißbrauch an. Beide Möglichkeiten werden nicht nur toleriert, sondern öffentlich gefördert. In einer Stellungnahme einer Brauereiinnung hieß es kürzlich, Bier sei ein Volksnahrungsmittel. Aber auch die Flucht in die Arbeit oder in eine neue Beziehung ist häufig zu beobachten. Der Machtkampf wird dann durch Abstandnehmen gelöst.

Die andere Seite des Machtkampfes ist der Familienkrieg. Der Unterschied zu politischen Auseinandersetzungen besteht darin, daß in Familien von einem bestimmten Zeitpunkt an keine Versöhnung mehr möglich ist. Bei Politikern ist mitunter zu beobachten, daß sie sich während eines Wahlkampfes rücksichtslos bekämpfen und später als Koalitionspartner friedlich zusammenarbeiten. Wir machen es uns zu einfach, wenn wir solchen Menschen von vornherein Skrupellosigkeit unterstellen. Wenn in einer Familie nach Auseinandersetzungen Versöhnung nicht mehr möglich ist, so liegt das an der Nähe, die streitende Partner und beteiligte Kinder miteinander haben. Weil sie sich so nahe sind, haben sie sich auch so verletzt.

Es gibt eine bestimmte Nähe, in der ein Machtkampf unmöglich wird. Ich muß dabei an Bilder von einem Boxkampf denken. Manchmal liegen sich die beiden Boxer in den Armen und können bestenfalls noch auf den Rücken des Gegners trommeln. Erst wenn sie von dem Ringrichter wieder auf Abstand gebracht worden sind, kann der Kampf weitergehen. Bei Auseinandersetzungen zwischen Partnern läßt sich in manchen Fällen beobachten, daß Streit oder auch Tätlichkeiten in die sexuelle Beziehung übergehen. In extremen Fällen gehört eine Schlägerei zum Vorspiel. Bei besonders großer Nähe kann ein Machtkampf mit den üblichen Mitteln offenbar nicht durchgehalten werden. Abstand und Nähe verändern also

den Machtkampf. Beide Seiten sind im familiären Machtkampf durchaus zu beobachten. Sie werden aber unreflektiert oder ungeübt eingesetzt. So ist zu beobachten, daß streitende Paare den Abstand voneinander nicht lange aushalten. Sie suchen Nähe zueinander, ohne ihren Konflikt wirklich miteinander ausgetragen und gelöst zu haben. Eine oberflächliche Versöhnung wird erreicht. Bei dem nächsten Streit bricht der ungelöste Konflikt um so heftiger wieder auf. So kommt es, daß sich Ehepartner bei ihren Auseinandersetzungen gegenseitig jahre- oder jahrzehntealte Versäumnisse vorrechnen.

Mit den Grundbedürfnissen nach Abstand und Nähe muß besonders eine Familie situationsgerecht umgehen können, und zwar nicht nur den eigenen Fähigkeiten entsprechend. Wer seiner Struktur nach ein nähesuchender Mensch ist, wird es auch bei einem Machtkampf nicht schwer haben, schnell wieder auf seinen Partner zuzugehen. Er wird lernen müssen, auch ohne zu große Angst eine Weile Abstand zu halten. Der Abstand ist notwendig, um mit Verletzung und Trauer umgehen zu können, die ein Konflikt verursacht hat. Wie Trauer bei einem Verlust bestimmte Phasen durchlaufen muß (vgl. Y. Spiegel, Der Prozeß des Trauerns, München 1973), ist auch bei einer Verletzung Zeit notwendig, um sich dem Partner wieder nähern zu können. Menschen mit einem stärkeren Grundbedürfnis nach Abstand stehen vor der Aufgabe, einige Zeit nach dem Konflikt auch wieder Nähe zulassen zu können und sich nicht ununterbrochen auf der Flucht zu befinden.

Der Mißbrauch von Überordnung und Unterordnung in Familiensituationen ist in vielen Beispielen geschildert worden. Oft entsteht der Eindruck, als konzentriere sich der Machtkampf nur auf dieses Gegensatzpaar. Das gewaltsame Element des Kampfes von brutaler Herrschaft bis zu restloser Unterwerfung ist hier jedoch nur deutlicher sichtbar als bei den Bedürfnissen nach Nähe und Abstand. Als Grundbedürfnisse müssen Überordnung und Unterordnung deshalb an dieser Stelle nicht ausführlicher beschrieben werden.

Ein Machtmodell

An dieser Stelle ist es sinnvoll, einmal innezuhalten, um Orientierungspunkte zu suchen. Die verschiedenen Definitionen werden sonst völlig unübersichtlich und verwirrend. Wenn es um eine Gefährdung eines Gleichgewichtes geht, sind Orientierungsmöglichkeiten besonders wichtig.

Um den Gebrauch und Mißbrauch von Macht verständlicher werden zu lassen, nehme ich ein häufig gebrauchtes graphisches Modell zu Hilfe:

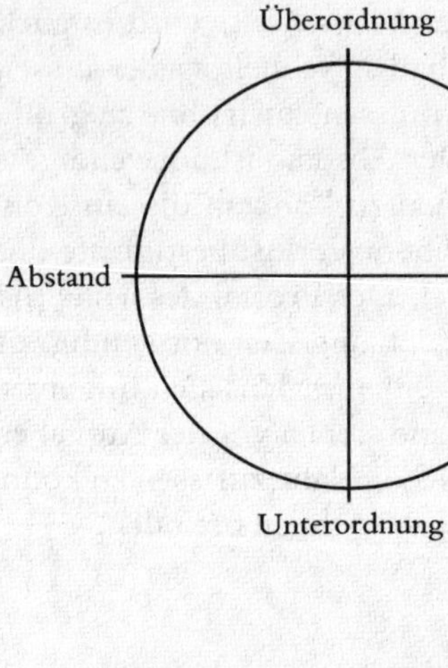

Das Modell geht von der Vorstellung aus, daß jeder Mensch Grundbedürfnisse hat, die ich bereits als Wünsche nach Abstand und Nähe, nach Überordnung und Unterordnung beschrieben habe. Auf den Koordinatenachsen werden die vier Grundbedürfnisse angeordnet. In den Quadranten finden andere Bedürfnisse ihren entsprechenden Platz. Der Kreis in dem Koordinatenkreuz soll die einzelne Person symbolisieren. Jeder von uns hat die Möglichkeit, sich nach seinen eigenen Bedürfnissen in diesem Koordinatenkreuz einzuordnen. Wir haben damit ein Mittel zur Standortbestimmung und Charakterisierung des einzelnen Menschen (vgl. Albath/Eikmann, Zusammenleben, Reinbek 1980, S. 33f). Versuchen wir uns den Kreis als eine Kugel vorzustellen, dann wird leichter verständlich, wie schnell das Gleichgewicht durch unsere Bedürfnisse gestört wird. Der sich verändernde Wunsch nach Nähe bringt die Kugel ebenso in Bewegung wie das stärkere Bedürfnis nach Abstand.

Das gleiche gilt für unsere anderen Wünsche. Ein ständiges Gleichgewicht wäre nur bei völliger Wunschlosigkeit und einer Einordnung im Nullpunkt der Kugel vorstellbar. Das würde das Ende des Lebens bedeuten. Die Zusammenhänge von Wünschen und Macht werden von hier aus noch einmal deutlich.

Unser Bild muß um einen Abschnitt erweitert werden. Kein Mensch lebt mit seinen Bedürfnissen allein. Gerät durch bestimmte Wünsche eine Kugel in Bewegung, so hat das Konsequenzen für andere in der Nähe befindliche Kugeln. Es kommt zu Berührungen oder zu Zusammenstößen. Die Bewegung einer Kugel pflanzt sich fort. Andere Kugeln sind davon betroffen. Der Zusammenprall kann aber auch so heftig sein, daß Zerstörungen auftreten. Das andere Extrem wäre eine immer größere Entfernung, bei der Gemeinsamkeiten dann nicht mehr vorstellbar sind.

Das Bild der sich bewegenden Kugeln soll anschaulich machen, wie im Zusammenleben von Menschen Bedürfnisse entstehen, sich ergänzen und zusammenstoßen. Die Kraft dieser Bewegungen bezeichnen wir als Macht. Das Modell mit den Grundbedürfnissen Abstand–Nähe und Überordnung–Unterordnung, scheint keinen Platz für verschiedene Formen männlicher oder weiblicher

Macht zu haben. Die bisherigen Beobachtungen zeigen, daß eine eindeutig männliche oder weibliche Macht nicht festzustellen ist. Dafür gibt es aber bestimmte Tendenzen, Schädigungen, Behinderungen, Vorteile und Nachteile. Der unterschiedliche Ablösungsprozeß in der Kindheit verstärkt bei Mädchen die vorhandenen Bedürfnisse nach Nähe und Unterordnung. Der ursprüngliche Vorteil, sich nicht von der Mutter zu unterscheiden und sich nicht absetzen zu müssen, wird bald zu einem erheblichen Nachteil. Die Möglichkeiten, Abstand herzustellen und sich überordnen zu müssen, werden weniger entwickelt. Wenn später diese Eigenschaften gebraucht werden, verhält sich die Frau leicht ungeübt, vielleicht auch unangemessen.

Bei Jungen läuft die Entwicklung in eine umgekehrte Richtung. Mit ihren ebenfalls vorhandenen Bedürfnissen nach Nähe und Unterordnung geraten sie gegenüber der Mutter bald in Schwierigkeiten. Sie sind nicht so wie die Mutter. Wollen sie selbständig werden, so müssen sie Bedürfnisse nach Abstand und Überordnung in einem starken Maße fördern. Erst wenn sie genügend Abstand von der Mutter haben, können sie sich mit dem Vater identifizieren. Die damit verbundenen unterentwickelten Fähigkeiten von Männern im emotionalen Bereich sind nur zu bekannt. Es ist daher auch nicht verwunderlich, daß trotz zeitweiliger Entdeckung von Emotionalität bei Männern eine grundsätzliche Veränderung des Verhaltens nicht stattgefunden hat.

Vier Eigenschaften

Das beschriebene Koordinatenkreuz ist als graphisches Modell in der Gefahr, statisch mißverstanden zu werden. Lebensäußerungen lassen sich nur bedingt in mathematischen Formeln erfassen. Sie entziehen sich immer wieder einer exakten Berechenbarkeit. Das Koordinatenkreuz soll daher durch die Schilderung unterschiedlicher Verhaltensweisen ergänzt werden.

In Anlehnung an psychoanalytische Vorbilder werden vier verschiedene Verhaltensmöglichkeiten beschrieben. Der Umgang mit Unabhängigkeit, Abhängigkeit, Zuverlässigkeit oder Erfolg soll untersucht und in Beziehung zu den bereits beschriebenen Grundbedürfnissen gesetzt werden. Dabei geht es auch um die Frage, ob Menschen mit verschiedenen Eigenschaften ihre Macht unterschiedlich gebrauchen.

Die Unabhängigen

«Jetzt habe ich zwei Kinder zu versorgen und das Geld für die Familie muß ich auch noch verdienen.» Bei diesen Worten von Kathrin versteckt sich Michael noch tiefer unter seiner Decke. Er weiß nicht, ob das heiße Gesicht und die feuchten Hände mit seiner Erkältung zusammenhängen. Vielleicht schämt er sich vor Kathrin, vielleicht ist er aber auch ärgerlich.

«Ich bin doch hier das Kindermädchen», antwortet Michael

schwach, «wenn ich krank bin, werde ich wohl noch das Recht haben, mich ins Bett zu legen.»

«Deine Krankheit heißt Faulheit», faucht Kathrin ihn an. Mit diesem Vorwurf trifft sie Michael an seiner empfindlichsten Stelle. Er weiß selbst, daß ihm seine Arbeit keinen Spaß macht. Vielleicht kam ihm seine Erkältung ganz gelegen, jedenfalls ist er heute wieder einmal nicht in das Institut gegangen. Er kommt mit seiner Promotion einfach nicht weiter. Mehr als einmal hat er schon mit dem Gedanken gespielt, die ganze Sache hinzuwerfen. Wenn Kathrin und Angelika nicht wären ...

Angelika, die vierjährige Tochter von Kathrin und Michael, ruft weinend nach ihrer Mutter. Stöhnend verläßt Kathrin das Zimmer, um das Kind zu versorgen und ins Bett zu bringen. Michael ist froh, wenigstens erst einmal etwas Ruhe zu haben.

So geht das nun schon seit vielen Wochen. Immer wenn Kathrin vom Dienst nach Hause kommt, gibt es Ärger. Er fühlt sich herumkommandiert und kritisiert. Weil er nicht regelmäßig im Institut sein muß, ist er für den Haushalt und für das Kind verantwortlich. Wie soll er arbeiten können, wenn er gleichzeitig Angelika zum Kindergarten bringen, sie abholen, einkaufen, aufräumen und kochen muß?

Ich kann mich doch nicht zerreißen, denkt Michael. Er überlegt, ob er sich noch tiefer in seinem Bett vergraben soll oder ob er die Flucht ergreift. Nur, wenn er jetzt aufsteht und weggeht, wird Kathrins Wut noch größer. Also legt er sich resignierend zurück.

Vielleicht straft Kathrin ihn auch mit Schweigen. Er weiß nicht, was schlimmer ist, die verletzenden Vorwürfe oder das eisige Schweigen. Er fühlt sich ausgeliefert, wie in einer Falle.

Vielleicht hat sie mit den zwei Kindern gar nicht so unrecht. Manchmal kommt sich Michael genauso hilflos vor wie seine Tochter Angelika. Aber das Kind wird wenigstens ab und zu in den Arm genommen und getröstet. Nach solch einem Trost sehnt sich Michael schon lange vergeblich. Wenn er Kathrins Nähe sucht, wird er meistens ziemlich kalt abgewiesen.

Manchmal gehen Menschen aus dem Haus, um eine Schachtel Zigaretten zu kaufen, und kommen nie wieder zurück. Irgendwo hat Michael einmal solch eine Geschichte gelesen. Während Michael seinen Gedanken nachhängt, macht Kathrin mißmutig das Abendessen für Angelika zurecht. Nach ihrem anstrengenden Arbeitstag würde sie aber viel lieber ihre Ruhe haben.

Natürlich spürt das Kind den Ärger der Mutter. Angelika ißt ihr Brot ohne großen Appetit. Der Mutter scheint das Trödeln gar nicht richtig aufzufallen. Kathrin ist mit ihren Gedanken weit weg. Vor sechs Jahren hat sie Michael geheiratet. Inzwischen hat sie längst ihr Studium abgeschlossen und arbeitet als Architektin in einer städtischen Planungsbehörde. Er dagegen ist immernoch nicht fertig. Im Grunde ist er der große, unbeholfene Junge geblieben. Kathrin erinnert sich noch genau an ihre erste Begegnung. Mit ungeschickten Fingern hat Michael versucht, in den Karteikästen der Bibliothek etwas zu finden. Sie stand neben ihm und konnte das Lachen kaum unterdrücken, weil ihm die Karteikarten immer wieder zusammenrutschten.

Damals hat sie ihm geholfen, immer wieder hat sie ihm geholfen, doch jetzt wird es ihr einfach zuviel. Sie kann es nicht ertragen, wenn er mit seinen ungeschickten Fingern nach ihr greift. Manchmal hat sie das Gefühl, daß ihr die Luft wegbleibt. Ich habe nicht ein Kind, ich habe zwei Kinder zu versorgen, muß sie wieder denken. Dabei wollte sie eigentlich kein eigenes Kind.

«Solange es Kinder auf dieser Welt gibt, die ohne Eltern aufwachsen müssen, ist es nicht zu verantworten, die Erde noch mehr zu bevölkern.» Das waren etwa ihre Worte, bald nachdem sie mit Michael enger befreundet war. Nach gut einem Jahr Ehe hatte er sich mit seinem Wunsch nach einem eigenen Kind durchgesetzt. Vorher mußte er ihr allerdings versprechen, daß sie niemals wegen eines Kindes ihren Beruf aufgeben muß. Sie kann sich nicht vorstellen, den ganzen Tag mit einem Kind zusammenzusein.

Kathrin ist skeptisch, wenn für alles, was passiert, psychologische Erklärungen gesucht werden. Etwas eigentümlich war es aber doch mit der Fehlgeburt, für die es keine organischen Gründe gab. Ein Jahr später, bei der Geburt von Angelika, gab es Komplikationen. Nach einer Totaloperation hatte ihr Michael jedenfalls vorgeworfen, sie hätte sich nur operieren lassen, um keine Kinder mehr kriegen zu können.

Kathrin wünscht sich das alles nicht so dringend, Ehe, Haushalt, ein Kind. Sie liebt ihren Beruf und weiß, daß sie dort etwas leisten kann. Sie möchte unabhängig und selbständig sein. Sie muß öfter einmal die Tür hinter sich zumachen können. Sie braucht das Alleinsein und hat ein schlechtes Gewissen, wenn sie mit ihrer quengelnden Tochter am Küchentisch sitzt und sich über ihren kindischen Mann ärgert.

Wir haben bisher ganz unterschiedliche Formen familiärer Machtausübung kennengelernt. Jetzt geht es darum, die Übersicht weiterzuentwickeln, um damit Macht besser begreifen zu können. Unbrauchbar sind die Kategorien gut und böse. Sie engen Verstehensmöglichkeiten sehr schnell ein. Wenn wir die Machtprobleme in dem Beispiel von Kathrin und Michael erfassen wollen, dann dürfen wir nicht von der Frage ausgehen, wer recht und wer unrecht hat, obwohl das Rechtsempfinden unser Denken stark beeinflußt. Uns geht es nicht um die Feststellung von Recht und Unrecht, sondern um das Begreifen menschlichen Handelns. Der Aufgabe eines Arztes liegt diese Betrachtungsweise näher als der eines Juristen.

Man könnte darüber streiten, ob Kathrin oder Michael mehr Macht ausüben. Damit kämen wir aber wieder in die Nähe einer Beurteilung. Erschwert würde das Verständnis für die Streitenden. Zweifellos wird von beiden Seiten Macht ausgeübt. Kathrin soll im Mittelpunkt unserer Überlegungen stehen, weil sie mit charakteristischen Verhaltensweisen Kettenreaktionen auslöst.

Kathrin ist in dieser Beziehung die Aktivere. Das fängt beim Kennenlernen an und setzt sich in der Ehe fort. Sie verdient das Geld und sorgt dafür, daß der Haushalt funktioniert. Ihre Aktivität setzt sie ein, um Beziehungen aufzubauen und zu erhalten. Die Geburt des Kindes zeigt, daß sie bereit ist, dafür einen Preis zu zahlen. Im Konflikt dazu steht ihr Bedürfnis nach Unabhängigkeit. Sie will eigentlich kein Kind und hat das Michael deutlich gesagt. Vermutlich ahnt Kathrin, daß gerade Kinder eine möglichst enge Bindung zu ihren Beziehungspersonen suchen.

Als Michael sich mit seinem Kinderwunsch durchsetzt, muß er ihr versprechen, daß sie ihren Beruf weiter ausüben kann. Es läßt sich nicht eindeutig feststellen, ob die Operation von Kathrin unbedingt notwendig war. Auf jeden Fall sind dadurch weitere Schwangerschaften unmöglich geworden. Das kommt den Wünschen von Kathrin sehr entgegen.

Ein technischer Beruf in einer Behörde ermöglicht es ihr, unabhängig zu sein, ohne den Kontakt zu anderen Menschen ganz zu verlieren. Hier kann sie die persönlichen Begegnungen steuern. Solange sie den Abstand zu anderen Menschen bestimmen kann, geht es ihr gut. Als sie Michael kennenlernte, war er hilflos. Sie konnte bestimmen, wie weit sie auf ihn zugeht, in dem sie ihm hilft.

Für sie ist es kaum vorstellbar, einen ganzen Tag nur mit ihrem Kind zusammenzusein. Unter solchen Umständen könnte sie nicht mehr den Abstand herstellen, der für sie notwendig ist.

Der Konflikt besteht für Kathrin darin, daß sie gleichzeitig Abstand und Nähe sucht, wobei der Abstand mit dem Wunsch nach Unabhängigkeit das größere Gewicht hat. Sie braucht aber auch ein gewisses Maß an Nähe, denn sonst würde sie auch ohne Familie glücklich leben können. Um beide Wünsche in Übereinstimmung bringen zu können, ordnet sie sich manchmal in einem erstaunlichen Maße unter. Damit verschärft sie ungewollt ihren eigenen Konflikt. Michael wird mit seinen Nähewünschen und seiner Dominanz durch Kathrin bestärkt. Er bringt Kathrins mühsam gefundenes Gleichgewicht wieder aus dem Lot.

Wir haben Kathrins Machtkampf um Unabhängigkeit beschrieben. In dem Koordinatenkreuz ist ihr Verhalten in dem Quadranten zwischen Abstand und Unterordnung einzufügen. Kathrins Machtkampf entspringt nicht einer augenblicklichen Laune, die sich beliebig verändern ließe. Für sie ist Unabhängigkeit so wichtig wie die Luft zum Atmen. Für ihre Unabhängigkeit bekämpft sie ihre Angst vor Vereinnahmung und zu großer Nähe. Mit der Angst wird ein weiterer Faktor des Machtkampfes erkennbar. Der Kampf um Unabhängigkeit wehrt gleichzeitig Angst vor zu großer Nähe ab. Kathrin erlebt ihre Angst, wenn Michael sich ihr zu sehr nähert, wenn er mit ungeschickten Fingern nach ihr greift. Ihre Angst löst Wut aus.

Es gibt eine ganze Reihe von Menschen, die mehr oder weniger Abstand zu anderen lebensnotwendig brauchen. Manchmal lassen sich Fluchttendenzen anschaulich beobachten, wenn in einem Wartezimmer oder auf einer Parkbank jemand das Gefühl hat, andere rücken ihm zu nahe.

Ich habe darauf hingewiesen, daß bei Mädchen und Frauen Bedürfnisse nach Nähe und Unterordnung verstärkt werden. Diese Verstärkung kann wie bei Kathrin durchaus zu einer Gegenreaktion führen. Ihr Streben nach Abstand ist daher verständlicherweise unausgewogen. Die persönliche Schwierigkeit, mit Abstandswünschen umzugehen, wird durch gesellschaftliche Gegebenheiten noch verstärkt. In der Regel haben es Männer viel leichter, ihre Distanzierungswünsche durchzusetzen. Für sie ist es meistens nicht notwendig, sich von der Verpflichtung zur Kinderpflege freizukaufen. Sie haben sehr viel selbstverständlicher die Möglichkeit, im Beruf den Kontakt herzustellen, den sie haben wollen. Männer müssen daher nicht so oft und so deutlich ihre Macht einsetzen, um Abstand von anderen zu halten. Kathrin dagegen muß das Zugeständnis erst aushandeln, in ihrem Beruf bleiben zu dürfen. Ihr Mann macht es ihr nicht leicht, diese Rolle durchzuhalten.

Die Abhängigen

So wie heute hatte sich Christine noch nie über Wolfgang geärgert. Sie wird seine Worte so schnell nicht vergessen. Angefangen hat er seine Rede mit der allgemeinen wirtschaftlichen Situation. Dann redete er vom Wohlstand und von der Verschwendung. Schließlich kam auch noch die Nord-Süd-Problematik zur Sprache. Christine wußte zuerst nicht, was das mit einer Dienstbesprechung über Fortbildungsfragen zu tun hat. Als sie schließlich die Zusammenhänge begriff, war sie vor Schreck völlig gelähmt.

«Wir werden unglaubwürdig, wenn wir dem Staat Verschwendung vorwerfen, aber für uns selbst nicht bereit sind, Verzicht zu leisten.» Der Behördenvertreter hatte bei Wolfgangs Worten wohlwollend genickt. Dann kam Wolfgangs Vorschlag, auf die Fortbildung aller Mitarbeiter in diesem Jahr zu verzichten und mit diesem Geld die gestiegenen Heimkosten aufzufangen. Damit könnte die Streichung einer halben Sozialarbeiterstelle vorerst verhindert werden.

Wahrscheinlich haben die Kollegen angenommen, wir hätten das abgesprochen, grübelt Christine. Uns wird ja oft vorgeworfen, wir seien ein Herz und eine Seele. Dabei habe ich nicht einmal etwas von diesem Plan geahnt. Ich hätte sonst früh genug etwas unternommen.

Für Christine ist der inzwischen von der Mitarbeiterversammlung beschlossene Verzicht auf Fortbildungsmöglichkeiten eine bittre Enttäuschung. Damit ist eine von ihr geplante Zusatzausbildung in weite Ferne gerückt, vielleicht sogar ganz unmöglich geworden. Wann bekommt sie als Sozialarbeiterin schon noch einmal solch ein gutes Angebot. Ohne Spezialisierung ist sie in ihrem Beruf aufgeworfen. Sozialarbeiter gibt es inzwischen wie Sand am Meer. Dabei waren Christine und Wolfgang nach ihrer Hochzeit und ihrem Examen als Sozialarbeiter ganz gezielt in ein Vollzeitheim gegangen, um sich hier in Ruhe spezialisieren zu können. Christine kommen die Tränen, wenn sie an die Gemeinheit denkt, mit der Wolfgang ihre Pläne zerstört hat.

Wolfgang ist über die Reaktion von Christine erschrocken. Er hätte nie für möglich gehalten, daß sie so egoistisch sein kann.

«Du gehst über Leichen», wirft er ihr in einer Auseinandersetzung vor, «die Stelle von Brigitte scheint für dich keine Rolle zu spielen; daß letztlich die Kinder die Hauptleidtragenden sind, läßt dich kalt.»

Gegen solche Argumente kann Christine sich nicht zur Wehr setzen.

Wolfgang wird bei dieser Auseinandersetzung immer trauriger. Seit zwei Jahren arbeitet er in diesem Heim. Jedes Kind und jeder Mitarbeiter ist für ihn wie ein Mitglied einer großen Familie. Besonders wichtig war es ihm, mit Christine jeden Tag zusammenarbeiten zu können. Wolfgang erinnert sich natürlich an die Pläne zur Spezialisierung, aber die wollte er doch mit Christine zusammen machen. Man könnte sich ja gleich trennen, wenn jeder seine eigene Zusatzausbildung macht, denkt Wolfgang. Mehr als zwei Jahre würden Freizeit, Wochenenden und vielleicht auch noch einiges vom Urlaub geopfert werden müssen. Die Zeit verlängert sich noch, wenn die Ausbildungen von Christine und ihm nicht parallel laufen. Was kann in dieser Zeit alles passieren! Wolfgang graut vor dem Alleinsein. Er wird alles tun, damit solch eine Situation nicht eintritt. Christine wird sich schon wieder beruhigen. Bisher hat es ihr doch gefallen, wenn sie alles zusammen gemacht haben.

Wahrscheinlich wäre Wolfgang sehr erschrocken, wenn ihm die Manipulation von Christine auch von anderen vorgeworfen würde. Trotzdem gibt es keinen Zweifel, daß Wolfgang alle Möglichkeiten einsetzt, um die Fortbildungswünsche seiner Frau zu verhindern. Dieses Verhalten ist besonders schwierig zu durchschauen, weil es mit ideologischen Gründen vermischt ist. Natürlich ist es ein verantwortungsvolles Verhalten, notfalls auf die eigenen Fortbildungswünsche zu verzichten, um damit einen Arbeitsplatz zu erhalten. Diese Erkenntnisse ändern aber nichts daran, daß Wolfgang eine Situation ausgenutzt hat, um seine Interessen durchzusetzen. Ihm ging es nicht nur um die Erhaltung einer halben Sozialarbeiterstelle, sondern ihm ging es auch, oder sogar in erster Linie, darum, sich von Christine nicht trennen zu müssen. Er hat nicht gezögert, seine Macht durchzusetzen. An diesem Ergebnis ändert sich nichts, auch wenn Wolfgang vielleicht unbewußt gehandelt hat.

Verstehen werden wir dieses Verhalten, wenn wir uns klarmachen, was Wolfgang abwehrt. Bei aller Stärke, die er in seinem Taktieren zeigt, sollten wir nicht vergessen, daß er Angst vor dem Alleinsein hat. Bisher haben die beiden alles gemeinsam gemacht. Die Kollegen vermuten, sie seien ein Herz und eine Seele. Die Fortbildungswünsche von Christine würden zum erstenmal eine Trennung notwendig machen. «Was kann in dieser Zeit alles passieren», überlegt Wolfgang. In dieser Äußerung wird seine Angst spürbar.

Das Bedürfnis nach Nähe anderer Menschen, der Kampf, nicht alleingelassen zu werden, hat unterschiedliche Formen.

Von Johanna hat nie jemand angenommen, daß sie in besonderer Weise auf andere Menschen angewiesen ist. Sie hat nicht einsiedlerisch gelebt, ihr Bekanntenkreis ist aber auch nicht besonders groß gewesen. Ihre ganze Kraft setzt sie für ihre beiden Kinder ein. Der Kinder wegen gibt sie ihren Beruf als Krankenschwester auf. Schon vor der Kindergartenzeit baut sie zusammen mit anderen Müttern Spielkreise auf. Während der Schulzeit ist sie im Elternrat aktiv. Ganz selbstverständlich ermöglicht sie ihren Kindern Musikunterricht, Sportvereine und viele Kontakte zu Schulkameraden. Da die Familie sich ein Haus in ländlicher Gegend gebaut hat, bedeuten die Aktivitäten der Kinder, daß Johanna mit dem Auto zur Verfügung steht. Ohne erkennbaren Mißmut steigt sie sogar spät abends in ihr Auto und holt ihre Kinder von Veranstaltungen oder Feiern ab. Hilfsangebote ihres Mannes Sebastian lehnt sie fast regelmäßig mit der Bemerkung ab: «Ruh dich aus, du hast einen anstrengenden Tag hinter dir.»

Vielleicht hätte Sebastian zugestimmt, als die Tochter mit 18 Jahren ein Moped haben will. Johanna wendet ihre ganze Überredungskunst auf, um die Familie von der Gefährlichkeit solcher Fahrzeuge zu überzeugen. Sie scheint eine ganze Sammlung von Unfallberichten mit den schrecklichsten Folgen zu besitzen. Die Schilderungen sind so eindrücklich, daß niemand mehr an einem Mopedkauf interessiert ist. Diese Angst von Johanna hat einen durchaus normalen Rahmen. Fahrrad- oder Mopedfahrten auf Hauptverkehrsstraßen sind eine gefährliche Angelegenheit.

Ungewöhnlich wird Johannas Verhalten zum erstenmal, als Sebastian beruflich für einige Monate ins Ausland reisen muß. Je näher der Termin rückt, um so dringlicher wird ihre Bitte an Sebastian, nicht zu reisen. Zuerst tut er ihr Drängen mit einem Lachen ab, dann macht er ironische Bemerkungen, zum Schluß wird er ärgerlich.

«Du weißt genau, daß ich fahren muß, anderenfalls kann ich kündigen. In dieser Zeit und unter solchen Umständen finde ich keinen neuen Job.» Aber Johanna ist für diese Argumente nicht zugänglich. Sie findet immer neue Gründe, warum Sebastian nicht fahren soll. Schließlich bekommt sie ziemlich schwere Herzstörungen, ohne daß ein organischer Befund festgestellt werden kann. Als Sebastian trotz dieser Krankheit seine Dienstreise antritt, kommt es bei Johanna bald zu einer Besserung.

Das Verhältnis zu ihren beiden Kindern hat sich mit der Reise des Mannes verändert. Johanna versucht jetzt mit allen Mitteln, ihre Kinder in ihrer Nähe zu halten. Solange der Vater nicht zu Hause ist, gibt es dafür gute Gründe: Einsamkeit, Langeweile, das große, leere Haus, die Angst vor Einbrechern. Will der 16jährige Sohn Freunde besuchen, so ist gerade in diesem Augenblick ganz unbedingt der Rasen zu mähen. Die Tochter wird überredet, den Freund mit nach Hause zu bringen. Johanna verspricht ihnen ein besonders schönes Essen. Wenn die Mutter ein paar Stunden in der Küche gestanden hat, kann man nach dem Essen nicht sofort wieder weggehen. So lange der Vater nicht zu Hause ist, tolerieren beide Kinder mehr oder weniger freiwillig das Verhalten ihrer Mutter. Zu großen Spannungen kommt es, als der Vater zurückgekehrt ist.

Johanna gerät in eine schwere Krise, als Sebastian der Tochter gestattet, auszuziehen und eine eigene Wohnung zu nehmen.

In zwei Beispielen habe ich beschrieben, wie ein Mann und eine Frau Mittel und Wege suchen, um nicht allein sein zu müssen. Sie setzen ihre Macht ein, fordern, bitten, versuchen zu bestechen oder sogar zu manipulieren. Vielleicht ist es mehr ein männliches Mittel, diesen Kampf ideologisch zu überhöhen. Wolfgang greift zu politischen und sozialen Argumenten, um seine Forderungen zu begründen. Johanna dagegen versucht, andere von sich abhängig zu machen. Es soll hier nicht darum gehen, die verschiedenen Formen der Machtausübung zu bewerten. Macht wird immer von demjenigen einschränkend erlebt, der sie erleiden muß.

Aber auch hinter dieser Machtausübung steckt Angst, die Angst, alleingelassen zu werden. Die Macht wird eingesetzt, um dieses Alleinsein zu verhindern.

Alles geht gut, solange der Partner, die Kinder oder andere nahestehende Menschen nicht den Wunsch haben, sich zu entfernen. Zwischen Christine und Wolfgang gibt es keine Konflikte, solange sie zusammenarbeiten. Johanna ist glücklich und zufrieden, wenn sie ihren Mann und ihre Kinder versorgen kann. Zu Gegenmaßnahmen wird in dem Augenblick gegriffen, wenn einer anfängt sich zu entfernen. Ziemlich deutlich ist Johannas Verhalten von dem Wunsch nach Nähe und Unterordnung bestimmt. Aber auch Wolfgang ordnet sich unter, um Christine in seiner Nähe zu behalten. Er zeigt damit ein Verhalten, das in unserer Gesellschaft leicht als unmännlich gekennzeichnet wird. Die bei vielen Männern zu beobachtenden Tendenzen zu Abstand und Überordnung sind bei Wolfgang nicht zu finden. Damit gerät er in die Gefahr, sich von seinen Geschlechtsgenossen zu distanzieren. Die dadurch entstehende Angst kann er nur kompensieren, indem er seine ursprünglichen Bedürfnisse vertuscht. Die Entwicklung einer Ideologie und der damit verbundene verdeckte Machtkampf wird ihm geradezu aufgezwungen, um sich als Mann nicht unmöglich zu machen.

Der Begriff Abhängigkeit hat bei uns im Gegensatz zu Unabhängigkeit einen negativen Klang. Die Manipulationsversuche von Wolfgang und Johanna könnten den negativen Eindruck verstärken. Wir sollten nicht übersehen, daß Wolfgangs Solidarität mit Arbeitslosen ohne das Bewußtsein von Abhängigkeit nicht möglich ist. Weitgehend werden unsere politischen, wirtschaftlichen oder moralischen Abhängigkeiten noch zu wenig begriffen. Die Solidarität mit anderen wird allerdings mißbraucht, wenn sie in einen Machtkampf einbezogen wird.

Die Zuverlässigen

Auf Stefan kann sich jeder verlassen, ob Schüler, Kollege, Freund oder Familie. Wenn ihn jemand um einen Gefallen bittet, so wird er alles versuchen, um niemanden zu enttäuschen. Als ein guter Freund sein Haus umbaut, opfert Stefan bereitwillig einen Teil seiner Ferien. Kürzlich versagte bei einem Nachbarn das Auto. Stefan hat stundenlang nach dem Fehler gesucht und ihn tatsächlich auch gefunden.

Wegen seiner Zuverlässigkeit und seiner Hilfsbereitschaft wird Stefan von seinen Kollegen respektiert. Seine Nachbarn und Freunde verlassen sich auf ihn, aber trotzdem ist Stefan nicht richtig beliebt. Es kommt selten zu einem herzlichen Verhältnis. Seine Schüler fürchten ihn. Seine Frau Erika hat ihm vor kurzem gesagt: «Du siehst die Fehler bei anderen, bevor sie gemacht werden.» Zuerst hat sich Stefan gegen dieses Urteil gewehrt, wenn er aber länger darüber nachdenkt, dann wird ihm deutlich, daß Erika gar nicht so unrecht hat. Er kann ihr so schwer vermitteln, was es für ihn bedeutet, ein Glas Saft schon umkippen zu sehen, obwohl noch gar nichts passiert ist. Wie sollen andere Menschen seine Anspannung verstehen, wenn sie nicht einmal die eigene Familie begreift. Gehört wird Stefans gereizter Ton, sein Leiden wird in der Regel nicht wahrgenommen.

Am schwersten hat es wohl der 16jährige Sohn Jens mit seinem Vater. Vielleicht hätte Jens unter anderen Umständen früher mit dem Vater gesprochen. Da aber schon genug Spannungen vorhanden waren, hat Jens die Fahrradtour für die Sommerferien ohne eine Rücksprache geplant. Seiner Mutter gegenüber hat er nur ein paar Andeutungen gemacht. Als Stefan kurz vor den Ferien die Pläne seines Sohnes erfährt, reagiert er sehr ärgerlich. Er hatte die Absicht, mit der ganzen Familie in den Urlaub zu fahren. Jetzt sieht es so aus, als ob Jens ihn ausmanövriert hat. Die Heimlichkeiten von Jens kränken Stefan, er verbietet ihm kategorisch die Fahrradtour.

«Sei doch nicht so ungerecht», versucht Jens seinen Vater umzustimmen. «Du hast Grund, von Recht und Unrecht zu reden», antwortet Stefan gereizt. «Wochenlang hast du die Fahrt heimlich geplant, du hast dann auch noch verschwiegen, daß Birgit und Stefanie mitfahren und daß ihr zelten wollt. Du hast mich hintergangen.» Um seine Entschlossenheit zu zeigen, verschließt Stefan das Rad von Jens im Keller mit einer Kette. Als Jens bemerkt, daß sein Rad angeschlossen ist, gerät er so in Wut, daß er das Rad demoliert.

Von Stefan heißt es, daß er zuverlässig ist. Wenn andere Hilfe brauchen, dann opfert er Ferien und Freizeit. Es scheint, als ob immer nur andere ihn um einen Gefallen bitten. Er scheint keine Hilfe nötig zu haben, sondern hält Abstand. Seine Hilfsbereitschaft bekommt leicht einen dominierenden Akzent. Stefan muß eigentlich ziemlich einsam sein, wenn er nicht einmal in seiner Familie verständlich machen kann, was in ihm vorgeht. Am deutlichsten reagieren seine Schüler. Sie haben Angst vor ihm.

Stefan erwartet, daß er sich auf Jens verlassen kann. Solange diese Ordnung nicht ernsthaft in Frage gestellt ist, gibt es in der Familie keine schwerwiegenden Konflikte. Das Bedürfnis nach Übersicht und Ordnung wird von Jens durch seine Heimlichkeiten gestört. Das Gefühl, von seinem Sohn hintergangen worden zu sein, verletzt Stefan so tief, daß ein Kompromiß nicht mehr möglich ist. Statt dessen muß er seine elterliche Macht demonstrieren. Solange Jens noch nicht volljährig ist, kann Stefan bestimmen, wo sich sein Sohn in den Ferien aufhält. Im wörtlichen wie im übertragenen Sinn wird durch diesen Machtkampf vieles zerstört.

Seine Grundbedürfnisse zwischen Überordnung und Abstand sieht Stefan durch Jens gefährdet. Was ihm bisher Halt vermittelt hat, wie Zuverlässigkeit und Ordnung, ist in Frage gestellt. Stefan versucht mit Gewalt, seine Kontrolle wieder herzustellen.

Typisch Mann könnte eine Frau dazu sagen. In der Tat zeigt Stefan Bedürfnisse, die bei Männern in stärkerem Maße anzutreffen sind als bei Frauen. Damit ist aber noch lange nicht garantiert, daß der sich entwickelnde Kampf in angemessener Form geführt wird.

Womöglich wäre der Kampf zwischen Vater und Sohn anders verlaufen, wenn Stefan nicht nur seine Macht demonstriert hätte, sondern wenn er etwas von seiner Angst hätte zeigen können. Es sind Ängste, die Stefan mit seinem Verhalten in Schach zu halten versucht. So hat er Angst, daß ein Glas umkippen könnte, und muß daher schon lange vorher versuchen, das Unheil abzuwenden. Vermutlich hat er auch Angst um seinen Sohn Jens. Es könnte ihm an Leib oder Seele etwas passieren. Eine Gruppe von Jungen und Mädchen wollen zusammen zelten, da tauchen mit Sicherheit auch erotische oder sexuelle Wünsche auf. Diese Ängste kann Stefan nicht äußern, und er kann dadurch nicht versuchen, zu einer Verständigung mit seinem Sohn zu kommen. Statt dessen übt er Macht aus.

Am meisten ist Stefan aber wohl beunruhigt, weil er vor vollendete Tatsachen gestellt wurde. Eine Eigenschaft von Stefan wird sichtbar, die sich schon in den geschilderten Ängsten andeutete. Von Mißtrauen wird er in vielen Situationen beherrscht. Das Mißtrauen läßt ihn befürchten, gegenüber Jens ohnmächtig zu sein. Stefan wird glauben, daß er immer nachgeben muß, wenn er sich erst einmal geschlagen gibt. In solch einem Kampf kann ich nur Sieger oder Verlierer sein. Deshalb werden diese Auseinandersetzungen oft so brutal. Es geht bei ihnen um alles oder nichts. Wer so kämpft, kann es sich nicht leisten, auch nur den kleinsten Fehler zu machen. Er muß sich nach allen Seiten absichern.

Die Erfolgreichen

Böse Zungen behaupten, Gabriele sei nur Miglied einer politischen Partei geworden, um mit Hilfe dieser Partei Karriere zu machen. Ihre Anschauungen würden in die Partei eigentlich gar nicht hineinpassen. Auf solche Gerüchte antwortet Gabriele lachend: «Ich habe als Rechtsanwältin genügend Bestätigung und verdiene auch noch gut. Politik ist für mich ein Verlustgeschäft, jedenfalls in finanzieller Hinsicht.» Spätestens hier fehlen den Kritikern die Gegenargumente. Sie werden still, um sich nicht Neid auf eine erfolgreiche Frau vorwerfen zu lassen. Ohne erkennbare Absicht macht Gabriele in der Tat politisch bald eine ziemlich steile Karriere. Ihre Intelligenz, ihre Unabhängigkeit und ihre Attraktivität kommen ihr dabei zugute. Wo andere mit Verbissenheit um Grundsatzpositionen streiten, kann Gabriele mit ihrem Charme auch Gegner für sich gewinnen.

Der Erfolg von Gabriele setzt sich allerdings in ihrem Privatleben nicht fort. Mit ihrem Mann Joachim hat sie zunehmend Konflikte. Die Probleme scheinen nicht in den beruflichen Belastungen zu liegen. Wenig Zeit haben sie schon im Anfang ihrer Ehe füreinander gehabt. Beide sind in ihren Berufen sehr engagiert, Gabriele als Rechtsanwältin, Joachim als Mediziner. Wenn sie sich früher gesehen haben, dann konnten sie diese Zeit genießen. Jetzt wirft Gabriele Joachim vor, daß er ihr den beruflichen und politischen Erfolg neidet. Sie kann ihn nicht verstehen, daß er immer noch als Stationsarzt im Krankenhaus arbeitet, ohne sich wenigstens habilitiert zu haben. «Du setzt deine Fähigkeiten nicht sinnvoll ein», wirft sie Joachim vor. «Kein Patient würde darunter leiden, wenn du beruflich weiterkommst.» Dem Drängen von Gabriele versucht sich Joachim zu entziehen, indem er immer weniger zu Hause ist.

Zu einer massiven Auseinandersetzung zwischen den Ehepartnern kommt es bei Joachims 40. Geburtstag. Dabei hatte Gabriele

sich alles so sorgfältig überlegt. In den USA hat sie sogenannte surprise parties kennengelernt. Solch ein Fest will sie zu Joachims Überraschung veranstalten. In aller Heimlichkeit lädt sie 40 Bekannte und Freunde ein, darunter eine Reihe von prominenten Leuten. Als Joachim an seinem Geburtstag gegen Abend nichtsahnend die Wohnungstür aufschließt, wird er mit einem donnernden Applaus, einem Ständchen und Sektfontänen begrüßt. Kreidebleich und gelähmt läßt Joachim diese Glückwunschwelle über sich hinweggehen. Als Gabriele auf ihn zustürzt und ihn umarmen will, stößt er sie ziemlich heftig von sich und sagt in das entstehende Schweigen hinein: «Du schreckst vor nichts zurück. Wen willst du hier eigentlich feiern, dich oder mich? Vielleicht hast du auch noch das Fernsehen bestellt, um dich als glückliche Ehefrau zu präsentieren.» Einer der Gäste versucht begütigend auf Joachim einzureden. Er aber dreht sich um und verläßt schweigend die Wohnung.

Beobachter dieses Konfliktes werden entsprechend ihrer eigenen Einstellung zu unterschiedlichen Beurteilungen kommen. Wer an anderen Menschen interessiert und kontaktfreudig ist, wird nicht verstehen, warum jemand seine Ruhe haben will. Angehörige eines helfenden Berufes kennen dagegen das Gefühl, durch andere Menschen ausgepumpt zu sein und niemanden mehr sehen zu wollen. Ist die Beurteilung des Konfliktes zwischen Gabriele und Joachim deswegen eine Frage des Berufes oder der Mentalität? Eine Antwort auf diese Frage erhalten wir, wenn wir die Machtausübung zwischen den beiden Ehepartnern genauer untersuchen.

Von Anfang an hat Gabriele Kritiker. Der Verdacht, sie wolle um jeden Preis Karriere machen, läßt sich nicht nur mit Neid und Mißgunst erklären. Auch wenn Gabriele ihre Laufbahn nicht bewußt geplant hat, es paßt sehr bald alles fugenlos zusammen. Ziemlich schnell stellt sich Erfolg ein. Dabei kommt Gabriele zugute, daß sie in eine kleinere Partei eingetreten ist. Schon durch die geringe Mitgliederzahl ist ein Aufstieg schneller zu erreichen als in einer Volkspartei. Ausschlaggebend sind natürlich auch ihre Fähigkeiten, Kompetenzen und Unabhängigkeit.

Bei der politischen Karriere gibt es keine Konflikte, solange Gabriele in Übereinstimmung mit sich selbst und ihrem Mann ist. Joachim wehrt sich, als Gabriele für ihn einen Weg plant, ähnlich wie sie ihn gegangen ist. Er soll ebenfalls Karriere machen, und deswegen kann es nicht schaden, ihn zu seinem 40. Geburtstag mit prominenten Leuten zusammenzubringen. Gabriele hat dabei sicher keine bösen Absichten. Sie hat sich alles gut überlegt. Bei der Verfolgung ihres Zieles setzt sie allerdings Mittel ein, die Joachim unter so starken Druck setzen, daß er sich nur noch gewaltsam wehren und die Flucht ergreifen kann. Hier ist Gabriele gewollt oder ungewollt die Mächtige, die plant und entscheidet, ohne darüber nachzudenken, ob diese Pläne Joachim entsprechen. Solange beide

Partner gleiche oder ähnliche Wünsche haben, kann es zu einer gegenseitigen Förderung kommen, von der beide Seiten profitieren. Spannungen gibt es, als Joachim nicht an einer eigenen Karriere interessiert ist und auch nicht beabsichtigt, der Manager seiner Frau zu werden.

In dem Koordinatenkreuz ist Gabrieles Verhalten zwischen den Bedürfnissen nach Überordnung und Nähe einzuordnen, während Joachim mehr von Wünschen nach Abstand und Unterordnung bestimmt wird.

Das Beispiel von Gabriele ist untypisch. Frauen sind in Politik und Wirtschaft nach wie vor völlig unterrepräsentiert. Ihre Wünsche nach Überordnung und die damit verbundene Gefahr der Dominanz wird von Männern gefürchtet. Hat es wirklich einmal eine Frau geschafft, in die Männerwelt einzudringen, dann zeigt sie oft sehr männliche Züge. Lediglich in bestimmten Bereichen wird den Frauen von Männern Erfolg zugestanden. Mit den angeblich weiblichen Fähigkeiten, wie Gefühl, Phantasie und Kreativität darf sie berühmt werden. Sie ist dann der Star (interessanter Weise auch wieder ein Wort männlichen Geschlechts), dem die Männer zu Füßen liegen. Es ist so, als würden kleine Jungen die unerreichbare Mutter anbeten. Wenn sie schon Überlegenheit akzeptieren müssen, dann soll sie wenigstens vollkommen, dann soll sie göttlich sein.

Mehr Verständnis für die Machtausübung können wir gewinnen, wenn wir die Angstanteile deutlicher betrachten. Bei der erfolgreichen und selbstbewußten Gabriele ist es nicht einfach, Angst festzustellen. Schon vor ihrer Parteikarriere hat sie alles, was sich andere Menschen ein Leben lang erträumen: einen angesehenen Beruf, Bestätigung, genügend Geld und einen Ehepartner, mit dem sie sich zu diesem Zeitpunkt noch gut versteht. All das scheint ihr nicht auszureichen. Sie bemüht sich um noch mehr Anerkennung und noch mehr Erfolg. Sinnvoll wird dieses Verhalten, wenn wir annehmen, Gabriele geht es bei diesem Bemühen um ihren eigenen Wert. Ihr Selbstvertrauen muß sie sich durch immer neue Leistungen und Anerkennung beweisen. Mit ihrer Aktivität bekämpft sie ihre Angst vor ihrer eigenen Wertlosigkeit. Trotz aller Erfolge ist sie

von sich nicht überzeugt. Ihre Angst verschwindet nicht, je mehr Beweise gesammelt werden. Dennoch versucht sie immer wieder ihr Selbstvertrauen durch Erfolge zu stärken. Sie sucht Anerkennung bei anderen, damit sie sich selbst anerkennen kann. Erfolgreiche Menschen sollten einmal darauf achten, welche Rolle Angst bei ihrer Karriere spielt und wie hoch der Preis ist, den sie täglich für ihren Erfolg bezahlen müssen.

In vier Beispielen wurden die Machtkämpfe von Menschen mit verschiedenen Eigenschaften geschildert. Machtausübung wird zu einem Problem, wenn in einer Familie unterschiedliche Wünsche einen bestimmten Rahmen überschreiten und das Gleichgewicht von Bedürfnissen gefährden. In solch einem Augenblick werden Gegenkräfte und Ängste wach. Je größer diese Ängste sind, um so massiver wird versucht, sie in Schranken zu halten und den ursprünglichen Gleichgewichtszustand wiederherzustellen. Die Destruktivität vieler Machtkämpfe liegt darin, daß es nicht möglich ist, Bedürfnisse und ihr Gleichgewicht festzuschreiben. Um die Ausgewogenheit müssen wir uns immer neu bemühen.

In den Beispielen lassen sich unterschiedliche Kampfformen beobachten. Am deutlichsten sind die Taktiken bei den Abhängigen und den Zuverlässigen. Sie lassen sich mit den Schlagworten Manipulation und Kontrolle umschreiben. Nicht so eindeutig ist das Verhalten bei den Unabhängigen. Aus einem gewissen Mißtrauen heraus werden Vorwürfe gemacht.

Im Beispiel der Erfolgreichen setzt Gabriele viel Phantasie ein, um Joachim zu überraschen.

Die Stichworte Vorwürfe, Manipulation, Kontrolle und Überraschung können vielleicht dazu dienen, bestimmte Machtstile zu kennzeichnen, die von Menschen mit unterschiedlichen Eigenschaften angewendet werden. Jeder einzelne und jede Familie entwickeln dabei ihre eigene, unverkennbare Handschrift. Diese Handschrift kennenzulernen, kann uns helfen, die eigene Urheberschaft von Machtkämpfen zu erkennen und sie nicht immer wieder anderen anzulasten. Das Wissen um den eigenen Stil ist die Voraussetzung für jede Veränderung. Nur wenn ich weiß, wie ich in Machtkämpfen reagiere, kann ich versuchen, mein Verhalten zu verändern.

Die Frage nach den persönlichen Eigenschaften zeigt noch einmal, daß sich nicht eindeutig weibliche oder männliche Machtkämpfe feststellen lassen. Es gibt lediglich bestimmte Tendenzen, die bei Männern oft härtere Züge als bei Frauen erkennen lassen. In dem Kapitel «Die Abhängigen» versuchen Johanna und Wolfgang zu manipulieren. Wolfgang wird aktiv, um seine Wünsche durchzusetzen, während Johanna leidet. Ob das härtere oder weichere Vorgehen effektiver ist, läßt sich schwer messen. Mit dieser Frage wären wir schon wieder bei der Beurteilung des Machtkampfes.

Vertraute Fähigkeiten erhalten leicht ein positives Urteil, fremde Verhaltensweisen werden abgelehnt. Damit sind wir in der Gefahr, Partei zu ergreifen und in den Machtkampf hineingezogen zu werden. Die Herausarbeitung von verschiedenen Kampfformen mit den Stichworten: Vorwurf, Manipulation, Kontrolle und Überraschung könnte zu dem Eindruck führen, als ließen sich alle Machtkämpfe auf diese Begriffe reduzieren. Die bisher geschilderten Machtkämpfe zeigen aber, daß sie von der Beteiligung anderer abhängen und durch die Situation beeinflußt werden. Mit anderen Worten: Der Vielfalt der Machtkämpfe sind keine Grenzen gesetzt.

Machtstile

Ich will mich selbst verwirklichen

«Ich habe das Gefühl, daß du mich mit deinem Sprachfehler ganz gewaltig unter Druck setzt. Jedesmal, wenn ich dich etwas härter anpacke, dann fängst du an zu stottern. Damit machst du mich hilflos und aggressiv.» Wilfried lehnt sich nach seinen Worten selbstbewußt zurück und schaut auffordernd in die Runde. Die meisten Mitglieder der Selbsterfahrungsgruppe halten die Köpfe gesenkt oder blicken verstohlen zu Ekkehard, der von Wilfried so massiv angegriffen wurde. Ekkehard sind Tränen in die Augen getreten, sein Gesicht zuckt wie unter Krämpfen.

Vielleicht ist es die Angst, Ekkehard könnte versuchen, etwas zu sagen, das Regine veranlaßt, das Schweigen zu brechen. Sie wirft Wilfried Gefühlslosigkeit vor. Andere Gruppenteilnehmer stimmen ihr zu. Wilfried ist ganz erstaunt und antwortet: «Ich habe von meinen Gefühlen gesprochen und keine objektive Mitteilung gemacht. Gefühle werde ich hier doch wohl noch haben dürfen.»

In dieser Selbsterfahrungsgruppe ist tatsächlich eine spontane und offene Äußerung aller Einfälle und Gefühle vereinbart worden. Diese Vereinbarung veranlaßt Wilfried, rücksichtslos einem Gruppenmitglied seine Meinung zu sagen. Unter Benutzung legaler Mittel übt Wilfried in dieser Gruppe Macht aus.

Mit der Vereinbarung von Gefühlsäußerungen in einer Selbsterfahrungsgruppe soll eine rationale Diskussion von persönlichen Konflikten überwunden werden. Die Entdeckung emotionaler Hintergründe kann einen neuen Zugang zu Schwierigkeiten oder Ängsten schaffen. Wilfried mißbraucht diese therapeutische Methode, um sich Macht über andere anzueignen. In dem Schonraum einer Selbsterfahrungsgruppe macht er Äußerungen, die von den anderen Gruppenmitgliedern kaum hinterfragt werden können. Gefühlsäußerungen haben in solchen Gruppen einen besonders wichtigen Stellenwert und genießen einen allgemeinen Schutz. Wilfried zeigt mit seinem Verhalten, daß auch therapeutische Methoden zur Machtausübung mißbraucht werden können. Gerade sie sind im persönlichen Umgang besonders gefährlich, da sie ein sehr scharfes, verletzendes Instrument sind. Die allgemeine Beschäftigung mit psychologischen Fragen bietet eine breite Möglichkeit für vielfältigen Machtmißbrauch. Mit psychologischen Methoden lassen sich Menschen manipulieren, auch wenn von Selbstverwirklichung, Freiheit oder Kreativität geredet wird. Das gilt nicht nur für die ausgeklügelten Methoden der Werbebranche.

Besonders stark ist die Gefährdung in der Familie. Hier hat keiner die Möglichkeit, einfach wegzugehen oder die Stelle zu wechseln. Persönliche Fragen können nicht ausgeklammert werden. Einer ist auf den anderen angewiesen, einer dem anderen ausgeliefert. Mißbrauch psychologischer Methoden läßt sich häufig beobachten, wenn nur ein Familienmitglied in einer Therapie gelernt hat, seine Interessen durchzusetzen. Hier liegt ein Grund dafür, häufiger Familientherapien anzubieten. Es könnte dann versucht werden, Verhaltensmuster zu bearbeiten, wie Wilfried sie zeigt.

Der Mißbrauch therapeutischer Methoden sollte uns nicht davon ablenken, daß sich bei Machtkämpfen verschiedene Stilarten beobachten lassen. Charakteristische Grundzüge kehren in vielen Situationen wieder. Manchmal ist es nicht ganz einfach, den ursprünglichen Stil zu erkennen. Viele verschiedene Elemente können das Muster verfremden. Es gibt aber auch Machtkämpfe, die einfach «stillos» sind.

Ist nun in der Selbsterfahrungsgruppe ein bestimmter Stil des Machtkampfes festzustellen? Der Kampf wird von Wilfried geprägt. Er äußert sich sehr deutlich und sehr aggressiv. Damit ist ein verdeckter Machtkampf, wie wir ihn häufig erleben können, nicht mehr möglich. Die offene Äußerung wird vermutlich durch die Vereinbarung der Gruppe gefördert, Gefühle spontan mitzuteilen.

Das Beispiel zeigt aber auch, daß direkt und offen geäußerte

Machtansprüche noch lange keine Gewähr für einen menschlicheren Umgang sind. Bei einer direkten Äußerung sind allerdings die Fronten klar. In der Gruppe kann jedes einzelne Mitglied entscheiden, ob es sich der Macht von Wilfried unterwirft oder sich mit dem angegriffenen Ekkehard verbündet. Regine, die den Kampf gegen Wilfried aufnimmt, bezieht damit deutlich eine Gegenposition.

Charakteristisch für das Verhalten von Wilfried ist der Vorwurf, den er Ekkehard macht. Vorwürfe sind uns in dem Kapitel «Die Unabhängigen» begegnet. Hier deutete sich schon an, daß die Vorwurfshaltung im Machtkampf von Menschen bevorzugt wird, die ihre Unabhängigkeit suchen. Offensichtlich stellt Wilfried durch seinen Angriff auf Ekkehard Abstand zu den anderen Gruppenteilnehmern her. Dazugehörige Formen der Unterordnung lassen sich nicht so eindeutig feststellen, es sei denn, man wollte die Mitgliedschaft in der Selbsterfahrungsgruppe und die Respektierung der Regeln als eine Form der Unterordnung anerkennen.

Wir müssen allerdings berücksichtigen, daß sich Menschen nur bedingt in ein Raster einordnen lassen.

Wilfried beruft sich nämlich auch noch auf verbindliche Regeln. Er verkörpert damit eine Mischung verschiedener Bedürfnisse, die aber in dem Wunsch nach Unabhängigkeit ihren Schwerpunkt hat.

Auch bei Wilfried ist Angst zu beobachten, wenn er zu Ekkehard sagt: «Du machst mich hilflos.» Diese Hilflosigkeit kann Wilfried offensichtlich nicht ertragen. Er muß versuchen, sie mit ziemlicher Brutalität zu unterdrücken. Wenn andere schon schwach sind, dann muß er wenigstens stark sein. Die Angst ist ein entscheidender Punkt zur Beeinflussung des Machtkampfes. Sie zu verstehen, zu respektieren und trotzdem anzusprechen, könnte Wilfried helfen, nicht so rücksichtslos mit einem anderen Menschen umgehen zu müssen. Das Schlagwort von der Selbstverwirklichung würde damit einen anderen Klang erhalten.

Die Macht der Ohnmacht

Die bisher beschriebenen Beispiele mehr oder weniger offen ausgedrückter Macht haben den Vorteil, durchschaubar zu sein. Es gibt eine Reihe von Situationen, in denen Machtausübung schwer oder nur unter bestimmten Voraussetzungen erkannt werden kann. Das ist der Fall, wenn Machtansprüche nicht direkt gestellt oder nicht einmal gewollt werden.

So ist es Renate ergangen. Obwohl sie heute selbst Mutter von zwei größeren Kindern ist, hat sie sich, solange sie denken kann, nach einer zärtlichen liebevollen Mutter gesehnt. Was sie erlebt hat, war eine schwerkranke Frau, der sie wegen einer ansteckenden Krankheit nicht zu nahe kommen durfte. Es gab keine Umarmungen, keine Zärtlichkeit.

Erschütternde Erinnerungen tauchen bei Renate auf. Als kleines Mädchen steht sie leise klopfend vor der Schlafzimmertür ihrer Mutter. Sie hofft hereingerufen zu werden, statt dessen wird sie vertröstet: «Die Mutter braucht Ruhe ..., komm später ..., geh spielen», das sind die Worte, die sie behalten hat. Selten hört sie ein klares «Nein», dagegen hätte sie sich vielleicht noch wehren können, vielleicht wäre sie sogar wütend geworden. Was soll sie aber sagen wenn es heißt: «Die Mutter braucht Ruhe?» Sie weiß doch, daß ihre Mutter sehr krank ist, sie hat gelernt zu warten.

Renate flieht in ihre Träume, hier kann sie niemand vertreiben. In diesen immer wiederkehrenden Träumen ist ihre Mutter eine wunderhübsche Schauspielerin. Die Menschen drängen sich, um sie sehen zu können. Sie wird mit Blumen überschüttet und angebetet.

In ihren Träumen ahnt Renate, was sie sich bewußt nie eingestehen konnte. Sie macht ihre Mutter zu einer berühmten und damit auch mächtigen Frau. In früheren Zeiten wäre vielleicht das Bild einer Prinzessin oder Königin gebraucht worden. Heute liegt Schauspielerin näher, aber sie wird mit beinahe göttlichen Attributen versehen. Eine größere Macht ist mindestens für Renate kaum denkbar. Mit dieser Macht findet aber keine Auseinandersetzung statt. Die Schauspielerin wird in den Himmel gehoben. Renate kann eine

Traumgestalt nicht umarmen, sie kann nicht mit ihr streiten, so wie eine Tochter mit einer gesunden Mutter streitet.

Für Renate ist ihre Beziehung zu ihrer Mutter so kompliziert, weil sie ihr niemals mit einem guten Gewissen einen Vorwurf machen konnte. Die Mutter kann für ihre Krankheit nicht verantwortlich gemacht werden. Erst recht kann ihr nicht vorgeworfen werden, sie übe mit dieser Krankheit Macht aus. Zu offensichtlich ist das Leiden der Mutter.

Bei der Auseinandersetzung mit leidenden oder sterbenden Menschen stoßen wir an ein Tabu. Es mutet ungewöhnlich, wenn nicht gar blasphemisch an, Leidende und Sterbende in die Auseinandersetzung um die Macht mit einzubeziehen. Besonders schwer fällt dieser Schritt, solange Macht als etwas Dämonisches verstanden wird. Gelingt es uns aber, Macht als ein allgemein menschliches Phänomen zu erkennen, dann können wir sehen, daß Leidende, Sterbende, ja sogar Tote ihre Macht ausüben. Solche Machtausübung können wir nicht verurteilen, wir können sie aber feststellen.

Renate erlebt die Mutter als mächtig. Sie wird ausgesperrt, sie darf sich ihrer Mutter nicht nähern, sie muß warten, sie muß allein zurechtkommen. Renate spürt Ohnmacht, wenn sie vor der Schlafzimmertür ihrer Mutter steht. Es sind alle Zeichen eines Machtkampfes vorhanden, auch wenn keiner diesen Kampf will. Die Suche nach einem Schuldigen würde zu keinem Ergebnis führen. Solch eine Suche verhindert vielmehr die Lösung eines Machtkampfes. Der Schuldige fühlt sich angegriffen, muß sich verteidigen oder kapitulieren.

Vielleicht hätte Renate nicht soviel leiden müssen, wenn sie wütend geworden wäre. Es ist sogar gut vorstellbar, daß sich Mutter und Tochter in ihrer Wut begegnet wären. Vielleicht wäre es Renate dann auch erspart geblieben, einen ähnlichen Leidensweg wie ihre eigene Mutter zu gehen. Sie muß wegen einer ziemlich schweren Depression therapeutische Hilfe in Anspruch nehmen. Ihre Krankheit wird ausgelöst, als ihr Mann Trennungsabsichten äußert. Durch die Verschlechterung ihres Gesundheitszustandes fühlt sich der Mann gezwungen, wieder zu Renate zurückzukehren.

Die Lebensgeschichte von Renate zeigt, wie mit Hilfe von Krankheit und Leiden Macht ausgeübt wird. Diese Macht ist so schwer zu begreifen, weil sie von dem Ausübenden nicht gewollt und oft nicht einmal wahrgenommen wird. Renate erlebt nur unendliche Traurigkeit. Ein wichtiges Merkmal unbewußter Machtausübung ist die Manipulation. Für unseren Zusammenhang ist es wichtig, diesen Vorgang nicht mit einem moralischen Vorwurf zu versehen. Renate wird nicht krank, um damit ihren Mann zu sich zurückzuholen. Trotzdem zwingt sie ihn gegen seinen Willen, ihre Wünsche zu erfüllen. Wie sie als Kind gezwungen wurde, so zwingt sie jetzt ihren Mann. Wer könnte es schon wagen, gegen Leiden, Krankheit oder Tod seine eigenen Wünsche durchzusetzen. Manipulation ist eine Form des Machtkampfes, die von Menschen bevorzugt wird, die wir als «die Abhängigen» beschrieben haben. Renate ist zu denen zu rechnen, die sich nach Nähe sehnen und bereit sind, sich unterzuordnen. Lange Zeit hatte sie versucht sich zu beweisen, wie gut sie allein auskommen kann. Die Scheidungsabsicht ihres Mannes hat die alte Angst vor der Einsamkeit wieder geweckt und sie aus dem Gleichgewicht gebracht. Mit Macht versucht sie, den alten Zustand wiederherzustellen.

Die Kontrolle der Macht

Aus dem politischen Leben kennen wir die Notwendigkeit der Machtkontrolle. Unsere Freiheit gerät in Gefahr, wenn diese Kontrolle vernachlässigt wird. Immer neu entstehende Abhängigkeiten und Übergriffe verschiedener Instanzen gefährden das Machtgleichgewicht. Die gesetzgebenden und rechtsprechenden Gewalten müssen daher ihre Unabhängigkeit gegenseitig kontrollieren. Die Machtkontrolle dient also der Erhaltung der Freiheit.

Ein Beispiel aus dem Erlebnishorizont der Familie soll die Möglichkeiten und Gefahren der Machtkontrolle zeigen.

«Dirk, sei bitte so lieb und hilf, mir die Sachen aus dem Auto zu pakken. Ich breche sonst noch zusammen.» Elke ist damit beschäftigt, Kartons voller Lebensmittel in den Vorratsraum ihres gemeinsamen Hauses zu tragen. Dirk kommt bereitwillig und hilft ihr bei dem Transport. Eine ganze Weile sind beide beschäftigt, alle Einkäufe zu verstauen. Als sie mit ihrer Arbeit fertig sind, sagt Elke geheimnisvoll zu Dirk: «Jetzt muß ich dir noch etwas zeigen.» Aus einem Karton nimmt sie ein Paar neue Schuhe. «Toll nicht wahr? Von 98 DM auf 78 DM herabgesetzt.»

Als Dirk etwas erschrocken guckt, ergänzt Elke zögernd: «So günstig kriege ich die nie wieder.» Seufzend sagt Dirk: «Bei dir hat wohl heute das Geld wieder etwas locker gesessen?»

«Du kannst einem jede Freude verderben», antwortet Elke etwas verletzt.

«Ich habe den Eindruck, daß du in den letzten Wochen mehr Geld ausgegeben hast, als ich verdiene: Jeans und Anoraks für die Kinder, ein neues Fahrrad, Geschirr und noch eine Reihe von Kleinigkeiten. Du scheinst dabei völlig zu vergessen, daß wir noch dringend Geld für wichtige Reparaturen in unserem Haus brauchen.»

«Führst du Buch über meine Ausgaben?» fährt Elke Dirk an, «du hast nur dein Haus im Kopf und überlegst, was da wieder zu machen ist. Dabei weißt du genau, daß die Kinder für den Urlaub neue Kleidung brauchen. – Wenn du mir das Fahrrad vorhältst, so ist das der Gipfel der Frechheit. Wer braucht denn normalerweise das Auto? Soll ich etwa die Einkäufe für die ganze Familie zu Fuß herbeischleppen?»

Am liebsten würde Dirk sagen: Dann kaufst du vielleicht nicht mehr soviel ein. Er unterdrückt aber diesen Gedanken und sagt begütigend: «Komm, Schatz, wir wollen nicht streiten.»

Jetzt verliert Elke völlig ihre Fassung: «Hör auf, mich Schatz zu nennen, wenn du von Geld redest!»

Die Auseinandersetzung zwischen Elke und Dirk hat damit ihren Höhepunkt erreicht. Beide sind wütend und wiederholen altbekannte Vorwürfe. Der Streit geht eine ganze Weile mit unverminderter Heftigkeit weiter.

Plötzlich läßt sich Elke weinend auf einen Stuhl fallen und sagt: «Ich will nicht mehr. Ich habe das Gefühl zu ersticken.»

Betroffen schweigt Dirk. Erst nach einiger Zeit sagt er leise: «Ich weiß nicht, was ich machen soll. Wenn wir über Geld streiten, bekomme ich wahnsinnige Angst. Wie in einem Alptraum erlebe ich, daß wir unser Haus nicht mehr finanzieren können. Ich sehe die Käufer schon durch die Räume laufen.»

«Das will ich doch auch nicht», antwortet Elke, «ich weiß, daß Geld bei mir manchmal locker sitzt. Wahrscheinlich habe ich dich darum auch immer wieder gebeten, auf mich aufzupassen. Es ist gut, wenn du auf mich achtest. Deshalb brauchst du aber doch nicht gleich die Befürchtung zu haben, ich würde unsere ganze Existenz aufs Spiel setzen. – Wenn ich das Gefühl habe, daß jeder Schritt kontrolliert wird, dann werde ich wahnsinnig.»

«Ich weiß nicht, ob ich das kann», antwortet Dirk. «Kontrollieren soll ich nicht, aber aufpassen oder auf dich achten, das soll ich. Erwartest du nicht ein bißchen viel von mir?»

Elke geht auf Dirk zu und nimmt ihn in die Arme.

«Ich achte doch auch auf dich, ohne dich zu kontrollieren.»

Das Beispiel von Elke und Dirk zeigt deutlich, in welche Konflikte Machtkontrolle führen kann.

Elke verfügt in dieser Ehe über Macht. Geld ist ein sehr sicherer Gradmesser wirtschaftlicher Macht. Wer über das Geld verfügt, hat die Macht. Es ist daher nicht verwunderlich, daß in Geldfragen viele Machtkämpfe ausgetragen werden, übrigens nicht nur in Familien.

Elke hat die Möglichkeit über Einkäufe zu entscheiden, ohne sie vorher mit Dirk absprechen zu müssen. Wenn sie schon häufig auf das Auto verzichten muß, dann nimmt sie für sich in Anspruch, wenigstens ein Fahrrad zu kaufen, und zwar wann sie es will. Ganz vehement wehrt sich Elke dagegen, sich kontrollieren zu lassen. Sie will nicht, daß über ihre Einkäufe Buch geführt wird.

Die Macht von Dirk besteht in seiner Kontrolle über Elke. Er kann ziemlich genau die Einkäufe der letzten Wochen aufzählen. Er hat einen Gesamtüberblick über die finanzielle Situation der Familie. Dazu gehört auch die Einbeziehung der Hausreparaturen, auf die Elke kaum eingeht, obwohl ihr ebenfalls dieses Haus gehört. Die Übersicht und die Verantwortung werden von Dirk als Belastung, von Elke als Einengung erlebt.

Der Stil des Machtkampfes zwischen Elke und Dirk läßt sich mit Machtkontrolle beschreiben. Wenn wir eine Einordnung dieses Stiles versuchen, dann ist an Menschen zu denken, die wir als «Zuverlässige» kennengelernt haben. Bereitwillig leistet Dirk Hilfe. Die Hilfe hat etwas mit Ordnungschaffen zu tun. Ordnung und Übersicht sind für Dirk wesentliche Elemente seines Lebens. Damit macht er Elke ein schlechtes Gewissen, die mit Geld sehr viel großzügiger umgeht.

Um nicht aus dem Gleichgewicht zu geraten, setzt Dirk seine Kontrolle ein. Sein Verhalten läßt Bedürfnisse nach Abstand und Überordnung erkennen, während Elke nicht einfach bereit ist, sich unterzuordnen. Trotzdem sehnt sie sich mehr nach Nähe. Sie ist es, die zum Schluß auf Dirk zugehen kann und ihn in den Arm nimmt.

Bei beiden ist aber auch die Kehrseite ihrer Macht, die Angst zu erkennen. Dirk sagt deutlich, daß er Angst vor dem wirtschaftlichen Chaos hat. Indem sie offen ihre Angst äußern, fangen beide an, ihren Machtkampf zu überwinden. Der Machtkampf, wer das Recht hat, über Ausgaben und Anschaffungen zu bestimmen, könnte beliebig lange fortgesetzt werden. Elke und Dirk scheinen in diesem Kampf ihre Erfahrungen zu haben. Es hört sich nicht so an, als sei das der erste Streit zu diesem Thema. Durch die Kontrollversuche von Dirk kommt der Kampf erst richtig zum Ausbruch.

Kontrolle gehört zu den massivsten Formen der Machtausübung. Wer das Recht, die Möglichkeiten oder die Fähigkeiten zur Kontrolle hat, ist in seiner Machtausübung nur durch noch bessere Kontrolle zu übertreffen. Kontrolle verleitet dazu, immer neue Kontrollen zu schaffen, eine Schraube ohne Ende. Elke und Dirk sind durchaus in der Gefahr, in diesen Teufelskreis der gegenseitigen Kontrollen zu geraten. Sie finden einen Ausweg, indem Elke den Kampf aufgibt. Sie sagt: «Ich will nicht mehr.»

Wir könnten diese Phase der Auseinandersetzung immer noch auf der Ebene des Machtkampfes betrachten. Das würde dann vielleicht heißen, daß wieder einmal die Frau kapitulieren muß und der Mann der Sieger bleibt. Wie dieses Problem in der Öffentlichkeit behandelt wird, zeigt folgender Witz aus einer Zeitung:

Immer gegen die Männer!

Führt Mann Haushaltsbuch, will er Frau in finanzielle Abhängigkeit zwingen.

Bittet Mann die Frau, das Haushaltsbuch zu führen, ist er sogar dazu zu faul.

Wir könnten aber auch unterstellen, daß Elke mit einem Kapitulationsangebot und ihren Tränen Dirk in besonders listiger Weise überrumpelt und besiegt. Diese Betrachtungsweise wird der Auseinandersetzung zwischen Elke und Dirk nicht gerecht. Auch und gerade wenn wir uns mit Machtstrukturen auseinandersetzen, dürfen wir menschliche Beziehungen nicht auf Machtkämpfe reduzieren. Es gibt auch andere Formen der Beziehung, und die sind erreicht, als Elke den Kampf aufgibt. Wenn Elke sagt: «Ich will nicht mehr», ist das durchaus keine Kapitulation. Sie entscheidet sich vielmehr, aus dem Machtkampf auszusteigen.

Während des Kampfes hatte es geheißen: «Du kannst einem jede Freude verderben ..., du führst Buch ..., du weißt genau, daß die Kinder Kleidung brauchen ...» Jetzt spricht Elke von sich selbst und macht nicht mehr Dirk verantwortlich. Damit hat Dirk ebenfalls die Möglichkeit, von sich und seiner Angst zu reden. Beide haben die Arena des Machtkampfes verlassen.

Das Beispiel von Elke und Dirk zeigt, wie schnell die Kontrolle von Macht selbst zu noch größerer Macht führen kann. Kontrolle läßt im Grunde nur Überordnung und Unterordnung zu. Sie ist eine eindimensionale Form der Beziehung, die nur Macht oder Ohnmacht kennt. Die Folge ist ein gnadenloser Machtkampf oder eine gegenseitige Lähmung. Die Gefahr der Lähmung gilt auch für das politische Leben, selbst wenn hier noch andere Dimensionen eine Rolle spielen als die Familienbeziehungen. Ausgewogenheit von verschiedenen Kräften, wie sie durch politische Machtkontrolle garantiert werden soll, gerät leicht zur Erstarrung. Ein Beispiel dafür ist die Ausgewogenheit mancher Fernsehsendungen, in der die Meinung der einen Seite durch die Stellungnahme der anderen Seite neutralisiert wird. Die Folge ist eine nicht mehr zu überbietende Langeweile und Flachheit. Auch der Staat gerät leicht in die Versuchung, sich selbst durch Kontrolle zugrunde zu richten. Die Staatsverdrossenheit, besonders jüngerer Menschen, ist ein ernstzunehmendes Signal. Wir sollten uns vor dem Mißverständnis hüten, daß Kontrolle allein schon Freiheit schafft. Kontrolle ist in der Politik ein Hilfsmittel, aber keine Garantie der Freiheit. Mitunter ist sie ein notwendiges Übel. Sie führt leicht zu Überwachung und Anpassung, besonders wenn sie perfekt gehandhabt wird.

Der Überraschungsangriff

Überraschungskunststücke haben Constantin bei seinen Freunden berühmt, aber auch etwas berüchtigt gemacht.

Zu Geburtstagen oder Feiern kann er nicht mit einem gewöhnlichen Geschenk erscheinen. Es muß exotisch oder mindestens außergewöhnlich verpackt sein.

Zu der Hochzeitsfeier von Freunden kommt Constantin einmal mit einem riesigen Paket. Unter den gespannten Blicken aller Gäste packt er vorsichtig das Geschenk aus. Es handelt sich um eine prächtig aussehende Vase. Beim Überreichen fällt das Geschenk durch eine Ungeschicklichkeit zu Boden und zerbricht in tausend Stücke. Die Gäste erstarren vor Schreck. Die Braut ist den Tränen nahe, weil sie das Gefühl hat, unachtsam gewesen zu sein. Kurze Zeit später stellt sich heraus, daß es sich um eine wertlose Keramikvase gehandelt hat, die Constantin sorgfältig hergerichtet und beim Überreichen absichtlich fallengelassen hat.

Constantins Freundin Isolde erlebt solche Überraschungen mit zwiespältigen Gefühlen. Manchmal hat sie den Eindruck, von ihnen überrollt zu werden.

Seit längerer Zeit ist zwischen Isolde und Constantin das Ziel eines gemeinsamen Urlaubs umstritten. Isolde möchte nach Skandinavien reisen, während Constantin von Spaniens Sonne schwärmt. Er befürchtet, an einer einsamen Küste durchzudrehen, während sie keine Hitze vertragen kann. Ihr einjähriges Freundschaftsjubiläum wollen Isolde und Constantin mit einer großen Party feiern. Zum Höhepunkt der Feier tritt, auch für Isolde völlig überraschend, eine Flamencotänzerin auf. Keiner der Gäste kann sich der Faszination dieses Tanzes entziehen. Auch Isolde ist überwältigt. Constantin braucht nicht mehr viel Überredung, um den gemeinsamen Urlaub in Spanien zu vereinbaren. Erst sehr viel später wird Isolde klar, daß sie sich durch die Überraschung wieder einmal hat überrumpeln lassen.

Constantin gebraucht seine Phantasie, um sich in den Mittelpunkt zu stellen und seine Interessen durchzusetzen. Das Überraschungsmoment ist dabei eine unschlagbare Waffe. Niemand kann sich auf solch eine Taktik vorbereiten.

Neben aller Bewunderung, die Constantin durch seine Einfälle gewinnt, gibt es auch Andeutungen über deren Kehrseite: Nicht alle sind von seinen Späßen begeistert. Bei der Hochzeitsfeier ist die Braut den Tränen nahe. Es ist kaum vorstellbar, daß ein Mensch wie Constantin einmal in den Hintergrund tritt. Um im Mittelpunkt zu stehen, muß er viel Kraft aufwenden. Andere werden sich von ihm verdrängt fühlen.

Am deutlichsten bekommt Constantins Freundin Isolde seine Macht zu spüren. Die Wahl des Urlaubsortes wird mit ziemlich viel Aufwand beeinflußt. Dagegen ist sie wehrlos und merkt erst sehr viel später, was mit ihr geschehen ist. Die Form des Überraschungsangriffes scheint zum Stil von Constantins Machtgebrauch zu gehören. Er ähnelt damit Menschen, die wir als «die Erfolgreichen» charakterisiert haben. Neben Überordnung ist bei ihm das Bedürfnis nach Nähe und Bewunderung zu spüren. Am Rande zu stehen, löst bei ihm die Angst aus, wertlos zu sein. Dagegen muß er sich mit allen Mitteln zur Wehr setzen.

Die Treibjagd

«Viele Hunde sind des Hasen Tod.» Nach diesem Sprichwort werden Treibjagden veranstaltet. Eine Meute von Hunden stürzt sich auf einen wehrlosen Hasen. Was einer allein nicht schafft, das gelingt, wenn die Jagd aufgeteilt wird. Viele Hunde bringen gemeinsam den Hasen zur Strecke. Dieses Bild von der Treibjagd möchte ich auf eine bestimmte Art der Machtausübung in Familien übertragen. Gemeint sind Situationen, in denen sich mehrere Familienmitglieder zusammentun und über ein Opfer herfallen.

Die 15jährige Sabine öffnet die Tür nur einen Spalt und ruft ihrer Familie zu: «Tschüs, ich fahre jetzt zur Fete.»

Ehe sich die Eltern richtig besonnen haben, klappt die Tür schon wieder zu. Die Mutter springt auf und holt Sabine zurück. «Wir müssen erst einmal besprechen, wann du wieder du Hause bist», eröffnet die Mutter das Gespräch.

«Da gibt es nicht viel zu besprechen, ich habe gesagt, um 22.00 Uhr will ich Sabine wieder hier sehen», mischt sich der Vater ein. Sabine versucht es mit Betteln, «nur dieses eine Mal möchte ich bis zum Schluß bleiben dürfen, immer muß ich als erste gehen. Ich bin doch kein Baby mehr».

Die zwei Jahre ältere Schwester Ulrike stichelt: «Bienchen verkündet ihrer neuesten Forschungsergebnisse.» Sabine wirft ihrer Schwester einen wütenden Blick zu, ziemlich patzig sagt sie zu ihren Eltern: «Mir erlaubt ihr nie was, Ulrike dagegen darf machen, was sie will».

«Schließlich bin ich ja auch zwei Jahre älter», kontert Ulrike.

«Du könntest dir ein Beispiel an deiner Schwester nehmen, besonders was die Schule betrifft.» Bei diesen Worten ihres Vaters treten Sabine Tränen in die Augen. «Du bist gemein», antwortet sie, «du weißt genau, wie ungerecht die Mathelehrerin ist. Ich kann tun, was ich will, bei der komme ich nie auf einen grünen Zweig».

Der Vater wird langsam wütend: «Ich sehe nicht, daß du für die Schule irgend etwas tust. Du hast doch nur dein Vergnügen im Kopf.» Der Streit zwischen Vater und Tochter geht noch eine ganze Weile hin und her. Die jüngere Schwester von Sabine hat bisher für die Auseinandersetzung wenig Interesse gezeigt. Bei zunehmender Schärfe wird sie unruhig und flüchtet schließlich auf den Schoß der Mutter.

Sabine macht noch einmal einen Versuch: «Sybille hat doch morgen Geburtstag, wir wollen ihr noch alle gratulieren.» «Kommt nicht in Frage, 22.00 Uhr ist abgemacht.» Mit diesen Worten verläßt der Vater das Wohnzimmer. Sabine schreit ihm noch hinterher: «Nichts ist abgemacht, du hast bestimmt.»

«Du weißt genau, daß ich kein Auge zumache, solange du nicht wieder zu Hause bist», redet die Mutter begütigend auf Sabine ein. Doch Sabine ist nicht mehr ansprechbar.

Es ist üblich, solch einen Konflikt als aggressive Auseinandersetzung zu verstehen. Aggressiv ist die Art und Weise, in der der Streit ausgetragen wird. Aggressionen sind die Waffe, mit der ein Machtkampf geführt wird. Das Betrachten der Waffe kann etwas von der Grausamkeit des Krieges zeigen. Der Krieg selbst wird durch Waffenkenntnis aber nicht erklärt und noch weniger beendet.

In vielen Beispielen ist deutlich geworden, daß Machtkämpfe auch ohne sichtbare Aggressionen geführt werden können. Sabine dagegen bekommt die Aggressionen ihrer Familie deutlich zu spüren. Jedes Familienmitglied zeigt seine persönliche Macht in sehr unterschiedlicher Weise.

Als erste greift die Mutter ein, sie holt Sabine zurück. Die Nähe zu ihrer Tochter ist für sie wichtig. Um die Trennung für die Mutter nicht zu schmerzhaft werden zu lassen, sind genaue Zeitvereinbarungen notwendig. Nach dem Muster individueller Machtausprägung gehört Sabines Mutter zu den Abhängigen, die ihre Macht einsetzen, um ihre Angst vor dem Alleinsein zu beherrschen. Dazu muß sie ihre ganze Familie um sich haben. Die Mutter kennt ihre Angst, wenn sie sagt, daß sie nicht schlafen kann, solange Sabine nicht wieder zu Hause ist. Diese Mitteilung zwingt Sabine vielleicht mehr als ein Befehl, pünktlich nach Hause zu kommen. Sabine würde von dieser Angst auch etwas spüren, wenn die Mutter sie nicht ausspräche. Macht wird also nicht durch ein unaggressiveres Verhalten vermieden.

Dem Vater geht es um Recht und Ordnung. Verordnungen können nicht einfach umgestoßen werden. Wo gäbe es sonst noch ein Recht, an dem wir uns orientieren können?

Der Vater spricht Machtworte, um die Ordnung aufrechtzuerhalten. Jede Schwäche würde den Zusammenbruch herbeiführen. Das befürchtet jedenfalls der Vater von Sabine. Es gibt hier keine Diskussion zwischen gleichberechtigten Partnern. Er befiehlt, Sabine hat zu gehorchen. Allen weiteren Diskussionen entzieht er sich und läßt Sabine ins Leere laufen. Sie kann ihm nur noch hilflos hinterherschreien. Ungewollt verbünden sich die Angst der Mutter und die Strenge des Vaters. In diesem Augenblick werden Macht und Ohnmacht in ihrer deutlichsten Form spürbar.

Die ältere Schwester von Sabine spielt die Rolle der Erfolgreichen. Im Gegensatz zu Sabine bleibt sie zu Hause und beunruhigt damit nicht ihre Mutter. In der Schule zeigt sie zur Freude ihres Vaters gute Leistungen, die Welt ist für ihn damit in Ordnung. Die Schwester kann sich in ihrem Erfolg wohl fühlen. Sie gebraucht ihre Macht in einer Art, gegen die kaum ein Widerstand möglich ist. Sabine wird von ihr mit Ironie behandelt. Wer die Lacher auf seine Seite zieht, hat immer gewonnen. Ironie gehört zu den schärfsten Waffen der Macht. Deshalb reagieren mächtige Menschen bis hin zu Diktatoren so empfindlich auf jede Form der Ironie. Mit ihrer Ironie macht die Schwester darauf aufmerksam, daß sie die Älteste, Klügere, Tüchtigere ist, und stellt damit die Rangordnung wieder her, die von Sabine in Frage gestellt wird.

Die jüngste Tochter der Familie verhält sich am unauffälligsten. Aber wenn sie unter Angst die Nähe ihrer Mutter sucht, ergreift sie damit eindeutig Partei gegen Sabine. Die Front ist jetzt geschlossen, die Treibjagd in vollem Gang.

Es bleibt die Frage, welchen Anteil Sabine selbst an diesem Machtkampf hat. Sie war von Anfang an auf Kampf eingestellt. Vielleicht ist das ihre Rolle in ihrer Familie. Bei einer älteren und einer jüngeren Schwester hat sie die undankbarste Position. Sie kann weder die Privilegien der Ältesten noch die Vorteile der Jüngsten für sich in Anspruch nehmen. Sie hat nichts, worauf sie sich berufen kann, also muß sie sich ihre Stellung erkämpfen. Sie versucht Fakten zu schaffen, die anderen vor vollendete Tatsachen zu stellen, indem sie ohne Absprache zu ihrer Fete gehen will. Wir haben gesehen, wie sie bei dem dann ausbrechenden Kampf die Unterlegene ist. Vermutlich beunruhigt Sabine die Familie mit ihren Ausbruchversuchen sehr stark. Sie sucht eine Unabhängigkeit, die sonst niemand für sich in Anspruch nimmt. Vielleicht macht sie etwas, was andere Familienmitglieder auch gern täten. Verwirrend an diesem Beispiel ist die unterschiedliche Art direkter und indirekter Machtausübung. Während die Eltern und Geschwister das alte Machtverhältnis aufrechterhalten wollen, versucht Sabine vergeblich, eine Veränderung zu ihren Gunsten zu erreichen.

Das Beispiel von Sabines Familie zeigt aber auch die Alltäglichkeit von Machtkämpfen, die nicht nach Schuldigen oder Unschuldigen beurteilt werden sollte. In der Mischung von direkt und indirekt ausgeübter Macht mit unterschiedlichen, individuellen Ausprägungen kommt es zu einer Eskalation des Machtkampfes.

Es gibt wohl kaum eine Familie, die nicht ähnliche Konflikte zu lösen hat wie Sabine mit ihrer Familie. Neben der offen aggressiven Auseinandersetzung gibt es eine sehr viel subtilere Form. Sie wirkt auf den ersten Blick eleganter. Die darin enthaltene Machtausübung wird mitunter kaum bemerkt. Es ist der Versuch, mit Hilfe von Bundesgenossen seine Wünsche durchzusetzen. In dem letzten Beispiel wäre es denkbar, daß Sabine für ihren Plan erst einmal ihre ältere Schwester und dann vielleicht mit vereinten Kräften die Mutter gewonnen hätte. Gegen drei oder vier Gegner hätte sich der Vater kaum durchsetzen können.

Eine besondere Form des Konfliktes liegt vor, wenn Außenstehende als Bundesgenossen gewonnen werden. Besonders Feiern oder Besuche eignen sich als Gelegenheit, Wünsche durchzusetzen. Irgendeiner der Freunde oder Verwandten wird den Wunsch sicherlich unterstützen. Auf diese Weise kann man sich von seiner großzügigsten Seite zeigen, ohne daß es etwas kostet. Diese Unterstützung verschafft Dankbarkeit. Wer kann schon etwas gegen Großmütigkeit, Verständnis und Toleranz sagen?

Die Variationsmöglichkeiten für dieses Vorgehen sind ziemlich groß. Eltern, Schwiegereltern, Freunde, Nachbarn können einbezogen werden. Wer wird sich in solch einem Augenblick die Blöße geben wollen und unter den kritischen Blicken anderer einen Familienkonflikt austragen? Also wird vermutlich der Streit begraben. Der Konflikt ist damit aber nicht gelöst. Solange die Machtfrage nicht entschieden ist, wird er weiter schwelen. Sollte in unserem Beispiel der Vater der einzige sein, der seine Wünsche zurückstekken mußte, dann wird er auf Ausgleich sinnen. Er wird das Gefühl haben, sich diese Niederlage nicht leisten zu können. Er wird sich kaum der Macht seiner Tochter und dem Druck seiner Verwandtschaft unterwerfen wollen. Die besten Voraussetzungen für einen verdeckten Machtkampf sind damit geschaffen. Das Machtkarussell dreht sich. Durch Beteiligung Außenstehender werden Familienkonflikte undurchschaubar. Die Machtfrage ist jetzt kaum noch zu lösen.

Ein Grund für diese Schwierigkeit liegt in der immer weiter fortschreitenden Privatisierung der Familie. Was in der Familie vor sich geht, wird nach Möglichkeit vor Außenstehenden geheimgehalten. Diese Abkapselung weckt natürlich die Neugierde der anderen. Gelingt es Sabine, die Neugierde für ihre Pläne nutzbar zu machen, so ist sie in der stärkeren Position. Die Frage von Bundesgenossen in der eigenen Familie ist damit noch nicht gelöst. Sie spielt bei jedem Familienkonflikt eine Rolle. Es kann in einer Familie praktisch keine Neutralität geben. Bei einem Streit steht jedes Familienmitglied auf der einen oder der anderen Seite. Das soll nicht heißen, daß sich auch alle Familienmitglieder an der Austragung des Streites beteiligen müssen. Wechselnde Parteinahmen führen zur Belebung der Auseinandersetzung. Starre Fronten werden gelockert. Unlösbare Koalitionen dagegen gefährden jede Familie.

Zu schwerwiegenden Störungen in der Machtfrage kommt es, wenn mit Hilfe von Bundesgenossen manipuliert wird. Geheime

Absprachen begünstigen den Machtmißbrauch. «Solange die Macht bekannt ist, solange man den Mächtigen ins Auge schauen kann und die Machtverhältnisse durchschaubar sind, ist immer ein Element der Freiheit im System der Macht» (W. Trillhaas, Man, 1966, S. 11). Je offener Koalitionspartner gesucht werden, um so geringer ist die Gefahr eines versteckten und damit verschärften Machtkampfes.

Orientiert an Grundbedürfnissen und Eigenschaften, haben wir verschiedene Machtstile untersucht. Dabei läßt sich beobachten, daß Machtkämpfe nicht einfach wahllos ausgetragen werden. Je nach Art der Beteiligten gibt es Stile, die sich mit den Stichworten: Vorwurf, Manipulation, Kontrolle und Überraschung umschreiben lassen. Daneben sind eine Fülle von Mischformen möglich, die durch die Zusammensetzung der Gruppe und die Umwelt beeinflußt werden. Stilreinheit ist in der Realität selten anzutreffen. Das sollte uns nicht davon abhalten, bei unseren Orientierungsversuchen auf Stilelemente zu achten. Auch Machtkämpfe sind in ihrem Stil Veränderungen, wenn nicht sogar Moden unterworfen. Das Beispiel von der Selbstverwirklichung greift solch ein Modewort und den damit verbundenen Kampf auf. Wenig bekannt sind bisher die Veränderungen des Machtkampfes, die durch neue Medien ausgelöst werden. Hier ist besonders das Fernsehen zu nennen.

Es ist möglich, daß Persönlichkeitsveränderungen durch neue Machtstile gefördert werden.

Die Humanisierung der Macht

Die Wiederentdeckung der Bedürfnisse

Ein junges Ehepaar, seit etwa sechs Jahren verheiratet, kommt zu mir in die Beratung und appelliert an mich, ihnen zu helfen. Durch pausenlose Streitereien machen sie sich beide kaputt. Von mir erhoffen sie die Schlichtung ihres Streites.

Ich kann diesen Wunsch gut verstehen und kann ihn trotzdem so, wie er geäußert ist, nicht erfüllen. Wenn ich die Schiedsrichterrolle übernehme, wenn ich als der Fachmann in dem Streit eingreife, beteilige ich mich an dem Machtkampf. Der Streit würde nicht geschlichtet, sondern eher noch verschärft. Statt dessen bitte ich beide Ehepartner, von sich zu erzählen, und wenn sie wollen, auch in meiner Gegenwart zu streiten. Dieser Vorschlag löst manchmal Beunruhigung aus. Darf man einfach streiten?

Meistens wird nach einigem Zögern sehr bereitweillig erzählt. Dabei versuche ich, auf geäußerte Gefühle zu achten und die Wünsche zu begreifen. In diesem Zusammenhang sind mit Wünschen die Grundbedürfnisse, Ängste, Ärger und Wut gemeint. Manchmal dauert es einige Zeit, bis in dem Kampf Wünsche sichtbar werden. Wenn ich dann dazu ermutige, die eigenen Bedürfnisse ernst zu nehmen und sie auszusprechen, gibt es oft ein starkes Erschrekken. Wie kann man es wagen, bei einem ernsthaften Streit Angst zuzugeben? Der andere würde doch sofort diese Schwäche ausnutzen und den Kampf für sich entscheiden. Außerdem haben wir seit frühester Kindheit gelernt, entweder auf viele Wünsche zu verzichten oder sie zu verbergen. Der Triebverzicht, den unsere Eltern von uns verlangt haben, hat uns gegenüber Gefühlsäußerungen vorsichtig werden lassen. Wird ein erwachsener Mensch – noch dazu in einer Krise – auf seine Bedürfnisse angesprochen, dann ist damit verständlicherweise Beunruhigung verbunden. Es entsteht Angst vor der Angst. Trotzdem ist nur auf diesem Weg eine Verhaltensveränderung zu erwarten.

Lassen sich diese therapeutischen Erkenntnisse im Familienleben anwenden?

Der Appell, «zeigt mehr Gefühle», ist nicht unproblematisch. Sehr leicht können Gefühlsäußerungen in Machtkämpfe hineingezogen werden. Gerade hier gibt es große Verletzbarkeiten. Genügend Beispiele vom Mißbrauch therapeutischer Methoden lassen sich aufzählen. Wenn wir unsere Machtkämpfe wirklich verändern wollen, dann sollten wir Wege suchen, um unsere Grundbedürfnisse anzuerkennen, mit ihnen angemessen umzugehen und sie immer wieder ins Gleichgewicht zu bringen. Ein angemessener Umgang bedeutet nicht hemmungsloses Ausleben. Erwachsene haben viel mehr Möglichkeiten, mit ihren Gefühlen konstruktiv umzugehen als Kinder.

Das Eingeständnis der eigenen Angst und die Bereitschaft, diese Angst vor anderen auszusprechen, ist ein erster Schritt, auch außerhalb einer Therapie eine Veränderung einzuleiten. Von allen Beteiligten erfordert das Eingeständnis der Angst Verantwortungsbewußtsein und Mut. Mit der Angst werden Ärger und Wut über die vielen erzwungenen Verzichtsleistungen freigesetzt. Auch für diese Reaktion ist Toleranzbereitschaft notwendig. Wer diesen Schritt getan hat, dem fällt es meistens nicht schwer, seine Grundbedürfnisse wieder zu entdecken.

Die Bedürfnisse nach Abstand und Nähe, wie nach Überordnung und Unterordnung, sind von uns als Gegensatzpaare beschrieben worden. In diesem Gegensatz kommt ihre Zwiespältigkeit zum Ausdruck. Ich kann immer nur die eine Seite haben. Den Kuchen essen und behalten wollen ist nicht möglich.

Der Gegensatz läßt es manchmal unmöglich erscheinen, das Gleichgewicht zu halten. Neige ich mich zu der einen Seite, werden Ängste wach und verstärken die Bedürfnisse der anderen Seite. Bin ich mit mir und meinen Wünschen in Übereinstimmung, so wecke ich Gegenkräfte oder Ängste bei meinem Partner oder meinen Kindern. Ein Kampf findet also immer statt. Entweder in mir selbst oder in meiner Beziehung zu anderen. Gerade deshalb stehen wir vor der Aufgabe, diesen Kampf nicht einen gnadenlosen Machtkampf werden zu lassen. Die Bemühung um einen Ausgleich der Bedürfnisse schafft in einem Gleichgewicht für eine kurze Zeit Frieden. Da sich unsere Bedürfnisse und die der anderen verändern, müssen wir dieses Gleichgewicht immer wieder neu bestimmen. Dieser Vorgang findet in der Regel im verborgenen statt. Das ist so, als ob ein Seiltänzer im Dunkeln seine Balance finden muß.

In der Beratung und Therapie beobachte ich, welche befreiende Wirkung die Äußerung von Wünschen und Ängsten hat. Auch die Familienatmosphäre läßt sich durch die Mitteilung von Wünschen und Ängsten positiv verändern. Wie kann eine Rücksichtnahme möglich sein, wenn einer die Bedürfnisse des anderen nicht kennt? Das Argument, man wisse schon, was der andere wolle, ist nicht stichhaltig. Wie soll der andere meine Bedürfnisse kennen, wenn ich sie mir selbst nicht einmal eingestehe?

Erst wenn die Wünsche wiederentdeckt und mitgeteilt werden, kann man sich in der Familie aufeinander abstimmen. Diese Abstimmung wird oft nicht ohne Kampf möglich sein. Die verheerenden Folgen eines Machtkampfes können aber vermieden werden, wenn es gelingt, in Offenheit alle Familienmitglieder zu beteiligen. Damit ist der Fairness eine Chance gegeben. Und wenn man die Ängste einander mitteilt, kann aus der Fairness Solidarität entstehen.

Macht ist menschlich

Mit Hilfe ganz unterschiedlicher Beispiele haben wir Machtausübung in der Familie beschrieben. An diesen Beispielen wird deutlich, daß es kaum eine Situation gibt, in der sich nicht Machtauseinandersetzungen beobachten ließen. In vielen unserer Fälle ist der Machtkampf offen geblieben. Dieses Ergebnis liegt in der Natur der Macht. Der Kampf um die Macht läßt sich immer nur auf Zeit entscheiden. Macht wird von denen jedesmal in Frage gestellt, die sie zu ertragen haben. Der Mächtige fühlt sich nicht nur von den Ohnmächtigen bedroht, er kann sich seiner Macht nie sicher sein. Also muß der Mächtige sich immerfort bemühen, seine Macht zu erhalten, sie abzusichern, sie auszubauen. Ebenso wird der Ohnmächtige versuchen, die Macht des Siegers in Frage zu stellen. Wenn es ihm schon nicht gelingt, den Mächtigen zu stürzen, so wird er doch versuchen, eigene Macht zu sammeln. Das wiederum gefährdet den Mächtigen, der diese Versuche im Keim zu ersticken trachtet. Die Angst zwingt den Mächtigen, jede Form des Widerstandes zu bekämpfen.

Für uns ergeben sich aus diesen Beobachtungen zwei Schlußfolgerungen:

1. Macht ist immer vorhanden, wenn Menschen zusammenleben

«Macht ist immer schon da, man befindet sich nie außerhalb von ihr, es gibt keine Randzonen, in denen die, die mit dem System gebrochen haben, herumtanzen können» (Foucault, zitiert nach S. Lukes, Panoptikon, «Kursbuch» Nr. 70, 1982, S. 146)

2. Der Machtkampf kommt zu keinem Ende, solange Menschen zusammenleben

Diese Schlußfolgerungen haben weitreichende Konsequenzen. Es ist nicht mehr möglich, die Macht zu dämonisieren, wenn sie als etwas Natürliches zu jedem Menschen gehört. Die Macht als etwas allgemein Menschliches, die Macht als Humanum (C. F. von Weizsäcker, Der Garten des Menschlichen, München 1978, S. 41) ist schon oft beschrieben worden. Trotzdem haben wir es schwer, besonders in ganz persönlichen Beziehungen, diese Macht zu akzeptieren. Macht haben immer nur die anderen: Der Nachbar, der seine Frau oder seine Kinder unterdrückt, das Finanzamt, das Steuern bei mir kassiert und sich obendrein noch anmaßend verhält, der Politiker, der Sozialleistungen erhöht oder kürzt. Über die Macht des Nachbarn spreche ich hinter vorgehaltener Hand. Ich möchte nicht, daß er weiß, wie sehr ich ihn durchschaue. Je weiter der Mächtige aber von mir entfernt ist, um so lauter werde ich seine Macht kritisieren. Mit dieser Macht kann ich mich auseinandersetzen, sie kann ich verurteilen oder eventuell auch gutheißen. Auf jeden Fall bin ich mir der Zustimmung meines Nachbarn sicher, wenn ich mich mit der Macht derer beschäftige, die weit weg sind.

Mit der Verleugnung der eigenen Macht nehmen wir uns die Möglichkeiten, unser Verhalten zu verändern. Wir bleiben in Machtkämpfen ungeübt, überlassen vieles dem Zufall. Aus diesem Grund sind Machtkämpfe in der Familie so zerstörerisch. Vor diesen Verletzungen kann ich mich kaum schützen. Niemand kennt mich so genau wie mein Ehepartner oder meine Kinder. Die Wunden, die ich mir hier zuziehe oder die ich den anderen zufüge, sind sehr schmerzhaft. Wir können nicht darauf hoffen, daß der Machtkampf einmal ein Ende nimmt. Vielleicht tritt eine Pause der Erschöpfung ein. Vielleicht kommt es auch zum Auseinanderbrechen der Familie, aber nicht einmal dann ist das Ende des Kampfes garantiert. Mitunter versuchen geschiedene Ehepartner, sich gegenseitig noch jahrelang zu beweisen, wer der Stärkere ist. Nicht selten sind es die gemeinsamen Kinder, auf deren Rücken der Machtkampf um Unterhaltszahlungen oder Besuchsrecht ausgetragen wird. Welche Strategien dabei entwickelt werden, zeigt folgendes Beispiel:

Schon bei der Scheidung von Marianne und Detlev hatte es einen harten Kampf um das Sorgerecht für die beiden Kinder gegeben. Das Gericht hatte damals Marianne die Kinder zugesprochen und Detlev ein 14tägliches Besuchsrecht eingeräumt.

Diese Trennung von seinen Kindern hat Detlev nie ganz verwunden. Obwohl er inzwischen zum zweitenmal verheiratet ist, hat er sich immer wieder bemüht, das Urteil anzufechten.

Detlev sagt in einem Beratungsgespräch dazu: «Ich hänge an meinen Kindern und möchte ganz mit ihnen zusammenleben. Die Voraussetzungen dafür sind ideal. Wir haben ein Haus mit einem großen Garten. Meine Frau mag meine Kinder ebenfalls sehr gern, außerdem ist sie den ganzen Tag zu Hause und könnte sich genügend um die Kinder kümmern. Bei meiner geschiedenen Frau ist und bleibt das ein Krampf. Sie ist durch ihren Beruf und die Kinder völlig überfordert. Es ist doch bei dieser Hektik kein Wunder, wenn beide

Kinder inzwischen Schulschwierigkeiten haben. Der Klassenlehrer hat mich jedenfalls sehr ermahnt, mehr auf beide zu achten. Die Kinder erzählen mir selbst, daß sie oft kein Mittagessen kriegen und sich in der Stadt herumtreiben. Mich sollte nicht wundern, wenn sie dabei auf schlechte Gedanken kommen.»

Für Marianne sieht diese Sache ganz anders aus. In einem Gespräch kurz nach Detlevs Äußerungen sagt sie: «Mein geschiedener Mann macht seit unserer Trennung Terror. Er kontrolliert jeden unserer Schritte. Über meine Bekanntschaften ist er genau informiert und wirft mir ein unsolides Leben vor. Die Kinder fragt er aus, wo, wann und was sie gegessen haben. Ich glaube bald, er notiert sich den Speiseplan. Neulich war er in der Schule und hat die Lehrer gegen mich aufgehetzt. Wenn ich dort nicht befreundete Kollegen hätte, würde ich wahrscheinlich niemals erfahren, was für Lügen er verbreitet. Als Lehrerin kann ich doch wohl besser beurteilen, was für Schwierigkeiten die Kinder haben. Außerdem ist es ganz natürlich, wenn Kinder in der Pubertät auch mal Konflikte in der Schule haben. Ich werde jedenfalls um meine Kinder kämpfen, auch wenn Detlev noch soviel Terror macht. Er kriegt die Kinder nie und erst recht nicht die Frau, die unsere Ehe auseinandergebracht hat.»

Wir sollten nicht versuchen zu beurteilen, ob Marianne oder Detlev recht haben. Auf jeden Fall haben sie das Recht, sich um ihre Kinder zu bemühen. Sobald wir uns auf die Frage nach dem Recht einlassen, werden wir in diesen Streit hineingezogen. Deutlich ist, daß beide Eltern an ihren Kindern hängen. Wahrscheinlich lieben sie auch beide ihre Kinder. Im Grunde spielen die Bedürfnisse der Kinder nur noch eine nebensächliche Rolle. Das gilt für Marianne ebenso wie für Detlev. Er scheut sich nicht, seine Kinder auszufragen und zu kontrollieren. Sie macht sich über die Essensprobleme lustig und bagatellisiert die Schulschwierigkeiten. Im Mittelpunkt der Auseinandersetzung steht der Machtkampf zwischen den geschiedenen Ehepartnern. Es fällt auf, wie verbissen dieser Kampf schon jahrelang geführt wird. Für beide gibt es nur Sieg oder Niederlage. Das Wohl der Kinder bleibt dabei wahrscheinlich auf der Strecke.

Mitunter hat der Machtkampf in einer Familie eine so extreme

Form angenommen, daß nur noch die Scheidung der Ehepartner als letzter Schritt übrig bleibt. Die Folgen für die Kinder müssen aber nicht so verheerend sein, wie in dem Beispiel von Marianne und Detlev. Zum Glück gibt es auch bei endgültigen Trennungen verantwortungsbewußte Eltern, die ihren Machtkampf nicht auf dem Rücken der Kinder auszutragen versuchen.

Unsere zweite Schlußfolgerung, daß der Machtkampf zu keinem Ende kommt, solange Menschen zusammen leben, muß modifiziert werden. Macht ist immer vorhanden und um sie wird gekämpft. Es ist nur die Frage, welche Rolle der Machtkampf spielt. Er kann im Vordergrund stehen und alles beeinflussen. Andere Verhaltensweisen, wie Versöhnungsbereitschaft, können aber wichtiger werden und den Machtkampf verändern. Als Vergleich fallen mir die verschiedenen Vermögen des Menschen ein, wie Hören, Sehen, Fühlen, Schmecken, Riechen. Jeder Sinn hat zu einer bestimmten Zeit seine ihm entsprechende Aufgabe, um unser Leben sinnvoll zu machen. Fallen ein oder mehrere Sinne bei einem Menschen aus, so kommt es zu Behinderungen. Einschränkungen unserer Lebensmöglichkeiten sind damit verbunden.

Zu Beeinträchtigungen kommt es aber auch, wenn ein Sinn, wie zum Beispiel das Gehör, übersensibel ist. Kaum ein Mensch wird freiwillig auf die Benutzung einer seiner Sinne verzichten und diesen Sinn damit verkümmern lassen. Bei unseren Machtkämpfen verhalten wir uns so, als gäbe es nur diese eine Möglichkeit des Kampfes.

Wenn wir von der Macht als etwas allgemein Menschlichem sprechen, so könnte der Eindruck entstehen, als sei diese Macht eine konstante Größe. Unsere Beispiele zeigen aber erhebliche Unterschiede bei individueller und kollektiver Machtausübung, so daß es angemessener wäre, von verschiedenen Mächten als von der Macht zu sprechen.

Achten statt beobachten

Die in vielen Beispielen geschilderten Machtkämpfe sollen dem Leser Mut machen, seine eigenen Machtbedürfnisse zu erkennen und sich mit ihnen auseinanderzusetzen. Es geht bei den Bedürfnissen nicht um irgendwelche Launen oder Vorlieben. Unsere Grundbedürfnisse sind weder gut noch schlecht. Sie sind elementare Lebensäußerungen. Positive oder negative Folgen entstehen erst durch einen unangemessenen Gebrauch. Wenn wir uns unsere Wünsche, Wut und Angst selbst eingestehen, schaltet sich das Gewissen ein. Das Gewissen ist unsere innere Kontrollinstanz, die diese Bedürfnisse zu unterdrücken versucht. Wir haben die Zusammenhänge von Kontrolle und Macht beschrieben. Jetzt geht es darum, den Machtkampf innerhalb der eigenen Person zu verändern. Wie mächtig das Gewissen sein kann, hat jeder von uns schon erfahren. Selbst die angeblich Gewissenlosen versuchen sich mit einem Gewaltakt von der Herrschaft ihres meistens sehr strengen Gewissens zu befreien. Solche Gewaltakte beenden keinen Machtkampf, sondern führen ihn fort. Es kann nicht um die endgültige Abschaffung des Gewissens gehen. Die Folgen wären unabsehbar.

Die Anerkennung der eigenen Bedürfnisse als natürlich und notwendig ohne Zensur befreit das Gewissen von seiner Kontrollinstanz. Mit Hilfe des Gewissens können jetzt Wünsche und Bedürfnisse geprüft werden. An die Stelle des Machtkampfes zwischen Gewissen und Bedürfnissen tritt die Prüfung, mit der Möglichkeit der Erfüllung und des Verzichtes. Der strenge Umgang mit sich selbst weicht einem Verständnis und der Einfühlung. Diese Selbstachtung ist die Voraussetzung zur Achtung anderer. Wer den zerstörerischen Machtkampf in sich selbst vermenschlicht hat, findet eine andere Beziehung zu seinen Mitmenschen. Wer aufgehört hat, die eigene Angst und Wut zu bekämpfen, wird Angst und Wut bei anderen nicht noch verstärken.

In einem Beispiel bittet Elke Dirk: «Es ist gut, wenn du auf mich achtest.» Dieses Wort hat viele Dimensionen. Es meint, den anderen nicht aus den Augen zu verlieren, und bedeutet doch etwas anderes als auf ihn aufzupassen und ihn zu kontrollieren. Der Schutz ist wichtiger als die Beobachtung. Achtung ist nicht nur ein Hinweis auf Gefahren. Achtung bedeutet auch Wertschätzung, Respekt, Anerkennung. Sie gibt Selbständigkeit, ohne den anderen allein zu lassen. Diese Haltung schließt die Achtung von Angst und Wut mit ein.

Viele Familienszenen deuten an, wie schwer es ist, die Angst oder die Wut anderer mitzutragen. Die Angst des Partners oder des Kindes drohen mich anzustecken, aufzufressen.

Kenne ich meine Angst, dann wird es mir leichter fallen, die Angst bei anderen anzuerkennen. Vielleicht ist es dann auch möglich, die ausgesprochenen und unausgesprochenen Unterwerfungssignale zu verstehen und mehr auf die Körpersprache eines Menschen zu achten. Wenn selbst in blutigen Kriegen Parlamentäre geschützt werden, dann sollte es doch möglich sein, Machtkämpfe nicht bis zur völligen Vernichtung des Gegners zu führen. Ähnlich verhält es sich mit der Wut. Wer mit gutem Gewissen auch einmal wütend sein kann, wird ein ähnliches Gefühl anderen nur schwer absprechen können.

Eigenschaften, denen Kontrollbedürfnisse naheliegen, werden damit nicht einfach abgeschafft. Die positiven Seiten der Bedürfnisse, wie Ordnung und Zuverlässigkeit, kommen aber stärker zur Geltung. Die Ängste vor Unordnung und Chaos werden gemildert, der Machtkampf nimmt andere Formen an.

Erzählen und zuhören

In der Beratung und Therapie spüre ich oft Skepsis, wenn ich bei Machtkämpfen Gespräche anbiete. Äußere ich dieses Angebot, dann wird mir zum Beispiel gesagt: «Geredet haben wir schon mehr als genug, jetzt muß etwas geschehen.»

Besonders in Krisenzeiten fällt es manchen Menschen schwer,

untätig zu sein. Sie müssen irgend etwas tun, auch wenn es unsinnig sein sollte. Folgerichtig arten manche Machtkämpfe zu Tätlichkeiten aus.

Bei dem Wunsch nach Aktivität müssen wir berücksichtigen, daß die Achtung der eigenen Person wie des anderen nicht verlorengeht. Das geschieht sehr leicht, wenn keine Ruhe mehr bleibt zuzuhören und auf Bedürfnisse zu achten. Auch durch zuviel Reden kann Zuhören unmöglichgemacht werden. Manchmal werden regelrechte Redeschlachten geschlagen.

In Beratungsgesprächen wird das Zuhören neu eingeübt. Dazu gehört viel Nachdenken, Fühlen, Schweigen. Besonders das Schweigen fällt im Anfang schwer. Es wird als bedrohlich erlebt und manchmal durch leere Worte unterbrochen. Die Möglichkeit eines Schweigekampfes scheinen viele zu kennen. Aber auch das Reden wird durch Hemmungen behindert. Unsere Wünsche und Bedürfnisse stehen unter einem Tabu, das nur schwer zu durchbrechen ist. Das Tabu hat eine lange, leidvolle Geschichte in unserem Leben. Wünsche, Triebe, Ängste und Verbote haben es aufgebaut. Jetzt kann es nicht einfach gebrochen werden. Wenn es nie erlaubt war, Wut zu haben, wie kann ich sie mir heute eingestehen und frei darüber reden?

Das Leiden unter unseren Machtkämpfen kann uns helfen, das Schweigen zu brechen. Es muß doch möglich sein, über etwas zu reden, was bei allen Menschen zu finden ist und viel Unheil anrichtet. Das Leiden allein reicht aber nicht aus. Es führt in die Einsamkeit und wird zur Verzweiflung, wenn ich niemanden habe, der bereit ist, meinem Leiden zuzuhören, es mitzutragen. Gespräche über das Leiden sind keine theoretischen Diskussionen. Leiden wird wie alle anderen Gefühle erlebt. Solche Erlebnisse können erzählt werden. Wir kennen viele Situationen, in denen wir uns durch Erzählen mitteilen. Bei Kindern ist besonders schön zu beobachten, wie sie mit ihren Geschichten leben. Für sie gibt es in einem bestimmten Alter keinen Unterschied zwischen ihrer Phantasie und der Realität. In ihrer Welt gibt es Schurken und Polizisten, Könige und Zauberer. Eine bestimmte Puppe wird nicht nur als Großmutter angeredet, sondern sie ist für das Kind in diesem Augenblick die Großmutter. Stößt sich ein Kind an einem Tisch, so wird dieser Tisch wie eine Person beschimpft und bestraft. In dieser Welt leben Kinder. Hier erleben sie ihre Macht und Ohnmacht. Von dieser Welt erzählen sie. Sie halten keine theoretischen Vorträge, sondern erzählen ihre Geschichten und drücken sich in ihnen aus. Als Erwachsene haben wir es manchmal verlernt, die Botschaft eines Kindes richtig zu hören. Aber auch im Gespräch mit anderen Erwachsenen nehmen wir oft nur die äußeren Fakten wahr. Wir können auch das Erzählen zu einem neuen Machtkampf mißbrauchen, indem wir unsere Zuhörer immer mit den gleichen Geschichten langweilen. Wirkliches Erleben, echte Gefühle sind nie langweilig. Bin ich mit meinen Gefühlen in Übereinstimmung, dann finde ich auch den rechten Zeitpunkt zum Erzählen und spüre, wann es für den anderen wichtig ist, zu Wort zu kommen.

Mit meinem Erzählen kann ich Interessen und Phantasien wekken. Durch Erzählen kann ich begeistern und überzeugen, ohne einen Zwang auszuüben. Macht erhält so eine andere Dimension. Der Umgang mit der Macht in unseren Familien wird sich verändern, wenn wir wieder mehr miteinander erzählen. Ich möchte noch einmal an die Märchen aus Tausendundeiner Nacht erinnern, in denen das Erzählen zum Zuhören und Begreifen führt. In diesen Märchen rettet es sogar das Leben.

Mit dem Erzählen lassen sich nicht alle Machtkonflikte in einer Familie aus der Welt schaffen. Nach wie vor gibt es unterschiedliche Bedürfnisse, die heftig aufeinander prallen können. Ist es aber gelungen, einmal aus dem Machtkampf für einen Augenblick auszusteigen, dann wird diese Erfahrung Mut machen, auch für schwierige Situationen eine Lösung zu finden.

Gespräche in der Familie, wo das Erzählen und Zuhören im Mittelpunkt steht, schaffen Gemeinsamkeit. Das Bild von der Einheit des Menschen fällt mir ein. Diese Einheit verliert ihre Gestalt, wenn ich sie in Einzelteile zerlege. Der Mensch verliert sich selbst, wenn ich ihn zerteile. Das klingt wie eine Phrase. Trotzdem versuchen wir immer wieder zu teilen. Wir unterscheiden Körper, Geist und Seele, Verstand und Gefühl. In der Familie wird zwischen Frau und Mann, Eltern und Kindern getrennt. Oder unsere Grundbedürfnisse werden auseinandergerissen in Überordnung und Unterordnung, Nähe und Abstand, Macht und Ohnmacht. Unter dieser Trennung leiden wir. Möglichkeiten zu einer Überwindung der Teilung haben wir gesucht. Nicht eine Nivellierung der Gegensätze führt zum Ziel, sondern das Erkennen der abgewehrten Anteile, das Akzeptieren des eigenen Schattenbildes. Überordnung und Unterordnung, Nähe und Abstand, Macht und Ohnmacht gehören zusammen wie Sonnen- und Schattenseite. Aus Angst versuchen wir unseren Schatten loszuwerden. Adalbert von Chamisso erzählt in Peter Schlemihls wundersamer Geschichte, wie es einem Menschen ergeht, der seinen Schatten verkauft. Er gerät bei diesem Handel an den Teufel.

In dem Beispiel von Elke und Dirk wird vielleicht am ehesten sichtbar, was mit der Aufhebung der Trennung gemeint ist. Elke gibt einen ziemlich heftigen Machtkampf auf und läßt ihr Gefühl, die Angst zu ersticken, erkennen. Damit kann Dirk seine eigene Angst zugeben. Die offene Anerkennung der eigenen Angst macht einen Kampf in der üblichen Form unmöglich. Krieger dürfen nicht ängstlich sein. Das Schlachtgeschrei der Soldaten oder das Heulen der Sturzkampfbomber im Zweiten Weltkrieg sollte den eigenen Kämpfern Mut und den Gegnern angst machen. Wer Angst hat, ist unterlegen, also muß er durch sein eigenes Waffengeklirr seine Angst vertreiben. Nach diesem Muster wurden und werden Kriege geführt. Es ist nicht erstaunlich, daß Familienkriege ähnlich ablaufen. Es besteht aber keine Notwendigkeit, diese steinzeitlichen Methoden beizubehalten.

Die Schriftstellerin Christa Wolf läßt in ihrer Erzählung Kassandra sagen: «Einen Helden kann ich nicht lieben» (Christa Wolf, Kassandra, Darmstadt 1983, S. 156).

Angst läßt sich wie Leiden am ehesten in Geschichten erzählen. Selbst eine diffuse Angst gewinnt in Geschichten Gestalt, sie wird mitteilbar. Im Erzählen überwinde ich meine Einsamkeit.

Viele einzelne Punkte sind genannt worden, um den Machtkampf menschlicher werden zu lassen. Sie können uns helfen,

Macht nicht als etwas Dämonisches zu eliminieren, sondern als eine ordnende Fähigkeit anzuerkennen. Ein altes Wort dafür ist «Vollmacht». Vermutlich haben wir es nicht zufällig auf einen juristischen Inhalt reduziert.

Die befreite Macht

Macht in dieser Form gebraucht, schafft nicht neue Macht, sondern bedeutet Befreiung.

Ich darf normalerweise nicht viel von mir zeigen. Wünsche, Gefühle, Sehnsüchte muß ich sehr gut verbergen können, wenn ich erfolgreich sein will. Selbst wenn ich nur überleben möchte, kann ich mir viele Gefühle nicht leisten oder darf sie mindestens nicht zugeben. Damit bin ich erpreßbar und biete meinen Gegnern Sanktionsmöglichkeiten.

In der Selbstachtung und der Achtung anderer, in der Erfahrung echter Gefühle habe ich eine Möglichkeit, den Teufelskreis der Machtkämpfe für einen Augenblick zu durchbrechen. Endlich muß ich meine Angst nicht mehr verstecken. Ich muß auch nicht mehr mit allen Mitteln meine Ohnmachtsgefühle verleugnen. Vielmehr erhalte ich die Chance, die bisher kaum in Frage gestellten Spielregeln des Machtkampfes zu verändern. Ich brauche nicht mehr das Spiegelbild der anderen zu sein, sondern kann zu mir selbst finden. Wer den Mut aufbringt, nicht mehr alles zu verdrängen, was in ihm ist, der wird diese Befreiung erleben. Es ist eine andere Befreiung, als sie uns von den Wachstumsfetischisten der Konsumgesellschaft angepriesen wird.

Die Kämpfe in der Familie sind damit nicht zu Ende, auch nicht die Machtkämpfe. Bei Kindern ist gut zu beobachten, welche Lust ihnen das Kämpfen und Beweisen der eigenen Macht bereiten kann. Die befreite Macht kann uns dieses lustvolle Kämpfen wieder möglich machen. Es geht dann nicht mehr um Sieg oder Niederlage, sondern um eine gemeinsame Bewältigung unserer Aufgaben.

Manche der Aussagen in unserem Versuch, dem Thema Macht nahe zu kommen wie die über Achtung oder Verantwortung, könnten als Forderung verstanden werden, die in dem Gebot gipfelt: «Laß dich nicht unterkriegen!»

Es wird soviel um mich herum gefordert, dem ich nicht gewachsen bin, warum soll ich mich nun noch auf solch ein schweres Thema wie Macht einlassen? Resignierende Gedanken wären verständlich. Vielleicht hilft es, sie zu überwinden, wenn deutlicher wird: Hier geht es nicht um neue Forderungen, nicht um ein noch perfekteres Verhalten, weder für den einzelnen noch für die Familie.

Wolfgang Schmidbauer sagt: «... daß die Familie vollständig überfordert ist, wenn sie den gesamten Bedarf an emotional faßbarem Lebenssinn decken soll» (Wolfgang Schmidbauer, Im Körper zu Hause, Frankfurt 1982, S. 104).

Ich muß nicht auch noch meine Machtbedürfnisse erkennen, um dann top fit zu sein. Ich habe vielmehr die Freiheit, zu dem zu stehen, was in mir ist, auch wenn es bedrohliche Wünsche sind. Diese Form der Beziehung zu mir selbst und zu anderen läßt sich auch mit dem sooft mißbrauchten Wort Liebe umschreiben. Liebe ist eine Möglichkeit, um Machtkämpfe zu verändern. So wird deutlich, daß es bei den nicht endenden Machtkämpfen in der Familie keine Sieger, sondern nur Verlierer geben kann. Liebe kann verhindern, daß unsere Erkenntnisse über die Macht in der Familie zu einem noch perfekteren Machtkampf mißbraucht werden. So wird Wissen zu einem Fühlen, das allerdings nichts mit Gefühlsduselei zu tun hat. Die Macht wird von ihren Schuldgefühlen befreit, denn liebende Menschen haben die Fähigkeit, Macht und Ohnmacht miteinander zu versöhnen. Dann ist auch vorstellbar, daß in der Macht Liebe enthalten ist, die nicht um Überlegenheit kämpft.

Der Titel dieses Buches erhält damit eine wichtige Ergänzung:

«Laß dich nicht unterkriegen und versuch
trotzdem nicht, der Mächtigste zu sein.»